Redbook

ATROCIDADES NAZIS

Claudio Soler

LA LLAVE ARCANA

Diseño de cubierta e interior: BARBAINK
Ilustraciones: Wikimedia Commons
ISBN: 978-84-9917-677-2
Depósito legal: B-9.042-2022
Impreso por Ulzama, Pol.Ind. Areta,
calle A-33, 31620 Huarte (Navarra)

Impreso en España - *Printed in Spain*

«El judío es y será siempre el parásito típico, un bicho que, como un microbio nocivo, cuando encuentra las condiciones adecuadas se propaga cada vez más. El pueblo que le hospeda será exterminado con mayor o menor rapidez».

Adolf Hitler. *Mi Lucha*.

München III
NAT.SOZ.DEUTSCHE ARBEITERPARTEI
STURMABTEILUNG

INTRODUCCIÓN

¿Cómo llegamos hasta aquí? Esta es la pregunta que se hizo el mundo al descubrir el horror que se había vivido en los campos de exterminio nazi. Ese es el interrogante que siguió repitiéndose cuando se conocieron los detalles del Holocausto. Esa fue la cuestión que sigue preocupando a historiadores, sociólogos, psiquiatras, psicólogos, politólogos y cualquier académico de las ciencias humanas. Porque si ocurrió una vez y nadie lo supo ver, ¿quién no garantiza que se pueda repetir?

Esta es la pregunta que nos ha llevado a conocer los detalles del horror, a recopilar el dolor de las víctimas y a pormenorizar hechos que solo se pueden catalogar de inhumanos. Pero fueron llevados a cabo por humanos, por muchos, que se pusieron de acuerdo para perpetrarlos y no sentir ningún remordimiento por el dolor que infligían.

La tortura sistemática, los experimentos empleando a humanos como cobayas, la frialdad a la hora de industrializar la muerte de millones de personas son algunos de los hechos que a día de hoy siguen siendo incomprensibles. Aunque, en cierto modo, nos hemos acostumbrado a convivir con la barbarie vivida. Nuestra mirada no es como la de nuestros conciudadanos, que cuando acabó la guerra descubrieron lo que había sucedido. Películas, libros y testimonios nos han revelado lo que ocurrió. Pero los detalles siguen siendo terroríficos.

Este libro ahondará sobre los hechos más abyectos, sobre el genocidio desolador, sobre cómo se puede instaurar la crueldad y participar de ella con total tranquilidad. Porque lo más inquietante de todo es que los nazis no eran monstruos. Tenían una vida familiar que reemprendían sin ninguna mala conciencia después de haber dado la orden de ajusticiar a centenares de inocentes en las cámaras de gas. Esta dualidad está presente en este libro como exponente de ese terrorífico sadismo que acabó con la vida de once millones de personas.

CAPÍTULO 1
EL PRINCIPIO DEL HORROR

El genocidio perpetrado por los nazis fue paulatino. No ocurrió de un día para otro. Primero se creó un clima ideológico en el que se convenció a la población de la superioridad de la raza aria y de la necesidad de defenderse del resto de «razas inferiores». Este es un punto importante, el mensaje utilizó el miedo, el «ellos» o «nosotros» y creó un clima que aprovechó la inseguridad provocada por la crisis de la I Guerra Mundial para unificar a la población en contra de un enemigo común.

En este caso eran principalmente los judíos, pero también cualquier otra raza que no fuera la aria. Esa es simplemente una idea que resulta reconfortante para muchos alemanes. Han perdido la guerra, viven una situación social muy inestable, pero la idea de que pertenecen a un pueblo superior funciona como un bálsamo para la autoestima. Pertenecer a un mismo grupo crea un sentimiento de pertenencia, que es la base de cualquier totalitarismo. La supervivencia de ese grupo está por encima del propio individuo y también de cualquier consideración moral.

De esta forma se van introduciendo ideas cada vez más extremas. No es que de un día a otro se decida acabar con seis millones de personas. El proceso es largo y empieza con ideas, después leyes y posteriormente llega la atrocidad imparable que despierta lo peor de la naturaleza humana. El Partido Nacionalsocialista Obrero Alemán

(NSDAP) insufla esperanza a los ciudadanos y encuentra un culpable para todos sus males: los judíos. Las teorías racistas y en concreto antisemitas eran un caldo de cultivo que provenía de la segunda mitad del siglo XIX y el nazismo recoge hábilmente esa semilla de odio para hacerla germinar.

El Holocausto supuso el genocidio de seis millones de judíos. Ellos fueron las principales víctimas del horror nazi y los que experimentaron su crueldad en la máxima expresión. Sin embargo, Hitler y sus seguidores también hostigaron a otros grupos: ya fuera por sus ideas o por su etnia. El ideal supremacista de la pureza de la sangre combinado con una hábil campaña de prensa que acabó siendo un auténtico lavado de cerebro posibilitó el genocidio. La idea era que el pueblo ario se estaba defendiendo, que eran las víctimas de lo que intentaban robarles lo que les pertenecía e intentaban contaminar su genética hasta provocar su destrucción.

Es importante comprender este concepto, pues es muy diferente arengar a un pueblo a que ataque a minorías étnicas que impulsar a que se proteja de los que supuestamente los están atacando y les llevarán a la destrucción. En este sentido las campañas de Joseph Goebbels, ministro de Propaganda del régimen nazi fueron realmente efectivas. Se creo un caldo de cultivo para el racismo que se cocinó con noticias manipuladas por una censura que controlaba cualquier mensaje político y social.

En este capítulo trataremos el Holocausto hacia esos grupos étnicos y en el siguiente nos centraremos en los judíos.

La desaparición de los «asociales»

Para que el régimen pudiera perpetrar sus planes, lo primero que tuvo que hacer es librarse de sus opositores políticos. Ese fue el pistoletazo de salida de las atrocidades de los nazis que culminarían en los campos de exterminio. En ese momento las víctimas eran los alemanes disidentes, conocidos como «asociales» y no había una intención directa de matarlos, pero sí de alejarlos de la sociedad. El problema es que el cruel modo en el que se hizo provocó muchas muertes.

En un principio, el objetivo de los nazis fueron los comunistas, socialistas, liberales... cualquiera que planteara alguna oposición a las ideas del régimen. Pero en ese saco también se incluyó posteriormente a delincuentes comunes, alcohólicos, prostitutas... Era fácil persuadir a la sociedad que estos individuos merecían ser apartados por el bien común. Y si este argumento no pesaba lo suficiente, siempre estaba el del miedo: alzar la voz para defenderlos suponía correr su misma suerte.

También se dio una persecución religiosa. Los primeros afectados fueron los testigos de Jehová, que por su negativa a llevar armas fueron acusados de traición y de desobediencia por el Tercer Reich. Pero pronto cayeron también la Iglesia Católica y la Protestante. Suponían una amenaza por la influencia que tenían en la gente y por sus valores morales tan diferentes a los que querían implantar. Así se despojó a la Iglesia de sus posesiones y se persiguió a los curas y a las comunidades con un fuerte componente religioso.

Un colectivo que curiosamente también fue perseguido fue el de los alemanes y austríacos que habían vivido en el extranjero. Se suponía que tomar contacto con ideas de otras culturas que eran contrarias a la ideolología nazi les convertía en un peligro para el régimen.

Cualquiera podía pertenecer, de hecho, al colectivo de los asociales. Los nazis con influencias podían denunciar a un trabajador que hubiera protestado por no cobrar su sueldo o a un proveedor que no hubiera querido bajar sus precios como asocial. Y podía ser encarcelado sin apenas pruebas. De esta forma creció el terror entre la población alemana.

El Papa Pío XII, el polémico pontífice, contemporáneo de Hitler y el auge del nazismo en Europa.

200
75

Torturas y primeros campos

Así las cosas, en 1933 se «institucionalizaron» estas detenciones. Primero los arrestados fueron a comisarías o prisiones que muchas veces estaban en castillos, escuelas o sótanos. Eran centros de detención muy diferentes entre sí y que en un principio no buscaban la muerte de los detenidos, aunque tampoco la evitaban. La tortura era la moneda de cambio y en un principio hubo protestas. El ministro deJusticia, Franz Gürtner, le presentó a Hitler una: «Los prisioneros no solo fueron golpeados con látigos y herramientas hasta el punto de perder el conocimiento y sin razón alguna. También fueron torturados de otras formas».

A Hitler no parecían preocuparle mucho aquellas «minucias» y los centros continuaron torturando a sus prisioneros. Con el tiempo, se empezaron a abrir campos de concentración, bajo la jurisdicción exclusiva de las SS, de forma que no tenían que dar explicaciones de las prácticas a las que sometían a sus prisioneros. Muchos podían ser incluso liberados, pero solían ser internados de nuevo con cualquier excusa. Los que salían del campo y tenían la suerte de no regresar ahí, guardaban silencio sobre las tácticas que se empleaban para no regresar a aquel infierno.

El primer campo fue el de Dachau y a partir de ahí se abrió un mundo de macabras posibilidades para la organización nazi. La idea era quebrar moral, psíquica y físicamente al prisionero para que abandonara las actitudes contrarias al régimen. Ello exigía que fueran tratados con dureza por sus captores, que se aplicaron a fondo y que empezaron a dar rienda suelta al sadismo.

Los asociales más castigados: los homosexuales

La homosexualidad fue implacablemente perseguida por el Tercer Reich por diferentes razones y de una forma muy concreta. Se castigó únicamente a los alemanes o austríacos hombres. Se consideraba que era una perversión a la raza aria, una especie de aberración comparable a la locura o a la discapacidad que hacía peligrar la pureza de la sangre. Era considerada también un comportamiento, por tanto, asocial. Uno de los intereses del nazismo era que su raza engendrara el mayor número de hijos posibles. Estaban convencidos de que «las razas inferiores» se reproducían a mayor velocidad y que para imponerse tenían, por una parte, que parar esa «producción» mediante el asesinato y la esterilización. Pero por otra también tenían que tener más hijos, futuros soldados del imperio que debería durar mil años.

Por lo tanto, los homosexuales ponían en peligro ese plan de futuro. En cambio, la homosexualidad femenina nunca fue perseguida, pues no consideraban que fuera relevante. Y es que además el Tercer Reich incidía mucho en los valores de virilidad que tenía que presentar un perfecto ario. Y la homosexualidad atentaba contra todos ellos.

Durante la república de Weimar había habido un fuerte movimiento homosexual que se reunía en locales y que además tenía un componente asociativo y de reivindicación. Esto tampoco convenía en absoluto al régimen, que se opuso siempre a cualquier tipo de asociación entre ciudadanos que no estuviera controlado por el partido nazi. Todo ello llevó a una persecución que empezó poco a poco. Se cerraron los locales, se prohibieron las reuniones, se ridiculizó con varias campañas de desprestigio a este colectivo y finalmente se les dio caza con una crueldad inusitada.

El uniforme con el triángulo rosa «invertido», que identifica al preso como homosexual.

La Gestapo redactó las «listas rosas» en las que se incluían a los homosexuales conocidos y se los perseguía. Cuando eran acusados, tenían una alternativa: podían acceder voluntariamente a que se les castrara para conseguir la anulación o al menos una rebaja de sus penas. Sin embargo, con el tiempo esta posibilidad desapareció y muchos eran castrados sin su permiso en los campos de concentración.

El estigma de estos prisioneros fue implacable. Se creía que se podían «curar», por lo que en muchas ocasiones se experimentó con ellos diferentes técnicas aberrantes que se saldaron o con su muerte o con efectos secundarios que les acompañarían de por vida.

El trato que recibían en los campos era realmente duro. Por una parte eran el blanco de las burlas más descarnadas. Se les obligaba a llevar a cabo los trabajos más duros y en las condiciones más peligrosas. Sus raciones de comida eran aún más escasas que las del resto de prisioneros. Pero a ello se le tenía que añadir que estaban aislados. Se temía que «contagiaran» su perversión al resto de los prisioneros o que aprovecharan que estaban juntos para poder entregarse a ella. Al no tener un grupo de apoyo, padecieron una doble tortura: las que les infligían sus captores y las que les sometían el resto de prisioneros. Estos últimos, que sabían que los nazis nunca los defenderían, abusaban en muchas ocasiones de ellos, obligándoles a hacer su trabajo y también les brindaban su protección a cambio de favores sexuales.

La eutanasia a los discapacitados

El término *eutanasia* proviene del griego y significa «buena muerte» y se utiliza para procurar la muerte a los enfermos terminales que están sufriendo. Sin embargo, el régimen nazi se lo apropió para emplearlo en un aspecto bastante diferente. La raza aria, según mantenían los nazis, estaba amenazada por todos aquellos que no tuvieran la pureza de la sangre. Y en ese sentido los discapacitados constituían una amenaza y debían ser eliminados.

Las primeras medidas, llevadas a cabo en la primavera de 1933, tenían como objetivo esterilizar a los discapacitados contra su voluntad. Se entendía por discapacitados a ciegos, sordos, diagnosticados de cualquier tipo de enfermedad mental, alcohólicos o a los que presentaran alguna deformidad. La esterilización masiva de discapacitados y de judíos y otras etnias fue una obsesión del régimen nazi. De hecho, muchos de los experimentos que llevaron a cabo en los campos de exterminio pretendían encontrar un método rápido y barato de lograrlo.

También se prohibieron entre 1934 y 1935 las relaciones sexuales o matrimonios entre arios y judíos o personas de «razas inferiores». La idea que le vendieron al pueblo alemán y que los médicos avalaron es que así se evitarían las enfermedades racialmente dañinas.

El 18 de agosto de 1939 se promulgó una ley por la que los médicos debían informar de cualquier infante recién nacido o de menos de tres años que presentara una discapacidad física. El discurso oficial animaba a los padres de los menores de edad a que los ingresaran en clínicas pediátricas. Pero allí no se procuraba su mejora, sino su eliminación. No hay datos concluyentes, pero los expertos consideran que en los primeros años de la guerra pudieron ser ejecutados hasta 10.000 niños alemanes por el hecho de padecer algún tipo de discapacidad ya fuera mental o física.

Según el artículo «De la eutanasia a la solución final», publicado por Nelson Rivera en *Cambio 16* el 23 de enero de 2022: «Cuando los niños ya estaban internados, la eliminación ocurría de inmediato. Cuando vivían en sus hogares, se convencía a los padres de hospitalizarlos, con la promesa de que serían curados. Si los padres se resistían a entregar a su hijo, se les amenazaba: el Reich les quitaría el derecho a custodia. Durante la guerra se crearon las condiciones favorables para cumplir con las metas establecidas: mientras el padre estaba destinado al frente, a la madre se la llamaba a un trabajo diario de muchas horas y así estaba obligada a encomendar el cuidado al hospital/centro de exterminio.

Otro mecanismo fue el de la falsa intervención quirúrgica: se anunciaba la aparición o descubrimiento de una dolencia grave, se pedía la aprobación urgente de los padres para hacerla intervención, el niño moría en el quirófano. La burocracia nazi produjo un informe oficial sobre los contenidos de la carta de cuatro párrafos que las autoridades debían enviar a las familias informando de la muerte de sus hijos».

La creación de las primeras cámaras de gas

Con el inicio de la guerra, en septiembre de 1939, la eutanasia se extendió a los adultos. Había una doble finalidad en esta medida: por una parte salvaguardar la pureza de la raza aria y por otra dejar libres las camas de sanatorios y hospitales para que se pudiera atender a los soldados heridos en la contienda. Así es como empezó la Gnadentod (muerte caritativa en alemán) con la conocida Operación T4. Se llamó así porque la oficina que la orquestó estaban en el número 4 de la Tiergartenstrasse de Berlín. Un comité integrado por

54 afamados psiquiatras revisaba los casos de los enfermos mentales y decidían quiénes merecían «la muerte caritativa». Los elegidos eran trasladados a seis centros de exterminio donde eran ejecutados por diferentes medios, habitualmente por inhalación de monóxido de carbono. Después sus cuerpos se incineraban rápidamente. Los propios médicos escribían cartas a los familiares inventando causas naturales para el fallecimiento.

Este «ensayo» de genocidio acabó instaurándose para acabar con la vida de los judíos en situaciones aún más crueles y duras. Es difícil, por el secretismo con el que se llevaron estas operaciones, saber cuántas personas murieron, pero según los especialistas la lista contendría como mínimo a 200.000 ciudadanos alemanes.

Para estos planes de eutanasia se empezó a investigar cuál era el modo más efectivo de ejecución de las víctimas. Un equipo experimentaba con cámaras con monóxido de carbono mientras otro lo hacía con inyecciones letales a la búsqueda de la forma más rápida y barata de acabar con la vida de los discapacitados. Las inyecciones provocaron gran sufrimiento a las víctimas, pero no funcionaron y estas, después de ese padecimiento, acabaron muriendo también en las cámaras de gas.

Autorización de Adolf Hitler para el programa Aktion T4, firmada en octubre pero fechada el 1 de septiembre de 1939.

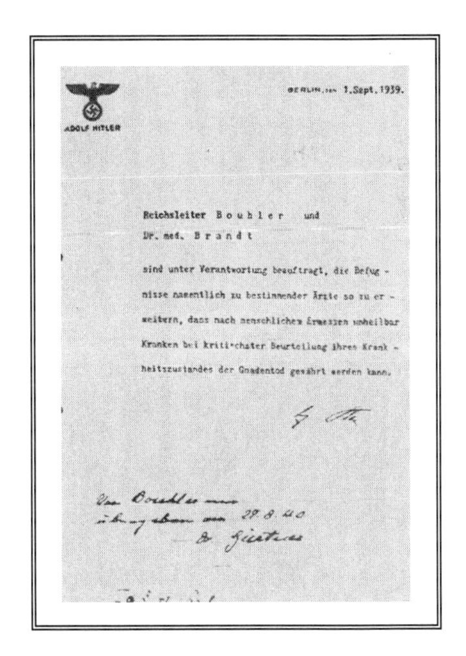

ADOLF HITLER

BERLIN, den 1.Sept.1939.

Reichsleiter B o u h l e r und
Dr. med. B r a n d t

sind unter Verantwortung beauftragt, die Befug - nisse namentlich zu bestimmender Ärzte so zu er - weitern, dass nach menschlichem Ermessen unheilbar Kranken bei kritischster Beurteilung ihres Krank - heitszustandes der Gnadentod gewährt werden kann.

Entre 1939 y 1949 se llevaron a cabo las primeras pruebas cerca de Berlín, concretamente en Brandemburgo, donde se cons truyó la primera cámara de gas de tres metros de alto por tres metros de ancho que imitaba a unas duchas. Por las tuberías se filtraba monóxido de carbono.

La puesta en escena se parece sospechosamente a la que después se empleó en los campos de exterminio, según ilustra el historiador y profesor universitario David Mitchell en el artículo «El asesinato de los discapacitados que inauguró las cámaras de gas nazis», publicado en *El País* por Guillermo Alteres el 27 de enero de 2020.

«Transporte de las víctimas al lugar donde serían gaseadas; bienvenida por un comité de enfermeras y/o médicos para dar a las víctimas una sensación de calma y familiaridad; comprobación de los registros médicos para determinar sus identidades, seguido de desvestirse y un examen superficial que era una comprobación de sus dientes de oro y para inventar una causa de muerte creíble falsa; una cámara de gas disfrazada de ducha; cremación de múltiples cuerpos al mismo tiempo».

El problema que se encontraron es que la cremación de los cuerpos desprendía un olor muy desagradable e identificable. Por ello, empezaron a trasladarse estos centros a las afueras y también, como se verá más adelante, empezaron a aplicarse estas técnicas en los campos de exterminio.

Supuesto cierre del programa

Este programa era secreto, pero lo que estaba ocurriendo era demasiado flagrante para que no se sospechara que algo irregular estaba sucediendo. Los altos cargos nazis empleaban eufemismos y lenguaje cifrado, pero los rumores empezaron a circular y las familias se alarmaron. Tanto la Iglesia protestante como la católica se pusieron de acuerdo en 1941 para denunciar aquellos hechos y conseguir una reacción por parte de sus feligreses.

En agosto de 1941, el programa fue suspendido por las protestas que provocó entre la opinión pública. Pero fue una medida de cara a la galería: las muertes continuaron y aún fueron más crueles. Se reducían las raciones alimenticias hasta provocar la muerte por inanición, se cortaba la calefacción de los hospitales en el crudo invierno o se les administraba tantos barbitúricos que prácticamente se les inducía a la muerte.

Según el testimonio de una enfermera recogido en el artículo «La muerte caritativa para discapacitados» publicado en *The Conversation* por Francisco López-Muñoz, «fui destinada al asilo de Kaufbeuren con órdenes precisas de practicar la eutanasia a todos los enfermos mentales... Yo reportaba directamente al director del hospital... A los pacientes se les administraba Luminal o Veronal y algunas veces Trional en forma de comprimidos, así como morfina-escopolamina en forma líquida cuando los efectos de los barbitúricos no eran los deseados. La modificación de la dosis de la medicación quedaba bajo mi responsabilidad... Yo, habitualmente, iniciaba el tratamiento con dos comprimidos de Luminal de 0,3 mg diarios e incrementaba esta dosis según el curso de lo que ellos llamaban "enfermedad". El resultado final de la medicación era la inducción de un profundo sueño del que el paciente no despertaba jamás...»

Esto es lo que se conoció como «eutanasia discreta» y pudo provocar hasta 110.000 muertes. Evidentemente, los parientes nunca se enteraban de lo ocurrido. Y es que el régimen nazi era realmente experto en el arte de mentir, justificar y engañar. Según el artículo de *Cambio 16*: «A los diez días se enviaba la carta de información y pésame a los familiares ("murió tranquilo y sin dolor"). El segundo párrafo contenía estas palabras: "Pero como la naturaleza y la gravedad de la enfermedad de su esposo no alentaban esperanzas de mejora, y por tanto ya no había ninguna expectativa de que pudiera ser dado de alta de una institución, puede entenderse su muerte como una liberación, ya que lo libró de su sufrimiento y lo salvó de estar hospitalizado de por vida. Que este pensamiento sea un consuelo para usted».

El exterminio de los gitanos

Conocido por el término romaní *porraimos*, que significa *devoración*, el holocausto gitano se ha situado durante mucho tiempo en un segundo término, pese a que las cifras de muertos son realmente contundentes. Entre 250.000 y medio millón de romas fueron asesinados a manos de los nazis. La mayoría de especialistas se decanta por los 500.000, lo que significaría que exterminaron al 75% de la población que vivía en Europa antes de la guerra.

El sentimiento antigitano, al igual que el antisemita, estaba enraizado en la cultura europea y debido a ello esta comunidad había sido objeto de múltiples persecuciones. Los romaníes alemanes cargaban con el estigma de ser ladrones, asesinos, delincuentes y de llevar una vida nómada. No era cierto, pese a que ese es el mito que ha llegado hasta nuestros días. La mayoría de los romaníes tenían un

LOS TRIÁNGULOS EN LOS CAMPOS DE CONCENTRACIÓN

Los nazis empezaron su política racista obligando a los ciudadanos a llevar triángulos que los identificaban ya fuera como judíos, homosexuales o gitanos. Esto se dio en primer lugar en los guetos, pero el sistema de clasificación llegó a los campos de concentración, donde los guardianes trataban con especial violencia a algunos grupos, como a los judíos.
El sistema era el siguiente:

Amarillo. Podía ser un triángulo o una cruz de David y eran los que recibían peor trato en los campos.

Rojo. Marcaba a los prisioneros políticos, sobre todo a los comunistas, socialistas o anarquistas.

Verde. Era el que se empleaba para señalar a los criminales comunes.

Azul. Era el que se empleaba para los extranjeros. Los republicanos españoles, por ejemplo, tenían que llevar el triángulo invertido de este color.

Morado. Solía ser empleado para los testigos de Jehová, pero también para los que procesaran cualquier religión contraria al régimen nazi.

Rosa. Era que servía para acusar a los homosexuales, que recibían un trato humillante tanto por sus captores como por el resto de prisioneros.

Negro. Era el de los asociales o los vagos, pero también incluía a los alcohólicos, a los que tuvieran algún trastorno físico o mental y a las prostitutas.

Marrón. Era el que identificaba a la población gitana. En un principio, lucían el negro, pero después se les separó de ese grupo con un color específico.

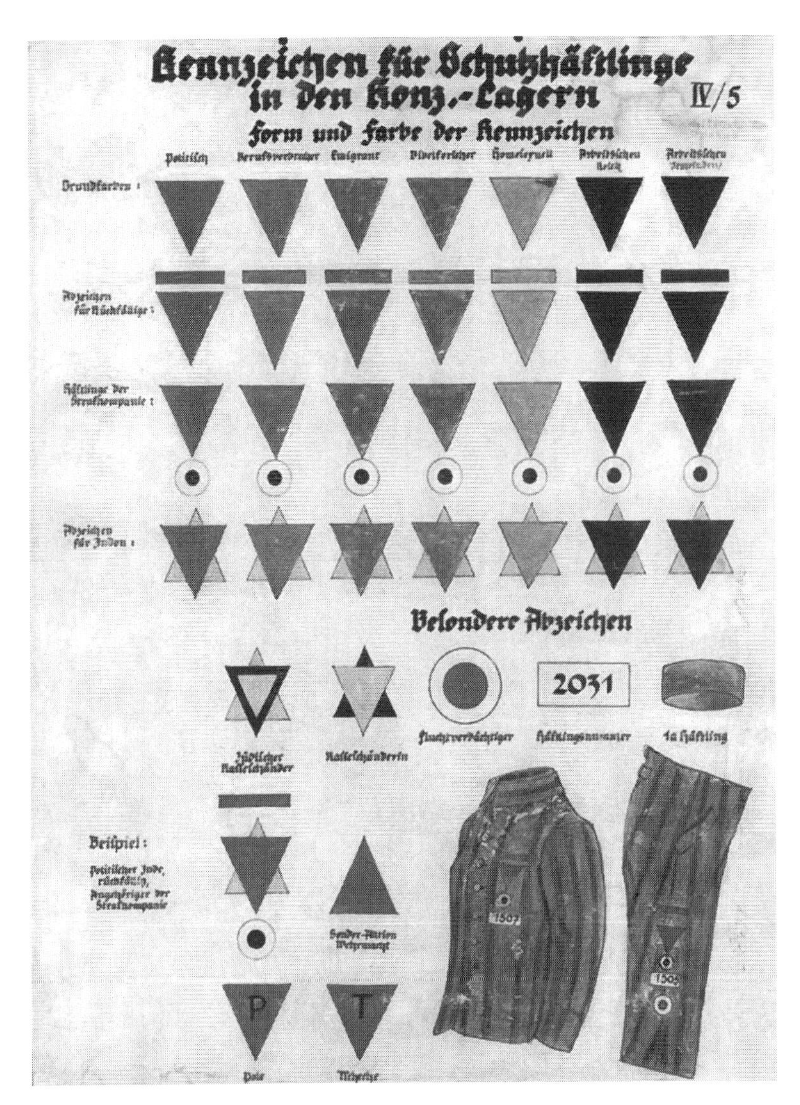

Ilustración en la que se muestran los diferentes triángulos y estrellas que identificaban a los prisioneros.

domicilio fijo y una posición acomodada. Muchos de ellos se dedicaban al mundo del espectáculo o de la música. También los había que habían pasado a formar parte del ejército alemán y fueron detenidos cuando empezó la persecución. Incluso algunos desconocían su origen y lo descubrieron en los campos en los que fueron recluidos.

La cuestión gitana

Los alemanes, en un principio, tuvieron reparos para perseguir al pueblo gitano. Estaban convencidos de que el pueblo ario provenía de India y que su lengua era indoeuropea. Y en su estudio sobre el origen de las razas se encontraron un dato que resultaba perturbador: los gitanos también hablaban una lengua indoeuropea y procedían de India. Eso ponía en peligro la teoría pseudocientífica en la que se basaba el ideario nazi. Por ello dedicaron ingentes esfuerzos a lo su que llamaron la cuestión gitana (*Zigeunerfrage*). En 1936 crearon la Unidad de Investigación de Higiene Racial y Bilogía Demográfica que dirigía el doctor Robert Ritter ayudado por la enfermera Eva Justin y procedieron a la investigación de los gitanos para recabar información genealógica y genética. «La policía nos medía la nariz y las orejas –cuenta la superviviente Philomena Franz– y anotaba el color de nuestro cabello y muchas cosas más». Todos esos datos se emplearon en el estudio de Ritter.

El resultado de la investigación condenó a los gitanos al genocidio. Se consideró que procedían de una raza aria, pero que habían perdido la pureza de su sangre al mezclarse con razas inferiores. Esto hacían que fueran peligrosos para la integridad de los arios alemanes y por ello deberían ser eliminados.

Si Ritter y Justin hubieran llegado a otro veredicto, seguramente cientos de miles de personas hubieran salvado su vida. Aún así, nunca fueron condenados por ello. Ritter, después de la guerra, trabajó de profesor de Criminología en la Universidad de Tubinga y después como psicólogo infantil en un servicio de salud de Francfort, según ilustra María Sierra, catedrática de Historia Contemporánea y autora de *Holocausto Gitano*. «Tras la guerra, no rindieron cuentas de nada y estos científicos siguieron ejerciendo cargos públicos y el resultado de los escasos juicios a los que se les consiguió someter fue decepcionante. Los tribunales alemanes argumentaban que los gitanos no habían sido perseguidos por motivos raciales sino policiales, por su tendencia la delincuencia», ilustra Sierra para demostrar la doble injusticia que sufrieron los romaní.

La cruenta persecución se remonta a 1933, cuando empezaron las políticas de esterilización involuntaria y algunos empezaron a ser trasladados a los campos de concentración. En 1935 perdieron sus derechos como ciudadanos alemanes. El régimen nazi quería apartarlos de Alemania por lo que durante la guerra fueron trasladados a los campos fuera de su territorio donde vivieron y murieron en circunstancias atroces. Un decreto publicado por el régimen nazi en 1938 dejaba, solo con el encabezamiento, claras las intenciones: «Combatir la plaga gitana». El texto que venía a continuación no podía ser más claro. «La experiencia hasta ahora en la lucha contra la plaga gitana y el conocimiento adquirido a través de la investigación de la biología racial hacen aconsejable abordar la regulación de la cuestión gitana a partir de la naturaleza de la raza. Según la experiencia, los mestizos tienen mayor participación en el mundo del crimen. Por otro lado, se ha demostrado que los intentos de integrar a los gitanos han fracasado, especialmente entre los gitanos de raza pura, debido a su fuerte impulso migratorio. Por lo tanto, resulta necesario tratar a los gitanos de raza pura y a los mestizos por separado en la solución final de la cuestión gitana».

De la reserva natural al genocidio

Serra también aborda en su libro un capítulo poco conocido del nazismo. En 1942, Heinrich Himmler presentó un proyecto para construir una especie de reserva de gitanos que albergaría a 4.000 personas que podrían vivir en libertad, como los indios americanos y que podrían ser estudiados por los científicos alemanes. Por lo visto tenía incluso decidido dónde se asentaría: cerca del lago Neusiedl, que se encuentra entre Austria y Hungría. Himmler ya había seleccionado a los «afortunados», pero el plan nunca vio la luz. Se cree que porque Hitler lo tumbó.

Un siniestro «selfie» de militares nazis con una mujer de etnia gitana.

En 1943, cuando se adopta la «solución final», los gitanos son incluidos en ella por el propio Himmler, que un año antes había tenido la iniciativa de crear la reserva. Así, muchos de ellos fueron trasladados a los campos de Polonia donde fueron asesinados en masa. Asimismo, también fueron blanco de todo tipo de cruentos experimentos. El sádico doctor nazi, Josef Mengele, del que se hablará más adelante, llevó a cabo buena parte de sus experimentos con niños y mujeres de etnia gitana.

Tal y como señala Serra: «Las familias fueron separadas; los adultos y niños, esterilizados; los bienes les fueron expropiados; se los destinó al trabajo esclavo; se les usó de cobayas médicas; unidades del ejército alemán los iban fusilando en su avance y fueron enviados a los campos de exterminio. Todo ello, por el hecho de ser gitanos».

La especialista también señala que la imagen de lo que ocurrió con los gitanos en los campos de concentración ha sido de algún modo «dulcificada» por el cine y la literatura, que siempre los retratan como músicos que consiguieron algunos privilegios por su arte. «Los nazis les hacían cantar y tocar, pero les castigaban incluyéndolos en las orquestas que acompañaban actividades como trabajos forzados o ajusticiamientos. Hay una visión romántica idealizada, en novelas y películas, de lo que les permitía la música, pero fue utilizada como mecanismo de represión y encuadramiento».

La solución final que se aplicó a los judíos fue la misma que sufrieron los gitanos que fueron víctimas de un genocidio que como se ha comentado supuso la aniquilación del 70% de su población.

La masacre yugoslava

Si el Tercer Reich fue brutal con el trato a la población gitana, el resto de gobiernos títeres que lo apoyaban le fueron a la zaga. Según la *Enciclopedia del Holocausto*: «Los rumanos no pusieron en práctica una política sistemática de exterminio de los romaní. No obstante, en 1941 entre 20.000 y 26.000 gitanos del área de Bucarest fueron deportados a Transnistria, en la Ucrania ocupada por los rumanos, donde miles murieron de enfermedades, inanición y el tratamiento brutal. En Serbia, en el otoño de 1941, los pelotones de ejecución del ejército alemán (Wehrmacht) mataron a casi la población entera de los hombres adultos romaníes junto con la mayoría de los hombres adultos judíos como represalia por la matanza de soldados alemanes por los luchadores serbios de la resistencia».

Generalizando, se podría decir que Eslovaquia, Hungría y Rumanía contribuyeron al *porraimos*, pero su cruenta participación palidece en comparación a la del gobierno croata. Las milicias ultranacionalistas, los ustachas, perpetraron atrocidades que en muchas ocasiones superaron a las de los propios nazis alemanes. El gobierno títere nazi contaba con su propio *fürher*, Ante Paveli , cuyas políticas supremacistas acabaron con la vida de judíos, gitanos y serbios. Lo más curioso es que ni siquiera siguió las órdenes del Tercer Reich: la masacre se perpetró por propia iniciativa del gobierno croata.

Además, lo hicieron de una forma engañosa y cruel. En verano de 1941 censaron a la población gitana y les prometieron el traslado a regiones fértiles de Rumanía o Yugoslavia donde podrían vivir tranquilamente de lo que cultivaran. El gobierno, internacionalmente, alardeaba de haber encontrado una solución moderna y efectiva al problema. Pero era un ardid: los gitanos nunca llegaron a pisar esos vergeles prometidos y acabaron en el campo de Jasenovac, uno de los más sangrientos de la contienda. La población gitana llegaba a los enclaves que les había indicado el gobierno con sus carromatos, con ganado y las pertenencias que tuvieran. Allí eran despojados de todo y se les hacinaba a la intemperie.

En el artículo publicado por Marc Casals, el 1 de agosto de 2021 en *El Orden Mundial* bajo el título de «El holocausto gitano en Yugoslavia: un genocidio olvidado», se reseñan algunas de las sádicas prácticas que llevó a cabo el gobierno ustacha para acabar con la población gitana. «La práctica totalidad de los varones romaníes de Belgrado fueron deportados al campo de Topovske Šupe, un depósito de artillería que representaba el paso previo a su aniquilación: colocados en línea frente a una fosa, les obligaban a desnudarse y un guardia les pintaba en la espalda un círculo que servía como diana para los ejecutores.

Pronto empezaron las ejecuciones. Desnudos y con los brazos atados a la espalda, los ustachas les embarcaban en una chalana que atravesaba el río Sava para transportarles a la otra orilla, donde sus verdugos les asesinaban de un mazazo en el cráneo o cortándoles el cuello. Un centenar de gitanos fue reclutado para ayudar tanto a cavar fosas como en la labor de matarifes, lo que les permitió sobrevivir durante un tiempo, pero al final también ellos fueron eliminados».

Pocos sobrevivieron al paso por el campo de Jasenovac. El censo de gitanos que antes de la guerra en Croacia llegaba a 15.000 gitanos, al acabar la contienda se quedó en 800.

Sin compensación

Una de las grandes reclamaciones de la población gitana ha sido que se reconozca el sufrimiento que padecieron durante la II Guerra Mundial. Y no ha sido fácil, pues esta lucha les ha llevado mucho tiempo y también grandes decepciones.

Según la *Enciclopedia del Holocausto*, el reconocimiento llegó demasiado tarde.

«Después de la guerra, la discriminación contra los romaníes continuó cuando la Republica Federal de Alemania decidió que todas las medidas tomadas contra ellos antes de 1943 eran políticas legitimas del estado y no tenían derecho a restitución. La encarcelación, la esterilización y hasta la deportación fueron consideradas como políticas legitimas. [...] El canciller alemán Helmut Kohl reconoció el genocidio nazi contra los romaní en 1982. Para ese momento, la mayoría de los que hubieran tenido derecho a la restitución bajo la ley alemana ya habían muerto».

La aniquilación de las razas inferiores

El principal objetivo del odio nazi eran los judíos, tal y como se verá en el siguiente capítulo. Sin embargo, cualquier raza que no fuera la aria era considerada inferior y por tanto debía de ser aniquilada. La idea de los nazis es que su nación, para no perecer, necesitaba «espacio vital», es decir, territorios en los que poder asentar a su población. Parte de estos territorios pertenecían a otros países y estaban habitados por razas que debían ser exterminadas para no comprometer la pureza de la raza aria. En un principio se planteaba que bastaba con echarlos de su territorio, mantenerlos alejados de los arios. Pero posteriormente se llegó a la conclusión de que lo más «práctico» era acabar con sus vidas.

Los polacos fueron los que más padecieron el horror nazi. 4,8 millones de polacos, entre ellos 3 millones de judíos, perdieron la vida bajo el yugo nazi. Varsovia quedó prácticamente despoblada. Y el plan del gobierno nazi era aún más ambicioso y no se llevó a cabo porque perdieron la guerra, pero preveían exterminar a más de 20 millones de polacos (el 85% de la población) y emplear a los supervivientes como esclavos.

Mesa para la experimentación con prisioneros de guerra.

Los ucranianos también vivieron en sus carnes la atrocidad nazi. Solo en el campo de batalla, luchando junto a los soviéticos, murieron más soldados que la suma de los estadounidenses, británicos y franceses juntos. Las políticas de exterminio nazi se saldaron con la muerte de tres millones de ucranianos y dos millones de deportados como esclavos. El plan que no se llevó a cabo era aún más cruento: se pretendía acabar con 23,2 millones de habitantes de Ucrania y emplear al resto como mano de obra esclava.

Los rusos sufrieron también la barbarie nazi en todo su esplendor. Entre 1941 y 1942 asesinaron a 2,8 millones de prisioneros de guerra, ya fuera fusilándolos o dejándolos morir de hambre. En el frente de Leningrado murieron más de 1,2 millones de civiles. Poblaciones rurales fueron arrasadas totalmente con el avance del ejército alemán. En la región donde tuvo lugar la contienda se perdieron un 25% de las aldeas. En 1995, los rusos arrojaron escalofriantes cifras sobre la masacre: 13,7 millones de ciudadanos habían muerto a manos de los nazis. Se trataba del 20% de la población e incluía a la población judía, que fue aniquilada cruelmente durante la campaña rusa.

Persecución religiosa

Los judíos fueron las principales víctimas de los nazis, pero estos también se dedicaron a perseguir a otras religiones. No les interesaba que hubiera un poder paralelo al suyo ni que alguien ajeno al régimen pudiera imponer límites éticos o morales. Hitler era un

HISTORIAS HEROICAS

La II Guerra Mundial condujo a actitudes sádicas y crueles que nadie podría haber imaginado que tuvieran lugar. El concepto de civilización como un lugar seguro apartado de la barbarie se quebró. Sin embargo, también tuvieron lugar comportamientos heroicos, personas que no se dejaron asimilar por la crueldad.

Algunas historias de este tipo sirvieron para intentar salvar a la población gitana de un final cruento. Por ejemplo, en Sarajevo, los académicos musulmanes, que estaban muy bien considerados por el gobierno fascista que pretendía arrastrarlos a sus filas, utilizaron esa posición para defender a los romaní. Iniciaron una campaña de conversiones en masa al Islam, que tenían por objetivo salvar a los conversos y emitieron un informe en el que decían que se tenían que primar las cuestiones religiosas sobre las de la raza. Así consiguieron que muchos gitanos no acabaran en los campos de concentración. Intentaron que ocurriera lo mismo con los gitanos ortodoxos, pero sus súplicas no fueron atendidas y acabaron en el macabro campo de exterminio de Jasenovac.

En las zonas rurales croatas, algunos vecinos salvaron a los gitanos asegurando que eran honrados y trabajadores e imprescindibles para la comunidad. En otros casos, se hicieron colectas para poder sobornar a las autoridades y así evitar las deportaciones a los campos de exterminio.

Muchos gitanos se unieron a la lucha partisana, donde fueron tratados en igualdad de condiciones por sus compañeros, tal y como atestiguó Stevan Đorcevic Novak, un célebre guerrillero apodado «el gitanillo»: «En mi destacamento no se excluye a ningún serbio ni «gitano». Aquí todos somos iguales y daré la vida por esta igualdad».

Durante el gobierno socialista de Yugoslavia, los gitanos fueron bien considerados, aunque únicamente se construyó un monumento en memoria a la masacre que habían padecido.

vehemente anticatólico. Pretendía acabar con este culto y sustituirlo por una nueva religión que encumbrara a antiguos dioses paganos relacionados con la raza aria.

Los testigos de Jehová fueron los primeros perseguidos porque se negaban a llevar armas y a combatir. El pacifismo era una conducta muy mal vista en el Tercer Reich. Se calcula que entre 2.500 y 5.000 testigos de Jehová murieron en los campos de concentración.

Desde finales de la década de los treinta, el ataque a la Iglesia Católica por parte de los nazis no tuvo cuartel. Fueron detenidos infinidad de miembros del clero. Con la invasión de Polonia, que tenía una gran población católica, continuó el acoso y asesinato de buena parte del clero. El objetivo de los nazis en Polonia era destruir la nación, que a sus ojos estaba habitada por «infrahumanos» y además de cebarse con los judíos, también lo hicieron con los católicos.

Los masones también fueron perseguidos. Se les acusaba de haber conspirado junto a los judíos para conseguir que Alemania perdiera la I Guerra Mundial. Se calcula que entre 80.000 y 200.000 masones fueron asesinados en diciembre de 1941.

Hitler también la tomó con los que hablaban esperanto. Este idioma con vocación universalista fue creado por L.L. Zamenhof, que era judío, por lo que se consideró que formaba parte de una conspiración y todos aquellos que hablaran esta lengua eran inmediatamente trasladados a un campo de concentración.

El bahaísmo también fue duramente perseguido por los nazis, porque no soportaban sus principios pacifistas. Sin embargo, su persecución no fue tan cruenta como la que recibieron otros credos religiosos: se cerraron sus templos y fueron multados.

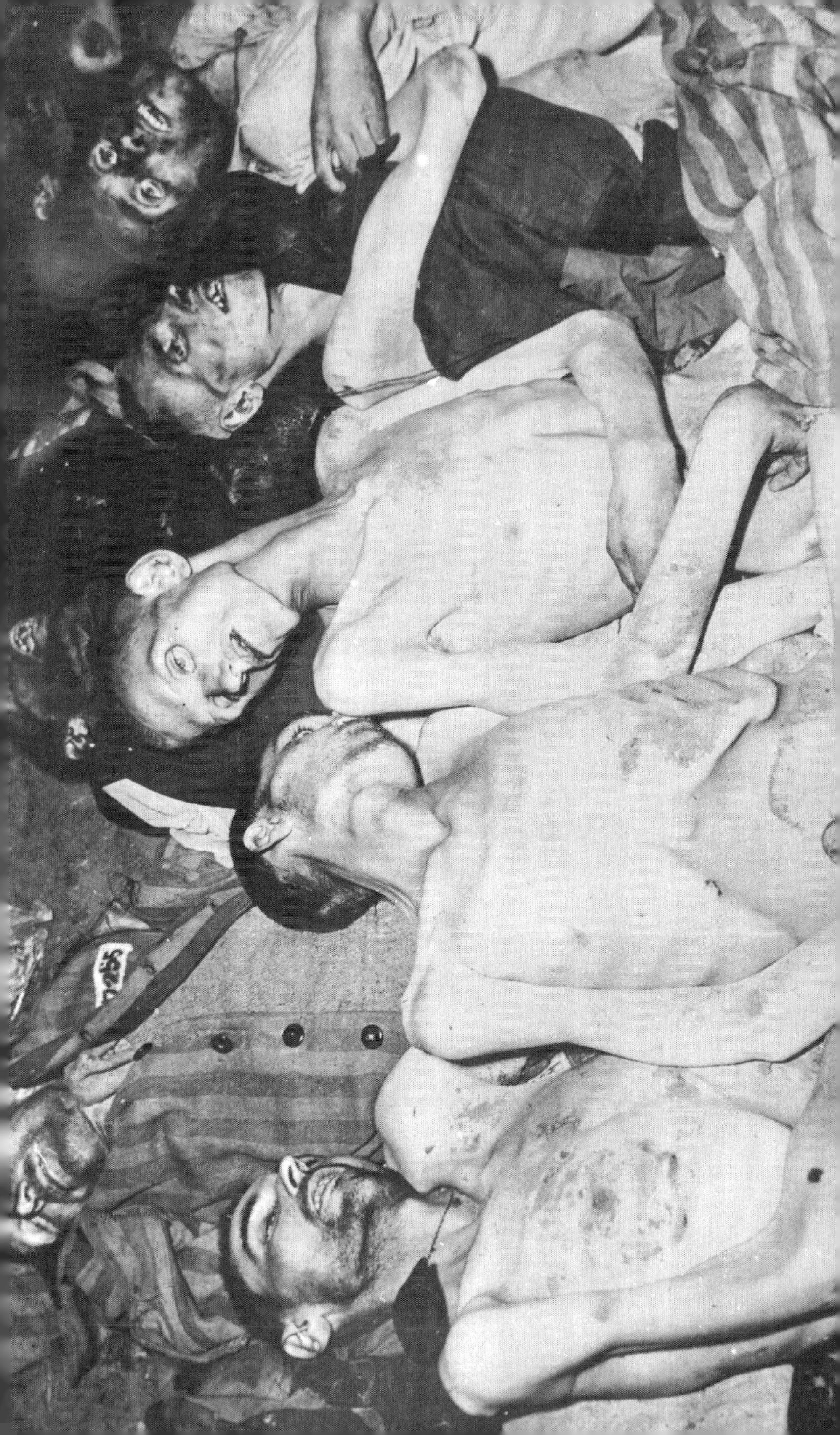

CAPÍTULO 2
EL HOLOCAUSTO JUDÍO

Seis millones de judíos fueron asesinados por el régimen nazi. La cifra, tantas veces repetida, no deja por ello de ser impactante. En 1933, en Europa vivían 9,5 millones de judíos y la masacre nazi estuvo a punto de conseguir su objetivo y borrar a los judíos de la faz de la Tierra. «Es muy sorprendente que todavía haya vida judía en Europa», afirmaba Michael Brenner, en el artículo «El Holocausto nazi fue un éxito», publicado en *Jotdown* por Nacho Carretero.

El sentimiento antisemita venía de lejos y la población judía había tenido que soportar históricamente el ataque de sus vecinos, las comunidades en las que vivían y de las que se sentía parte desde la Edad Media. Sin embargo, nunca antes se había sistematizado un ataque hacia ellos de una forma tan cruenta y eficaz.

Se ha debatido largo y tendido sobre las razones que llevaron a Hitler a procesar un odio tan acérrimo hacia los judíos. Poco se sabe de las razones personales que pudiera haber más allá del discurso oficial. Hitler se subió al carro del antisemitismo que había intentando encontrar justificaciones pseudocientíficas desde finales del siglo XIX. La publicación del libro *Ensayo sobre la desigualdad de las razas humanas* del Conde de Gobineau fue el pistoletazo de salida a una literatura tendenciosa que con una pátina científica intentaba justificar el racismo y la persecución hacia los judíos.

El discurso nazi fue más allá, con manipulaciones e invenciones de falsas conspiraciones hasta convertir a los judíos en el origen de todos los males de la nación alemana. Se les atribuyó la derrota en la I Guerra Mundial y todo tipo de intrigas con el objetivo de acabar con la raza aria. A nivel «científico» se suponía que eran un peligro para la subsistencia de los arios. De hecho, se emplearon a nivel social las teorías científicas sobre los microbios. Se consideraba a los judíos como virus o microbios que debían ser apartados para que la raza aria pudiera sobrevivir. En este sentido, las primeras políticas se dirigieron hacia sacarlos de Alemania. Incluso hubo iniciativas que pretendieron trasladarlos a otros lugares, como Madagascar o Alaska. Pero finalmente decidieron que lo más «eficaz» (por práctico y también por barato) era aniquilarlos. Y todo ello provocó el Holocausto o, como se denominó en hebreo, la Shoah, que se traduce como la *catástrofe*.

Evidentemente, no sucedió de un día para otro. La escalada fue paulatina y tan sorprendente que muchos no alcanzaron a creérsela. Pocos fueron los que pudieron huir, porque cuando vieron lo irremediable de la situación, ya fue demasiado tarde para poder escapar. En este capítulo repasaremos la escalada del horror que llevó a la solución final, la decisión del régimen nazi de acabar con todos los judíos.

Los nazis llegan al poder

El partido Nacionalsocialista Obrero Alemán (NSDAP) se distinguió desde su constitución por sus milicias violentas y por su programa antisemita. Ya en su programa de 1920 incluía una alusión clarísima a su posicionamiento antisemita: «Nadie, fuera de aquellos por cuyas venas circule sangre alemana, sea cual sea su credo religioso, podrá ser miembro de la Nación. Por consiguiente, ningún judío será miembro de la nación».

Con la llegada de Hitler al poder en 1933, se crea el primer campo de concentración, el de Dachau, que tenía por objetivo librarse de la disidencia. Y también se promulgan las primeras leyes antisemitas, como Ley para la Restauración de la Función Pública, que aparta a los judíos de la vida pública. No podrán ejercer ninguna función pública, ni ellos ni personas que se consideren «políticamente poco fiables».

También se les excluía de ciertas organizaciones profesionales. Así se empieza el acoso institucional, que no provocó protestas por parte del resto de la población y que, por lo tanto, dio el pistoletazo de salida a una normativa que cada vez ahogó más a los judíos y a cualquier raza que no fuera la aria. Se restringió, por ejemplo, el número de estudiantes judíos en las escuelas y universidades. También se redujo su presencia en profesiones como la medicina o el derecho. Por ejemplo, los médicos fueron expulsados de la sanidad pública y únicamente podían atender a pacientes judíos.

Básicamente se les apartó de cualquier profesión de cierto prestigio. Incluso se prohibió que participaran en el cine o en el teatro. Paralelamente se les obligó a registrar sus propiedades, que gradualmente fueron expropiadas. Muchos empresarios fueron expulsados y sustituidos por otros de raza aria. Lo mismo ocurrió con los empleados.

Las leyes antisemitas

El punto de no retorno tuvo lugar en 1935, con las Leyes Raciales de Núremberg: se expulsó del ejército a los soldados judíos, no se permitió que los estudiantes hicieran sus exámenes y se prohibió que se citaran escritos de autores judíos. Esta normativa entendía que judío no era alguien que seguía esa religión, sino cualquiera que tuviera tres o cuatro abuelos judíos. Que fuera portador, por tanto, de «sangre judía». Por ello, incluso los judíos que no procesaban la religión o que no estaban integrados en una comunidad, serían también perseguidos.

Pero el punto más importante de las leyes de Núremberg era la prohibición explícita de que los judíos mantuvieran relaciones sexuales o contrajeran matrimonio con cualquier persona de sangre aria «afín». En este sentido, se fueron implementando nuevos requisitos para el matrimonio. Según la Ley de Protección de la Salud Hereditaria del Pueblo Alemán, promulgada el 18 de octubre de 1935, antes de casarse los futuros cónyuges tenían que presentar un certificado que demostrara que no tenían enfermedades hereditarias ni contagiosas.

El cerco a la población judía era asfixiante. No eran considerados ciudadanos alemanes, las leyes les apartaban de toda actividad y penetraban en su intimidad, impidiéndoles elegir incluso sus relaciones y les perseguía si no seguían la normativa impuesta.

El tiro de gracia llegó con las legislaciones que se promulgaron en 1937 y 1938. Empezaron con las expropiación de sus propiedades y les impidieron prácticamente ejercer cualquier tipo de profesión que les permitiera ganarse la vida. Sus pasaportes tenían que incluir la letra «J». No podían entrar en bares, espectáculos ni instalaciones deportivas. La marginación y el ahogo económico era ya un hecho. Y por mucho que algunos pensaron que sería algo pasajero, acabó siendo el principio de una escalada de violencia hacia la aniquilación.

El 12 de marzo de 1938 tuvo lugar la anexión de Austria, conocida como *Anschluss*, que empeoró aún más la situación de la población judía. Según describe Alexander Waugh en *La familia Wittgenstein*: «Una muchedumbre descontrolada obligó a un grupo de judíos a ponerse a cuatro patas y comer hierba como si fueran vacas. Otras veces les hacían lamer las calles o limpiar los urinarios públi-

cos con los mantos de oración, mientras multitud de austríacos se agolpaba alrededor para mofarse. (...) Se dice que en los primeros días del *Anschluss* se suicidaron unos quinientos judíos».

¿Por qué no huyeron?

Las medidas que se aplicaron contra los judíos de Austria fueron incluso más duras que las de Alemania. Esto provocó algunas migraciones de judíos que pudieron haber sido la salvación de muchos de ellos. Pero el resto de países no se lo puso fácil y pese a que Estados Unidos y Francia se reunieron en la Conferencia Internacional de Evian para tratar el tema de los refugiados, los acuerdos no se cumplieron y no se acogió al cupo de judíos pactado. Haim Weizmann, el que sería años después primer presidente del Estado de Israel, definió claramente la situación de ese momento: «Hay en esa parte del mundo [Europa central y oriental] 6.000.000 de judíos... para quienes el mundo está dividido en lugares donde no pueden vivir y lugares a los que no pueden entrar».

Amnistía Internacional publicó un informe en que dejaba claro lo que ocurrió en aquellos momentos. «¿Por qué no se marcharon entonces todos los judíos, a pesar del creciente acoso que sufrían? Algunos no lo hicieron porque pensaban que aquella etapa pasaría y volvería la normalidad (nadie imaginaba que se pudiera llegar a lo que se llegó luego). Otros no sabían como hacerlo, teniendo en cuenta que marchar suponía abandonar prácticamente todas sus propiedades y recursos, a causa de las nuevas disposiciones legales contra ellos. Y finalmente hay que tener en cuenta que las cuotas para acoger exiliados judíos alemanes en otros países fueron limitadas».

La imposibilidad de dar crédito a la situación que estaban viviendo y que suponía una ruptura tan abrupta con la realidad que habían vivido hasta el momento, sumada a la falta de recursos provocada por las drásticas medidas del gobierno para dejarles sin medios de subsistencia, provocaron que muchos judíos no pudieran emigrar a tiempo. Y como se ha visto, tampoco lo hubieran tenido fácil. Para entender la estupefacción que vivieron, vale la pena leer este texto de Arnold Fleischmann, que en ese momento tenía 13 años:

«Mi padre y el señor Kahn (...) nunca creyeron que algo así fuera a ocurrir en una Alemania civilizada que creía en Goethe y Schiller. No podían imaginar que algo así pudiera pasar. Nuestra familia estaba en Alemania desde hacía más tiempo que la mayoría de los alemanes. Más de 500 años de nuestra historia habían transcurrido en Alemania. Mis ancestros paternos vinieron de España en 1492 y es posible que la familia de mi madre llevara más tiempo todavía. Sabíamos que nuestra historia y nuestro vínculo estaban completamente resquebrajados».

La noche de los cristales rotos

Entre el 9 y 10 de noviembre de 1938 se produce uno de los pogromos más cruentos de la historia de los judíos. Podría parecer un acto más dentro de la política represiva del Tercer Reich, pero es algo más. Después de la famosa noche de los cristales rotos (*Kristallnacht*) se traspasa una línea roja que posibilitará en los siguientes años el Holocausto.

Durante el mes de noviembre, 17.000 judíos polacos que vivían en Alemania habían sido deportados a Polonia en condiciones muy lamentables y perdiendo todo lo que tenían. Además, en Polonia no les habían permitido entrar por lo que se habían tenido que quedar en la frontera. Esto provocó la indignación de Herschel Grynszpan, un joven de 17 años, cuya familia se encontraba en esa situación.

Como venganza asesinó al tercer secretario de la embajada alemana en París, Ernst von Rath.

Ese hecho fue manipulado por el régimen nazi, en concreto por el ministro de propaganda, Joseph Goebbels, que orquestó una explosión de violencia y de ataques indiscriminados contra los judíos. Pero lo encubrió diciendo que había sido una reacción espontánea del pueblo ante el asesinato del diplomático. Nada de eso era cierto, como se ha probado históricamente.

Un plan orquestado

Goebbels, tras la muerte de Von Rath, dio un discurso en contra de los judíos que se supone fue la chispa que hizo explosionar el antisemitismo de una población indignada. Pero no fue así. Se hicieron llegar órdenes concretas para que miembros del Tercer Reich se encargaran del pogromo a los judíos. Y el propio Reinhard Heydrich, que por entonces era el director de la Gestapo, instó a sus subordinados a que no tomaran ninguna medida para atajar la violencia. Se conserva el documento que no puede ser más explícito:

A) Las medidas serán tomadas solo si no ponen en peligro la vida y los bienes de los alemanes (por ejemplo, las sinagogas serán incendiadas solamente cuando no haya peligro de transmitir el fuego a los edificios vecinos).

B) Los negocios y viviendas pertenecientes a judíos serán destruidos, pero no saqueados. La policía ha recibido instrucciones para controlar la aplicación de esta orden y arrestar a los saqueadores.

C) Se cuidará de un modo muy particular que los negocios no-judíos, en las calles comerciales, sean totalmente protegidos contra los daños.

D) No serán molestados los ciudadanos extranjeros, incluso si son judíos. (...) Tan pronto como los acontecimientos de la noche permitan desmovilizar a los funcionarios solicitados, se procederá al arresto de tantos judíos –especialmente ricos– como puedan ser instalados en las prisiones existentes. Por el momento, solo los varones judíos, sanos y que no sean demasiado viejos, serán detenidos.

Inmediatamente después de haber efectuado estas detenciones, se contactará a los campos de concentración adecuados, para instalar rápidamente en ellos a los judíos.

Pese a que la intención de los nazis estaba clara y se enviaron documentos como este muy específicos ordenando la destrucción y la persecución de los judíos, el gobierno alemán siguió manteniendo que había sido una expresión espontánea del pueblo, harto de los desmanes de los judíos e indignado por la muerte del diplomático en París.

Los nazis pusieron especial empeño en quemar todas las sinagogas de Alemania.

La destrucción

El nombre «la noche de los cristales rotos» deja claro cómo acabó aquel día. Cuentan los que lo vivieron que durante semanas aún se escuchaba algún cristal roto al caminar por las calles más afectadas.

En el artículo «La noche de los Cristales Rotos: la masacre que marcó el comienzo del horror nazi en Alemania», publicado por Matías Bauso el 9 de noviembre de 2019 en *Infobae* se lleva a cabo una pormenorizada descripción de lo ocurrido que resulta muy útil para entender lo atroces que resultaron aquellos sucesos:

«Las vidrieras y ventanales de los comercios judíos (muchos de los cuales habían sido marcados previamente) fueron destrozados con palos y pedradas. Las mercaderías y muebles de esos locales fue destruida o saqueada. Era una ola humana feroz y malvada que avanzaba, ciega, por las calles buscando víctimas desaforadamente.

Los que se refugiaron en sus casas no estuvieron a salvo tampoco. Nunca falta quien señale o delate al que se esconde, al que intente huir. El contagio del horror. Las viviendas también fueron destruidas. Quienes intentaban defender sus pertenencias o la integridad de su familia eran linchados. Golpes, patadas, saltos sobre su cuerpo inerte.

El blanco más fácil fueron las sinagogas. Casi no quedó una intacta en todo el suelo alemán. Ardieron bajo el fuego. Tampoco se salvaron algunos alemanes no judíos, a los que el ataque encontró imprevistamente en la calle. Fueron atacados porque parecían judíos. Ante la duda, era preferible no dejar escapar a la presa, razonaba la horda.

Una vez que eran desalojados de sus comercios o de sus hogares los judíos eran arriados hacia camiones en los que serían deportados a diferentes campos de concentración».

Un saldo atroz

Al día siguiente el gobierno nazi siguió en sus trece, asegurando que se había tratado de una expresión de indignación del pueblo alemán y que ellos no tuvieron nada que ver. Benito Mussolini, por la cuenta que le traía, legitimó la versión nazi asegurando que eran «reacciones espontáneas, legítimas e incontrolables del pueblo alemán como respuesta al atentado judío».

Las cifras que dejó la noche de los cristales rotos no parecían ciertamente espontáneas. 91 víctimas mortales, 7.500 locales destruidos, 1.500 sinagogas y, lo más inquietante: 30.000 deportados a campos de concentración. Ya se habían producido algunas deportaciones, pero no de un número tal alto ni de una forma tan sistemática. Una vez esto ocurre en una ocasión, ya hay barra libre para que se vuelva a realizar todas las veces que se considere oportuno. Y fueron muchas...

Para colmo del escarnio o de la crueldad, el Tercer Reich culpó a los judíos de lo ocurrido. Les exigió que pagaran una multa para poder reparar los desperfectos. La cantidad ascendía a unos 400.000 dólares que debían pagar las entidades judías. Por otra parte, como castigo, se expulsó a los judíos de las escuelas públicas y se aumentó aún más el grado de discriminación con nuevas leyes.

La noche de los cristales rotos marca el inicio del auténtico Holocausto. Aquella noche atroz no fue una excepción ni una manifestación exaltada, fue el primer paso de un plan que acabaría con una crueldad extrema. Y programada. Pues ya antes de que empezara la guerra el final de los judíos era un objetivo prioritario para los alemanes. Así se desprende de este documento, publicado el 24 de noviembre de 1938 en el diario oficial de las SS en el que queda claro que no habrá piedad para los judíos:

«Es preciso expulsar a los judíos de nuestros distritos residenciales, confinarlos en lugares donde estén entre ellos y tengan tan poco contacto con los alemanes como sea posible... Separados de este modo, estos parásitos se verán... reducidos a la pobreza [...]. Sin embargo, que nadie imagine que nos quedaremos cruzados de brazos, limitándonos a observar el proceso [...]. En semejante situación, nos veríamos enfrentados a la cruda necesidad de exterminar al inframundo judío de la misma manera que, bajo nuestro gobierno de ley y orden, estamos acostumbrados a exterminar a cualesquiera otros criminales, es decir, por medio del fuego y la espada. El resultado sería el fin definitivo de los judíos de Alemania, su aniquilación absoluta».

Empieza la guerra

Paralelamente a todos estos movimientos que culminaron con la Shoah, se llevaban a cabo las estrategias militares que culminaron en la guerra. Es indisoluble entender el contexto del Holocausto sin hacer un pequeño y rápido repaso a las circunstancias que acabaron desencadenando la II Guerra Mundial.

El Tratado de Versalles supuso la rendición de Alemania y el final de la I Guerra Mundial. Fue firmado en un vagón de tren en Versalles e impuso duras condiciones a los perdedores, que desembocaron en una fuerte crisis económica. El nacionalsocialismo aprovechó para culpar de la derrota a la conspiración de los judíos. Y en cuanto el partido subió al poder, empezaron a infringir uno tras otro todos los acuerdos que habían firmado para lograr la paz.

En este sentido, es importante entender la mentalidad y el discurso nacionalsocialista. La raza aria era superior a las otras según sus principios y por tanto tenía que dominarlas. Consideraban que las «razas inferiores» se reproducían con mayor rapidez, por lo que

DESCABELLADO PLAN PARA LLEVAR A LOS JUDÍOS A MADAGASCAR

Hilter y su cúpula dirigente compartían un sueño: conseguir que en Europa no hubiera ni un solo judío. Antes de decidirse por la solución final, es decir el genocidio de la población hebrea, se llevaron a cabo otros estudios, siempre teniendo en cuenta aspectos logísticos, nunca humanos.

Uno de los que más prosperó fue «el plan Madagascar» que consistía en trasladar a todos los judíos a la isla africana, que por entonces era colonia francesa. El territorio se convertiría así en una cárcel gigantesca, dominada por los alemanes, que esclavizarían a los judíos para que trabajaran en la agricultura y conseguir productos a precios muy bajos. También se argumentaba que buena parte de ellos moriría a consecuencia de las enfermedades, que no podían ser tratadas teniendo en cuenta la escasa rede de hospitales con los que contaba la isla.

El plan quería transportar a un millón de judíos al año. Y siguiendo con las mentiras que solían explicar a sus víctimas, los nazis les asegurarían que les llevaban a una isla paradisíaca en la que podría vivir en paz. Eso sí, a cambio deberían donarles sus futuras ganancias.

La idea contaba con el visto bueno del führer y varios jerarcas nazis, capitaneados por Adolf Eichmann, presentaron planes para concretar el desplazamiento. ¿Por qué no se llegó a llevar a cabo? El problema es que esperaban contar con la Armada inglesa, después de su victoria sobre Gran Bretaña que nunca se produjo. Además, los ingleses tomaron posesión de Madagascar. Por otra parte, los franceses siempre se negaron a ceder su colonia africana. La guerra dio un giro que hizo que el plan resultara excesivamente costoso. Como Alemania no derrotó a Gran Bretaña, no consiguió el control marítimo y eso encarecía el plan y lo hacía poco eficaz. Las cámaras de gas se habían mostrado mucho más baratas y rápidas a la hora de librarse de los judíos.

se tenían que eliminar y esterilizar, como ya se ha comentado en el capítulo anterior. Asimismo, los alemanes tenían que «producir» más hijos de sangre pura para el Tercer Reich.

En busca del espacio vital

A nivel discursivo, se hablaba del «espacio vital» (*Lebensraum*, en alemán) que era una teoría biologista que acabó trascendiendo a la política. Según esta teoría, el pueblo alemán, superior al resto y con la misión de comandar todas las naciones, tenía que poder expandirse. Y estratégicamente necesitaba una salida al mar, pues en aquella época para el comercio y para cualquier actividad era imprescindible. Alemania era un gran país con poco acceso al mar y esta había sido una de las razones que habían provocado la I Guerra Mundial.

El Tratado de Versalles había dejado a Alemania desmilitarizada y con la prohibición de aumentar su territorio de ninguna manera. Pero Hitler, desde su llegada al poder mostró que no tenía ninguna intención de cumplir con aquellos acuerdos. Más bien al contrario: iba a hacer justo lo opuesto de lo que su país había firmado para conseguir la paz.

En este sentido, sus pasos fueron paulatinos. Los aliados vieron desde el principio con malos ojos estos movimientos, pero evitaron el conflicto abierto tal vez pensando que tras conseguir algunos territorios la política expansionista alemana se detendría. No fue así.

Los primeros avances tenían cierta «coartada moral» que la propaganda nazi empleó para justificarse. En 1935 incorporó la cuenca del Sarre, que estaba administrada por la Sociedad de Naciones y lo hizo tras una consulta en que la población votó a favor de pertenecer a Alemania. En 1936 las tropas alemanas controlaron Renania (en la frontera con Francia, Luxemburgo, Bélgica y Holanda) con el mismo pretexto: que la población era alemana. Este movimiento fue muy rentable, pues era una región muy rica industrialmente. Y también estratégica, pues se acercaba a los países que en pocos años acabaría por invadir.

En 1938 otra jugada diplomática acabó siendo un engaño provechoso para el Tercer Reich. Negoció con las potencias europeas la incorporación de los Sudetes checoslovacos, donde vivían tres millones de alemanes. Tras conseguirlo por la vía diplomática, aprovechó para prácticamente invadir Checoslovaquia. Dividió el país de

Mussolini y Hitler, aliados en la II Guerra Mundial.

tal forma que una parte pasó a ser un protectorado alemán y se concedió la independencia de Eslovaquia que instauró un gobierno nazi, satélite del alemán.

A nadie se le escapaba cuál era el siguiente objetivo de Hitler: Polonia. El país les permitía la deseada salida al mar que estaba buscando. Así que la prensa germana empezó a justificar la anexión de la ciudad de Danzing, un próspero puerto que permitiría abrir un corredor al mar. En ese momento ya nadie creía que Hitler fuera a parar y en toda Europa se hablaba de una nueva guerra que estaba a punto de estallar.

Hitler necesita aliados y en mayo de 1939 firma el Pacto de Acero con Italia. Tres meses después firma el tratado de no agresión con Rusia. Y en septiembre de 1940, se crea el Pacto Tripartito: Berlín–Roma–Tokio. Pero para entonces, la guerra ya había empezado.

La invasión de Polonia

Situémonos ahora en el 1 de septiembre de 1939. Hitler quiere invadir Polonia y para ello «inventa» una razón. Llevaba tiempo asegurando que los polacos atacaban a la población alemana y que quería desmembrar su país. Para tener un *casus belli*, una razón para empezar la guerra, se orquesta la llamada Operación Himmler, también conocida como el Incidente de Gleiwitz. Un grupo de militares alemanes y de miembros de las SS se disfrazaron con uniformes polacos y tomaron una emisora de radio alemana que estaba en la frontera con Alemania. Desde la radio, los «falsos» polacos hicieron un llamamiento para que las minorías polacas que residían en Alemania se alzaran contra el régimen de Hitler. El ejército del Tercer Reich utilizó aquella excusa para invadir Polonia.

Ni Francia ni Inglaterra creyeron aquellos argumentos y declararon la guerra a Alemania. Acababa de empezar la II Guerra Mundial. El 3 de septiembre Inglaterra le declara la guerra a Alemania y acto seguido la secundan la Commonweath (Australia, Nueva Zelanda, Sudáfrica y Canadá). Francia se suma a la declaración. Estados Unidos no se sumó en ese momento a la contienda, pero apoyó al bando aliado con el envío de armas.

Pero poco se pudo hacer por Polonia en ese momento, que prácticamente desapareció. Sus fronteras se diluyeron en todos los flancos y no solo por la invasión alemana. Rusia también participó y ocupó el territorio oriental de este país y además los soviéticos atacaron Finlandia y se anexionaron las repúblicas bálticas de Estonia, Letonia y Lituania.

El problema judío se multiplica

La primera opción de Alemania, o al menos la que se decía oficialmente, era que querían sacar de su territorio a los judíos porque eran un virus que contaminaba su raza y conspiraba contra su estabilidad. Pero con Polonia se encuentra un problema adicional. Hasta entonces solo tenía que pensar en «librarse» de los judíos que había en su territorio. Pero ahora se encuentra con que en Polonia viven 3.300.000 de judíos (el 10% de la población del país) y es ahí donde empieza a plantearse la solución final, que germinará pocos años después.

Durante 800 años los judíos habían habitado en Polonia y se habían integrado en su cultura. Hasta el siglo XIX el país había sido muy hospitalario con ellos y constituían el grupo judío más grande de toda Europa. Los nazis pretendieron acabar con ellos y también con buena parte de los polacos a los que consideraban una raza inferior. Les faltó poco para lograrlo. Como se verá más adelante, algunos campos de exterminio tuvieron que cerrarse, pues ya no quedaban judíos para aniquilar. Al finalizar la guerra solo habían sobrevivido 380.000 judíos polacos. La mayoría murieron en las cámaras de gas, pero en el momento de la invasión aún no estaba decidido que ese sería el método definitivo. El objetivo estaba claro: acabar con los judíos polacos.

Y se planteaban la cuestión de una forma absolutamente despiadada: concentrándose únicamente en la forma más eficaz, rápida y barata de llevar a cabo el genocidio.

La represión en Polonia, desde la invasión, que duró solo tres semanas, fue brutal. Pese a todo lo que se ha visto hasta el momento, se podría decir que las campañas antijudías llevadas a cabo en territorio alemán eran «moderadas» porque temían a la opinión pública de su país. Pero en Polonia no tenían nada que es impidiera mostrar su absoluta crueldad, tal y como documenta el Centro Mundial de la Conmemoración de la Shoa en el artículo «El comienzo de las persecuciones en Polonia».

«Al entrar a las ciudades y poblaciones polacas, los alemanes dieron rienda suelta a un sinfín de vejaciones y humillaciones hacia todo judío que se topaba con ellos. Los judíos fueron golpeados y hechos objeto de burlas, las barbas de los judíos observantes fueron brutalmente cortadas y en muchos casos se organizaron ejecuciones públicas con el propósito de aterrorizar a la población.

Los ejecutores eran miembros de unidades especiales de la Policía de Seguridad (*Einsatzgruppen*) que acompañaban al ejército regular. Con su arribo, era común el incendio de sinagogas y de edificios junto con sus ocupantes. Quienes se atrevían a salir a la calle eran detenidos y enviados a realizar trabajos forzados, en especial, la reparación de los daños causados por los combates. Luego de haber sido multados por el delito del estallido de la guerra y la destrucción consecuente, cayeron sobre los judíos una infinidad de edictos, entre ellos el registro de la mano de obra judía y la "obligación de trabajar", la confiscación paulatina de sus bienes (por ejemplo, la "operación de las pieles" mediante la cual se obligó a habitantes de los guetos a entregar abrigos de pieles para uso de las tropas alemanas en el frente ruso, la confiscación de muebles, etc.) y la anulación de sus medios de subsistencia.

Los alemanes decretaron para los judíos en las zonas ocupadas la obligación de llevar un distintivo especial, tal como se solía hacer en la Edad Media, por lo común un brazalete blanco con una estrella de David azul, o una estrella amarilla sobre la chaqueta».

La creación de los guetos

El 21 de septiembre de 1939 las SS ordenan que todos los judíos residentes en áreas rurales en Polonia se concentren en las grandes ciudades. A continuación, proceden a encerrar a estos y a los que vivían en las ciudades en las áreas más pobres de las mismas, sin los suministros básicos y encerrados y custodiados por el ejército para que no puedan salir de ahí. El gueto de Varsovia fue uno de los más grandes. A principios de 1940 albergaba a 445.000 judíos y fue seguido por el de Lodz, en la parte central de Polonia. Esos fueron los «primeros experimentos». Y los alemanes parecieron contentos con el resultado, pues tal y como iban conquistando nuevos territorios, establecían el mismo modelo de guetos en todas las regiones. Esto duró más o menos hasta 1944, cuando se aceleró «la solución final».

Sin duda el más famoso y representativo de la barbarie es el gueto de Varsovia, en el que se encerró el 16 de noviembre de 1940 a la población judía de la ciudad, que era un tercio en un espacio que equivalía al 2,4% de la superficie de la urbe. Se les obligó a construir un muro y a vivir en condiciones insalubres, sin apenas alimentos (se ha calculado que ingerían el 10% de la dosis que necesita un ser humano para subsistir) y siendo víctimas de la violencia arbitraria de sus captores. Se perseguía duramente el contrabando de comida, que se saldaba con la muerte.

El hacinamiento y las enfermedades acabaron con la vida de 80.000 personas. Aún así, los judíos intentaron no rendirse, al menos moralmente. Tal y como destaca el Centro Mundial de Conmemoración de la Shoa: «Las murallas del gueto no lograron paralizar la creación cultural de sus habitantes. Intelectuales, científicos y artistas no interrumpieron sus actividades a pesar de las graves circunstancias que los rodeaban. Por el contrario, la ocupación nazi y la expulsión al gueto impulsaron a muchos artistas y creadores expresar la tragedia que conmocionó su existencia. En el gueto funcionaron bibliotecas clandestinas, el archivo Oneg Shabat, muchos movimientos juveniles e incluso una orquesta sinfónica. El estudio, la música y el teatro se convirtieron en un refugio ante la triste realidad que los rodeaba y en una remembranza de días mejores».

El levantamiento del gueto de Varsovia

A partir del verano de 1942, empezaron las deportaciones de los guetos a los campos de concentración. Entre el 22 de julio y el 12 de septiembre de ese año, los alemanes deportaron o asesinaron a 300.000 judíos del gueto de Varsovia. La deportación y la muerte parecían irremediables y eso empezó a activar la resistencia. El 18 de enero de 1943 se rebelaron contra las SS que pretendían trasladarlos a un campo de concentración. Unos resistentes armados se infiltraron en el grupo que debía ser trasladado y atacaron a los alemanes. La mayoría de ellos murió, pero algunos de los que iban a ser deportados pudieron escapar. Posteriormente las SS apresaron a unos 5.000 judíos que creían haber escapado a su destino.

De todas formas, la revuelta sirvió para que los judíos construyeran búnqueres y pequeños escondites bajo tierra para evitar que los llevaran a los campos de concentración. Parecía que sus acciones habían tenido cierto éxito, porque las deportaciones cesaron durante un tiempo. Y cuando volvieron a reanudarse en abril de 1943, los alemanes se encontraron al gueto en pie de guerra. Los resistentes, armados, acabaron con la vida de doce soldados. La represalia no se hizo esperar. Al tercer día de levantamiento, las SS empezaron a arrasar el gueto, edificio por edificio, forzando a que los judíos salieran de sus escondites. Básicamente acabaron reduciendo el gueto de Varsovia a escombros y fusilaron a los cabecillas de la resistencia. De todas formas, la heroica resistencia duró casi un mes en el que fueron asesinados 7.000 judíos y otros tantos fueron deportados a Treblinka, donde murieron en las cámaras de gas a su llegada.

Las SS acabaron a sangre y fuego con la resistencia final de los judíos encerrados en el gueto de Varsovia.

El sacrificio quedó para la posteridad, tal y como reseña la *Enciclopedia del Holocausto*. «El levantamiento del gueto de Varsovia fue el más grande, simbólicamente el levantamiento judío más importante, y el primer levantamiento urbano en la Europa ocupada por los alemanes. La resistencia en Varsovia inspiró otros levantamientos en guetos (por ejemplo, Bialystok y Minsk) y campos de exterminio (Treblinka y Sobibor). En la era de la posguerra, el levantamiento del gueto de Varsovia simbolizó no solo la resistencia judía ante los alemanes y sus colaboradores durante la II Guerra Mundial, sino que también sirvió de señal de que los judíos ya no responderían pasivamente a quienes los persiguieran y aniquilaran. En la actualidad, la ceremonia de los Días del Recuerdo, que conmemora las víctimas y los sobrevivientes del Holocausto, se vincula con las fechas del levantamiento del gueto de Varsovia».

IRENE SENDLER, LA HEROÍNA QUE SALVÓ A 2.500 NIÑOS

Murió a los 98 años y su historia no se hizo célebre hasta que cumplió los 90. Pero gracias a esta polaca católica, 2.500 niños pudieron salir del gueto de Varsovia y librarse de una muerte segura. Sendler se colaba en el gueto con la estrella de David para pasar desapercibida con un grupo de mujeres que la ayudaba.

Según un artículo publicado por Lila Pérez Gil en *El País*: «Sacaban a los niños, a veces de meses, escondidos en sacos, en cajas, bajo la camilla de las ambulancias, hasta en ataúdes. Los mayores salían por las alcantarillas, por agujeros en los muros o aprovechando una iglesia que quedaba mitad en el gueto y mitad en la "zona aria". Les enseñaba unas plegarias católicas, entraban por una puerta como pobres niños judíos y salían por la principal como chavales católicos».

Ella escribía el nombre de los niños y el lugar dónde estaban escondidos y guardaba esa información en un tarro de cristal que enterraba en el jardín de su casa. Pero su labor no pasó inadvertida para las SS, que la apresaron y la torturaron durante semanas. Le rompieron los brazos y las piernas, pero ella nunca rebeló la información sobre el paradero de los pequeños. Fue condenada a muerte, pero la organización clandestina para la que trabajaba sobornó a un guardia y así pudo escapar.

Durante años nunca habló de lo que había hecho. Y el régimen soviético tampoco reivindicó sus heroicas acciones, pues ella era anticomunista. Cuando tenía 90 años, un grupo de investigadoras de la Universidad de Kansas dio con su historia y empezó a recibir atención mediática, cosa que le sorprendió. «Solo hice lo que había que hacer, debí salvar a más», declaró entonces.

CAPÍTULO 3
HACIA LA SOLUCIÓN FINAL

Existe un amplio debate sobre si «la solución final», el plan para aniquilar a los judíos en Europa, estuvo desde el principio en la agenda nazi o fue algo que se fue perfilando con el curso de la guerra. Es difícil aportar una respuesta inequívoca. Los escritos del Tercer Reich hablaban en los primeros tiempos de deportar a los judíos fuera de su territorio. Pero siempre apostillaban sobre la necesidad de librarse para siempre de ellos. Que la vida de los judíos no tenía ningún valor para los nazis es algo obvio desde antes de que se iniciara la II Guerra Mundial. Pero si había o no un plan orquestado desde el principio es algo difícil de dilucidar a ciencia cierta.

Pero hubo un momento en que lo hubo. Y lo que hace pensar que tal vez no se debiera a una decisión del momento es que existe muy poca documentación al respecto. Se trataba de órdenes verbales, pues los alemanes procuraron silenciar la barbarie que estaban llevando a cabo. Este es también otro de los puntos de debate en cuanto a sus crímenes de guerra. En los juicios de Núremberg la mayoría de los encausados se acogió al principio de que ellos únicamente cumplían órdenes. Pero por otra parte tampoco se arrepintieron de sus crímenes. Seguían defendiendo los ideales nazis y no reconocían que los asesinatos a judíos pudieran ser tan terribles como el mundo los veía. Entonces, cabe preguntarse que si estaban tan convencidos

de lo que hacían, ¿por qué intentaron ocultarlo?

Los campos de exterminio tuvieron tanto «éxito» en la consecución de sus objetivos que muchos tuvieron que cerrarse a falta de judíos a los que eliminar. Y entonces muchos fueron bombardeados o destruidos por ellos mismos para evitar dejar huellas de lo que había sucedido. De hecho, muchos de los comandantes de esos campos fueron enviados a primera línea en el campo de batalla. Muchos historiadores han visto en esa decisión tan poco estratégica (eran militares que llevaban años sin pisar una trinchera) un modo de librarse de los testigos de la barbarie.

Fuera como fuese, hubo un plan sistemático para asesinar con una crueldad despiadada a los judíos y a otros grupos étnicos, religiosos y políticos. Y desgraciadamente estuvieron muy cerca de conseguirlo. En este capítulo veremos cómo aumentó la escalada del horror hasta llevar a la solución final, que tuvo lugar a partir del 20 de enero de 1942.

El curso de la guerra

Tras la invasión de Polonia y la declaración de guerra por parte de las potencias aliadas, los alemanes siguieron con su afán de conquistar Europa. El éxito de la ocupación de Polonia, a la que redujeron con ayuda de los rusos en tan solo tres semanas, les envalentonó en su cruzada. A su lado tenía a Italia, Rumanía, Bulgaria, Hungría, Croacia y Eslovaquia, que habían instaurando regímenes de ideología nazi que fueron títeres del Tercer Reich.

En 1940 invadieron Dinamarca, que apenas presentó resistencia (capituló en un día) y Noruega, que resistió unos meses. Con Dinamarca, Alemania consigue la salida al mar y una vía directa para atacar a Reino Unido y para defenderse de sus posibles ataques.

Para conquistar Francia, invadieron Bélgica, Holanda y Luxemburgo. La defensa que había planificado el país galo no contaba con que le atacaran por este flanco y también había apostado todo a una defensa terrestre y no estaban preparados para el bombardeo aéreo de Alemania. El gobierno francés fue sustituido por el colaboracionista presidido por el Mariscal Petain, que se rindió. Francia quedó dividida en dos partes: la norte, cuya capital era París bajo el dominio nazi y la del sur, con el gobierno títere de Vichy.

Al ver que Hitler había derrotado a Francia, en 1940 Italia entró en la guerra, pues Mussolini estaba convencido de que el Reino Unido estaba a punto de capitular. Pero no fue así, los bombardeos a la población civil que efectuaron los alemanes en territorio británico, en vez de desmoralizarla, avivaron la resistencia y después de algunas derrotas, en octubre de 1940, dejaron de bombardear territorio británico.

La invasión de la Unión Soviética

El 22 de junio de 1941 la estrategia alemana da un giro drástico e inesperado con la Operación Barbarroja, que supuso el ataque a la Unión Soviética. Ambos países habían firmado un acuerdo de no agresión y de hecho, habían colaborado en la invasión de Polonia, dividiéndola según sus intereses. La URSS había aprovechado también para anexionarse o conquistar otros países.

Las razones por las que Hitler invadió Rusia siguen siendo discutidas a día de hoy por los historiadores. No entraremos en este debate, pues el objetivo del presente libro es otro. Lo que sí resulta indudable es que las atrocidades que cometieron los nazis en territorio soviético fueron de una crueldad inusitada.

Las tropas alemanas atacaron por tres frentes. Por el norte para conquistar Leningrado (actualmente San Petersburgo). El asedio a la ciudad se alargó 900 días y 800.000 rusos murieron de hambre y frío. Por el sur conquistaron Ucrania, donde llevaron a cabo las más cruentas matanzas de la guerra. Y por el centro llegaron a 15 kilómetros de Moscú. Pero el invierno le impidió culminar su invasión.

Al sufrimiento de la población soviética, especialmente la de los judíos que vivían en este territorio, se sumó la política de tierra quemada de Stalin, que replegó sus fuerzas dejando a la población en manos de la barbarie nazi.

El holocausto de las balas

Antes de decidir que las cámaras de gas eran el método «más rentable» de acabar con la vida de los judíos y otros grupos, los nazis probaron otros métodos igualmente atroces. De hecho, en un primer momento se apostó por los *Einsatzgruppen*, que en alemán se traduce como grupos de operaciones. Un eufemismo. Se trata de escuadrones de fusilamiento que acababan con miles de vidas a su paso. De hecho, se calcula que sus 3.000 miembros acabaron con 1.400.000 personas, la mayoría de ellos civiles.

Los antecedentes

Estos escuadrones juntaban lo peor de cada casa: nazis que habían delinquido y que así rebajaban su condena, miembros de las SS, de las SD y de la Gestapo. Habitualmente estaban comandados con alguien con estudios universitarios que, en la mayoría de los casos, no se sabe si había alguna razón premeditada o fue casual, se trataba de abogados.

Los inicios de los *Einsatzgruppen* tienen que ver con operaciones de espionaje, que se llevaron a cabo con la invasión de los Sudetes en Checoslovaquia en 1938. Ellos se encargaron entonces de confiscar documentación e interrogar (eufemismo de torturar) a los disidentes. También participaron activamente en la operación Aktion T4, que como ya se ha explicado en capítulos anteriores era un programa para asesinar a los discapacitados alemanes.

Pero la función por la que serían trágicamente famosos les llegó con la invasión de Polonia. A partir de ahí se definió su despiadado objetivo. Los *Einsatzgruppen* eran una unidad ligera que avanzaba con el ejército alemán y que cuando este invadía una zona, se encargaba de «eliminar» a los elementos peligrosos. Estos eran los intelectuales, los disidentes, pero sobre todo los judíos y los gitanos.

Crueldad sin límites

Los *Einsatzgruppen* empezaron su actividad en la invasión de Polonia. Llegaban a cualquier lugar con una lista de personas a matar. Evidentemente, sin juicio y sin ningún procedimiento legal. Podían asesinar a quien quisieran, que nadie les diría absolutamente nada. Más bien al revés, eran aplaudidos por su labor. De alguna forma se creía que al colectivizar los asesinatos se libraba a los asesinos de su

responsabilidad individual. Y en algunos casos este perverso razonamiento funcionó.

Un día a día en la vida de un *Einsatzgruppen* consistía en llegar a cualquier asentamiento, escoger un grupo al que iban a asesinar, obligarles a cavar sus propias tumbas y empezar a fusilarlos uno detrás de otro, durante horas y horas. Incluso crearon el diagrama de Shitomir, que era una especie de «protocolo» de dónde se tenía que colocar la víctima para que los asesinatos pudieran ser más efectivos y rápidos. Algunos también se dedicaron a la violación y al saqueo.

En un principio sus víctimas debían ser hombres jóvenes, pero tal y como avanzaba la guerra, las consignas que les dio Himmler incluían a toda la población: mujeres, niños y ancianos. La diferencia entre los *Einsatzgruppen* y cualquier otro tipo de escuadrón es que se trataba de asesinos de civiles, de genocidas cuyo cometido era estar horas y horas asesinando, obviando que sus víctimas eran seres humanos. Tal y como expone el Centro Mundial de la Conmemoración de la Shoa: «Los *Einsatzgruppen* mataban a sus víctimas, hombres, mujeres y niños, reuniéndolos al borde de barrancos, minas, canteras, zanjas o fosas cavadas especialmente para ese fin. En primer lugar, obligaban a los judíos a entregar sus efectos personales y a quitarse su ropa. Luego los ejecutaban y arrojaban sus cuerpos a la fosa. Los comandantes preparaban informes diarios de sus actividades criminales».

La violencia de los *Einsatzgruppen* se retroalimentaba hasta tal punto que su comandante, el doctor Otto Ohlendorf, aconsejó que los hombres que estuvieran demasiado ansiosos por matar no participaran en las ejecuciones. El consumo de alcohol era otra de las constantes entre estos escuadrones que vivían en un mundo de exceso en el que la muerte no tenía ninguna consecuencia.

En muchos casos, la población local que colaboraba con ellos, «se animaba» a acompañarlos en los asesinatos. Hasta hace poco este era un rumor que no se había podido demostrar. Existe poca documentación gráfica de esos asesinatos, pero recientemente se encontró un retrato que ilustra la barbarie. Según mantiene Guillermo Altares en el artículo «La imagen que resume el Holocausto de las balas» publicado en *El País* el 25 de febrero de 2021, existe una imagen que atestigua el horror y la participación de miembros locales en los asesinatos. «La foto fue tomada en Miropol, Ucrania, el 13 de octubre de 1941 y muestra el asesinato ante una fosa común de

La famosa foto de Lubomir Skrovina de los crueles asesinatos perpetrados por los Einsatzgruppen.

una mujer y un niño (en un análisis detallado apareció una segunda criatura escondida entre las faldas de la mujer). Los perpetradores son dos milicianos ucranios, que asesinan a esta familia ante dos soldados alemanes. Un civil con gorra mira la escena al fondo. La imagen, que tiene una composición profesional, enseña el momento mismo del disparo: el humo blanco de la pólvora oculta el rostro de la mujer, que arrastra a los niños con ella a la fosa. El autor de la foto fue Lubomir Skrovina, un soldado eslovaco desplegado en la URSS, un resistente que quería documentar los crímenes nazis».

Cuatro grupos de asesinos

Los *Einsatzgruppen* se dividieron en cuatro grupos: A, B, C y D, tal y como recoge Centro Mundial de la Conmemoración de la Shoa. «El *Einsatzgruppen* A era el más numeroso, con alrededor de 1.000 hombres: fue incorporado al Cuerpo Norte del Ejército y operó en los estados bálticos (Lituania, Letonia y Estonia) y en la zona entre las fronteras orientales de estos y Leningrado. El *Einsatzgruppen* B contaba con 655 efectivos y acompañaba al Cuerpo Central del Ejército y operó en Bielorrusia y en el distrito Smolensk, al oeste de Moscú. El *Einsatzgruppen* C, integrado por 700 hombres, cubrió Ucrania del norte y central junto al Cuerpo Sur del Ejército. El *Einsatzgruppen* D, con 600 hombres adjuntos al XI Cuerpo de Ejército, operó en el sur de Ucrania, en Crimea y en Ciscaucasia. Estos grupos no operaban solos en el exterminio del judaísmo soviético, ya que en todo lugar eran ayudados activamente en su tarea criminal por soldados regulares alemanes, unidades policiales y colaboracionistas locales. Hasta la primavera de 1943, los *Einsatzgruppen* habían exterminado a 1.250.000 judíos y a cientos de miles de soviéticos, incluyendo prisioneros de guerra».

El modo de actuación era siempre el mismo. Acompañaban al ejército y al ser una unidad más reducida, sus letales movimientos eran rápidos y certeros. En muchas ocasiones se adelantaban a los militares y acaban con la posible resistencia. En otras, después de que estos invadieran un territorio, se encargaban del asesinato de judíos, gitanos, intelectuales y posibles disidentes.

La brigada móvil nazi de los Einsatzgruppen *no tenía piedad ni siquiera con los niños.*

El estrés de los asesinos

La labor de los *Einsatzgruppen* era demencial y supuso una deshumanización sobrecogedora. Este es el tema que más preocupó a los nazis, la salud mental de ese escuadrón, porque evidentemente nunca mostraron la más mínima piedad por las víctimas. En este sentido, Himmler detectó que el método no era tan eficaz como había imaginado. No se mataba a tantas personas como hubiera querido. Y además algunos de los integrantes acababan teniendo problemas físicos y mentales. El holocausto nazi tiene paradojas tan terribles como que se pudiera sentir «piedad» por el estrés al que se veían sometidos los asesinos.

«El contacto frontal y constante con el crimen tenía un efecto muy devastador sobre los miembros de los *Einsatzgruppen*, a pesar de la gran cantidad de alcohol que ingerían. Esto llevó a los nazis a buscar otras alternativas de ejecución. Al poco tiempo recibieron furgones de gas para facilitar el exterminio de los judíos», documenta el Centro Mundial de la Conmemoración de la Shoa.

Esa fue la razón por la que finalmente los nazis se decantaron por otro método que habían estado probando paralelamente: las cámaras de gas. Las «ventajas» eran múltiples: no dejaban tantas secuelas en los soldados, no suponían tanto esfuerzo y eran los propios prisioneros los que tenían que deshacerse de los cuerpos.

Las cámaras de gas

Los nazis habían empezado a investigar sobre la muerte por monóxido de gas, como se vio en capítulos anteriores, para acabar con la vida de los discapacitados alemanes. Sus investigaciones fueron evolucionando, sobre todo gracias a los experimentos que se llevaron a cabo en Auschwitz. En este campo se empezó a experimentar con el pesticida Zyklon-B, que era cianuro de hidrógeno. En septiembre de 1941 empezaron los primeros ensayos con este «prometedor» gas que parecía ofrecer todo lo que los nazis ansiaban: una muerte industrializada rápida, eficaz y barata.

Los primeros ensayos tuvieron lugar con un grupo formado por 600 prisioneros de guerra soviéticos y con 250 discapacitados. Los resultados entusiasmaron a los nazis. Habían encontrado una forma de perpetrar el genocidio altamente eficiente. Esta deshumanización, de la que también se hablará en el capítulo siguiente, es la base de las atrocidades de los nazis, que fueron capaces de enfocarse en criterios técnicos de efectividad sin permitir que ninguna otra consideración moral se interpusiera. De alguna forma absolutamente inhumana se concentraron en el cómo y no en el qué y así se libraron de cuestiones éticas.

Una muerte horrible

Las cámaras de gas, por tanto, «triunfaron» siguiendo los desquiciados criterios de efectividad. Pero ello no significó que procuraran una muerte poco dolorosa a sus víctimas. Tal y como se analizó en los múltiples juicios que se llevaron a cabo contra los autores del holocausto, la muerte en la cámara de gas era terrible para las víctimas. Los gránulos de Zyklon-B se convertían en un gas mortal al entrar en contacto con el aire. Penetraba por la inhalación en los pulmones y bloqueaba la respiración celular. Después atacaba el corazón. El dolor que producía era extremo, provocaba convulsiones y finalmente un paro cardíaco.

Según el doctor Sven Anders, médico forense de la Universidad de Hamburgo-Eppendorf, la muerte que padecieron millones de personas a manos de los nazis en las cámaras de gas fue tremendamente dolorosa. «Los síntomas comenzaban con una sensación de escozor en el pecho similar a la que puede causar el dolor espasmódico y al que se produce en los ataques de epilepsia. La muerte por paro cardíaco se producía en cuestión de segundos. Era uno de los venenos de acción más rápida».

De todos modos, tampoco estaba garantizada que la muerte fuera rápida. La saturación de las cámaras de gas provocaba que en muchos casos la inhalación fuera menor, por lo que la muerte, entre grandes estertores, podía llegar a alargarse una media hora, incluso más.

«Una intoxicación inferior conducía a un bloqueo de la sangre en los pulmones y provocaba dificultades para respirar. Comúnmente se habla de agua en los pulmones, la respiración sería entonces más profunda y más fuerte, porque el cuerpo ansía después del oxígeno. Era una agonía», describió Anders.

En este sentido, la altura era un factor básico. Cuando más alta era la víctima, más probable resultaba que la muerte fuera rápida. Ello provocaba que los niños fueran los que sufrían las agonías más dolorosas.

El señor del Zyklon-B

Estas consideraciones poco interesaban a los nazis, que estaban satisfechos de haber encontrado un método de asesinato tan eficaz. Ello, sumado a la organización de los campos de exterminio, que se tratará en el siguiente capítulo, les permitió convertir los campos de exterminio en grandes fábricas de matar, en las que todo estaba milimetrado para que el engranaje no parara.

Y uno de los responsables directos de engrasar la máquina fue Victor Capesius, farmacéutico de Auschwitz y responsable directo de arrojar por la trampilla el gas que acabó con la vida de millones de personas. Este rumano acudía a recibir a los prisioneros que llegaban a la estación de tren y decidía quién iba a la cámara de gas y quién

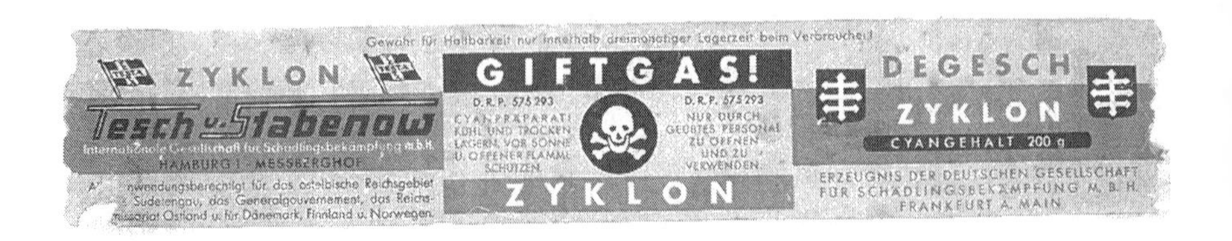

no. Los reclusos recuerdan que gritaba a modo de bienvenida: «Soy Capesius de Transilvania. Conmigo van a conocer al demonio».

Y lo conocían. Un demonio mentiroso, cruel y jocoso con sus víctimas. Tal y como se explica en el artículo publicado en *El Periódico* el 18 de febrero de 2019 bajo el título de «El señor del Zyklon-B de Auschwitz» sus víctimas dieron fe de su crueldad. «Gisela Böhm, pediatra, llegó a Auschwitz con su hija Ella, que de niña le conocía como su "tío farmacéutico" que le había regalado una libreta de Bayer. Mauritius Berner llegó a la rampa de selección de Auschwitz con su mujer y sus tres hijas; vio que junto a Mengele estaba Capesius y le apeló, pero su cínica respuesta fue: "No llore. Su esposa e hijas tomarán un baño. Las volverá a ver en una hora". Fueron gaseadas de inmediato. Adrienne Krausz vio cómo Capesius saludaba a su madre, doctora, antes de enviarla junto a su hermana a la fila de la izquierda, la de las cámaras de gas. La misma fila que siguieron el padre y hermanos de Sarah Nebel, antiguos vecinos del farmacéutico en Bucarest. Y el mismo destino de la mujer del doctor Lajos Schlinger, quien al reconocer a Capesius le dijo que su esposa no estaba bien y este la envió junto a su hija de 17 años a la fila de los enfermos. Nunca volvió a verlas».

Una vez escogidas las víctimas destinadas a la cámara de gas, se las despojaba de todos sus bienes. Una vez muertas, continuaba el expolio de las piezas de oro de sus dentaduras e, incluso, de trozos de carne. Capesius era quien almacenaba las latas del gas venenoso Zyklon-B y se dedicaba a verter su contenido por las tuberías que se conectaban con las cámaras de gas. En ese sentido fue el brazo ejecutor de cientos de miles de asesinatos. Pero este no era su único cometido. También encontró otras formas de sesgar la vida de los

prisioneros. Por ejemplo, era el encargado de proporcionar el fenol que los SS inyectaban en el corazón de las víctimas de los experimentos médicos.

Lo más inquietante del caso de Capesius es la impunidad que gozó después de la contienda, amén de la falta de arrepentimiento. Pero esto, como se verá a lo largo de este libro, fue una constante entre los criminales de guerra nazis. El farmacéutico de Auschwitz fue detenido primero por los británicos y después por los estadounidenses, pero fue tan creíble con sus mentiras que logró escapar al proceso de desnazificación, que le hubiera impedido seguir ejerciendo su profesión. Libre de toda responsabilidad, abrió una farmacia, un spa y un instituto de cosmética. En 1952 lo publicitó con el lema: «Sea bella con los tratamientos de Capesius».

Sin embargo, fue denunciado por una antigua víctima en 1959, encarcelado y juzgado entre 1963 y 1965. La sentencia fue realmente indulgente: nueve años de prisión de los que cumplió únicamente dos y medio. En 1968 reapareció en público, con su mujer y sus tres hijas. Espontáneamente, el público le aplaudió. El farmacéutico de Auschwitz murió en 1985 sin mostrar el más mínimo arrepentimiento.

UN LIBRO Y UNA PELÍCULA

Los hechos explicados en este capítulo han captado la atención tanto del cine como de la literatura. El libro *Las Benévolas* de Jonathan Littell escrito en francés y con una extensión de más de 900 páginas es una de las obras más sobrecogedoras sobre el Holocausto nazi. Se trata de la falsa autobiografía de un *Einsatzgruppen*, llamado Maximiliam Aue que reconoce su participación directa en la matanza del pueblo judío, pero que relata los hechos sintiéndose básicamente un espectador de los mismos. El autor investigó durante dieciocho meses en Alemania, el Cáucaso, Ucrania, Rusia y Holanda y se documentó con más de doscientos libros. Así creó el retrato impactante en primera persona metiéndose en la piel de un asesino. El libro le supuso ganar los más prestigiosos galardones franceses de literatura.

La conferencia de Wannsee inspiró la película *La solución final* (Frank Pierson, 2001), protagonizada por Kenneth Branagh en el papel de Reinhard Heydrich y Stanley Tucci, que encarna a Adolf Eichmann. La película reproduce la reunión y pone de manifiesto todos los límites morales que se rebasaron al hablar con total tranquilidad del asesinato sistematizado de millones de personas.

«Lo fascinante de Capesius es que fue un hombre común y corriente que vendió su alma y sus principios para promover su carrera y su enriquecimiento personal. No era un sádico patológico o un médico nazi consumido por la ciencia racial. Es por eso que, de alguna manera, lo encuentro tan inquietante. Plantea la cuestión de cuántas personas nos encontramos todos los días que, dadas las circunstancias correctas, pueden convertirse en Capesius», asegura Patricia Posner, autora de la biografía *El farmacéutico de Auschwitz*.

La aniquilación total

Una vez los nazis han culminado el proceso de industrializar la muerte, pueden lanzarse a la aniquilación total de los judíos y demás etnias consideradas inferiores. ¿Cómo y cuándo se toma esta decisión? La fecha fue el 20 de enero de 1942, la llamada conferencia de Wannsee, porque se llevó a cabo en un lujoso palacete, expropiado a una familia judía, a las orillas del lago del mismo nombre. Se ha especulado mucho sobre si allí se tomó o no la decisión de perpetrar la solución final. Pero lo cierto es que esa decisión, de una forma u otra, ya estaba tomada desde el principio de la guerra. Lo que se decidió de forma absolutamente despiadada era cómo se iba a llevar a cabo.

«Se definió de nuevo el cuándo, cómo y dónde de la solución final. La reunión no fue para tomar una decisión política, sino para acordar cómo llevar a cabo cosas que ya estaban teniendo lugar», asegura el subdirector del centro de conmemoración y de enseñanza de la hoy histórica villa de Wannsee, Matthias Hass.

La reunión para hablar de lo que venían a ser requisitos técnicos duró apenas noventa minutos. Una hora y media que se saldó con una de las atrocidades más deleznables que se han vivido en Europa. «En el momento de la Conferencia, aproximadamente el 80% de las víctimas todavía se mantenían con vida. Un año y medio después, en otoño de 1943, el 80% estaban muertas», ilustra Hass. Así de letal fue la conferencia de Wannsee.

Las decisiones de la reunión se llevaron a cabo inmediatamente. «La organización acordada aquí se implementa rápidamente; después de la conferencia se construyen los campos de exterminio que aún no existían dentro de campos de concentración que ya existen, se construyen las cámaras de gas y a partir del verano de 1942 empiezan las deportaciones sistemáticas por toda Europa», asegura la directora del departamento educacional de la Casa de la Conferencia de Wannsee, la doctora Elke Gryglewski.

Una comida con mucho alcohol

El anfitrión de la conferencia era Reinhart Heydrich, jefe de este servicio de inteligencia de las escuadras de protección de las SS y subdirector de Protección del Reich en Bohemia y Moravia. Era el favorito de Hitler y como se verá en próximos capítulos uno de los jerarcas nazis más atroces de la historia del Tercer Reich. Era temido hasta por sus compañeros.

De las quince personas ahí reunidas, solo Heydrich y Adolf Eichmann sabían el tema que se iba a tratar. El resto de jerarcas nazis solo tenían dos datos: que se trataría de una comida y de que se abordarían aspectos de la solución final. El anfitrión temía que la reunión se alargara hasta después de la comida, así que dejó clara una consigna para el servicio: quería que durante el almuerzo nunca estuvieran vacías las copas de los invitados, para así ayudar a limar asperezas si las había. Contaban con el mejor brandy que se podía conseguir en Europa. Pero realmente, no hizo falta: las resoluciones se tomaron antes de la comida y después se pudieron relajar con «el deber cumplido».

Reinhart Heydrich esperaba encontrarse con más reticencias. Por ello empezó con un discurso crispado, en el que elevó la voz y dio algún que otro golpe en la mesa, para dejar clara la importancia de lo que estaba abordando y conseguir la implicación del público. Según apuntó Adolf Eichmann muchos años después, durante el juicio en el que fue encausado, «la solución final fue recibida con extraordinario entusiasmo por todos».

Todas las copias del acta de 15 páginas que resumía la reunión fueron destruidas excepto una, en la que se pueden leer algunos fragmentos del discurso de Heydrich. «Bajo la correcta dirección y en el marco de la solución final, los judíos serán enviados al este para ser usados para el trabajo de manera adecuada. En grandes columnas de trabajo, bajo separación por sexos, los judíos capacitados para trabajar serán llevados a estas áreas para construir carreteras; durante lo cual, indudablemente, una gran parte serán eliminados

por causas naturales. Los del posible remanente final, al formar parte, indudablemente, de la porción más resistente, tendrán que ser tratados de acuerdo a esta condición, como la selección natural que representan, ya que en caso de ser liberados actuarían como la semilla del renacimiento judío».

Todo el documento está plagado de eufemismos que tampoco son especialmente crípticos. Lo que se desprende del discurso del jerarca nazi es claro. Quieren matar trabajando a los que estén en condiciones de hacerlo, con mala alimentación, hacinamiento, temperaturas extremas y maltratos conti-

Arriba: la mansión a orillas del lago Wannsee donde se gestó La Solución Final. Abajo: página del Protocolo de Wannsee con el número de judíos estimados en Alemania y otros países.

Land		Zahl
A. Altreich		131.800
Ostmark		43.700
Ostgebiete		420.000
Generalgouvernement		2.284.000
Bialystok		400.000
Protektorat Böhmen und Mähren		74.200
Estland - judenfrei -		
Lettland		3.500
Litauen		34.000
Belgien		43.000
Dänemark		5.600
Frankreich / Besetztes Gebiet		165.000
Unbesetztes Gebiet		700.000
Griechenland		69.600
Niederlande		160.800
Norwegen		1.300
B. Bulgarien		48.000
England		330.000
Finnland		2.300
Irland		4.000
Italien einschl. Sardinien		58.000
Albanien		200
Kroatien		40.000
Portugal		3.000
Rumänien einschl. Bessarabien		342.000
Schweden		8.000
Schweiz		18.000
Serbien		10.000
Slowakei		88.000
Spanien		6.000
Türkei (europ. Teil)		55.500
Ungarn		742.800
UdSSR		5.000.000
Ukraine	2.994.684	
Weißrußland ausschl. Bialystok	446.484	
Zusammen: über		11.000.000

nuados. Y una vez han sido utilizados, sin han sobrevivido, se los matará, para que en un futuro no quieran vengarse y se conviertan en un peligro.

Sin embargo, pese a tanto eufemismo, hay cosas que quedaron cristalinamente claras. Según Heydrich, el «tratamiento adecuado» para llevar a cabo el plan serían la utilización de las cámaras de gas combinada con fusilamientos masivos y otras «fórmulas». La realidad fue decantando la balanza hacia las cámaras de gas como el método preferido para la aniquilación de los judíos.

Cuestiones técnicas y organizativas

La mayoría de los asistentes estuvo de acuerdo con la propuesta. La única excepción fue Erich Neumann, secretario del Plan Cuadrienal, que consideró que la solución final tan rápida podía privar al Tercer Reich de mano de obra esclava para la industria armamentística.

Un punto que llevó un pequeño debate fue la definición de judío, según el artículo «A 80 años de la "Solución Final": una mansión, 15 jerarcas nazis y la atroz decisión de aniquilar a los judíos», publicado en *Infobae* por Matías Bauso. «Los habían divididos en dos grupos. En el Grupo A estaban los que habitaban territorios bajo el poder del Tercer Reich, de socios bélicos de ellos o territorios afines al nazismo. En el B, los que estaban bajo el poder de neutrales o los Aliados. Tanta era la fe que tenían de que ganarían la guerra que ya hacían planes sobre los judíos de esas regiones que no estaban bajo su poder [...]. En esa etapa de participación colectiva se discutió otra cuestión: quiénes eran considerados judíos y si habría excepciones. Los casos conflictivos eran los de los veteranos de la Primera Guerra Mundial, los casados con alemanes o alemanas, los que tenían mayoría de abuelos arios. Es decir, los que eran llamados (peyorativamente) los *Mischlinge*, los mestizos. Sin embargo, aún con los pocos exceptuados siempre había (muchas) excepciones que permitían también asesinarlos».

También se decidió que los guetos se cerrarían y que se trasladarían todos los prisioneros a Polonia, donde se llevaría a cabo la solución final. El único que protestó en este punto fue Josef Bühler, gobernador de la Polonia invadida, pues aquella decisión supondría más trabajo para su departamento.

Reinhard Heydrich.

En definitiva, con una frialdad apabullante, en ese encuentro se perfilaron los detalles de la muerte de once millones de personas. Esa era la ambiciosa cifra que los nazis tenían en aquel momento en la cabeza y si no llegaron a alcanzarla fue porque perdieron la guerra, pero se aproximaron peligrosamente. La decisión no indigestó a nadie. Años después, Eichmann la definió en su juicio como «una agradable reunión social».

De hecho, fue la planificación de algo que ya estaba decidido con antelación. Tal y como destaca el artículo de *Infobae*. «La Conferencia de Wannsee no fue la que diseñó el Holocausto. Era un camino que el nazismo había tomado desde 1933. El antisemitismo y las acciones contra los judíos solo se fueron recrudeciendo con el tiempo. Medio año antes, Göring le había escrito a Heydrich pidiéndole que pusiera en marcha un plan para ejecutar la solución final. En diciembre de 1941, Hitler, ante los máximos jerarcas nazis afirmó que había que hacer *tabula rasa* con los judíos. Goebbels en su diario consigna que Hitler habló de poner en marcha de una buena vez la "inevitable aniquilación de los judíos"».

Los miembros de la Conferencia de Wannsee salieron orgullosos de su reunión. Erich Neumann, que había sido el único un tanto reticente al plan, comentó: «Quizá después de nosotros venga una generación que no comprenda todo este asunto». Su duda moral fue rápidamente atajado por el jerarca nazi Odilo Globocnik: «Caballeros, si por detrás de nosotros hay alguna vez una generación tan débil y temblorosa que no comprenda nuestra hazaña, entonces todo el nacionalsocialismo habrá sido en vano».

LA HISTORIA DEL ZYKLON-B

El cianuro de hidrógeno que empleaban los nazis en las cámaras de gas era un potente pesticida. Fue empleado en 1880 en California. Los alemanes empezaron a intentar mejorar el producto ya durante la I Guerra Mundial y desarrollaron entonces el Zyklon-A, que se empleó como un arma química y que pasó a ser prohibida tras la Gran Guerra. Una empresa farmacológica alemana empezó a investigar la forma de empaquetar el cianuro de hidrógeno y sumarle un irritante ocular y otros compuestos. La finalidad, en ese momento, era que el producto sirviera para la fumigación de grandes superficies, así como para despiojar la ropa. Entonces le añadieron la B, para distinguirlo del producto anterior.

En 1942 los nazis empezaron a pedir ingentes cantidades de este compuesto para emplearlo en las cámaras de gas. Uno de los químicos que lo creó, Bruno Tesch, fue condenado a muerte porque se probó que había vendido el producto sabiendo la utilidad que le iban a dar. En la actualidad se sigue produciendo bajo otros nombres y se suele emplear para eliminar plagas de insectos y roedores.

DEVTSCHLAND
·ERWACHE·
NSDAP

CAPÍTULO 4
LA CÚPULA DEL MAL

El régimen nazi, como se ha visto en capítulos anteriores, se acabó convirtiendo en una terrorífica máquina de torturar y asesinar. Se creó un despiadado sistema que, cabría decir, funcionó por inercia. Pero no fue algo casual, detrás de ese engranaje atroz había un abyecto diseño que orquestaron los principales jerarcas nazis. En este capítulo abordaremos la figura de estos hombres que pusieron su mente al servicio del mal. Todos ellos estuvieron fascinados por la figura de Adolf Hitler, fueron defensores a ultranza de los principios del nacionalsocialismo y se definieron antisemitas furibundos que impusieron cruelmente su poder y fueron los artífices del Holocausto. Los altos cargos del gobierno nacionalsocialista de los que se hablará a continuación estuvieron directamente implicados en la solución final, que tenía como objetivo el genocidio de la población judía. Los cuatro que ocuparán este capítulo tuvieron una implicación directa, que cambió el curso de la historia y que la condujo hacia una deriva de sangre y destrucción. Asimismo, no era un grupo bien avenido. Las traiciones y las puñaladas por la espalda fueron la tónica de esta auténtica cúpula del mal.

Joseph Goebbels: la mentira y la manipulación

Ministro de Propaganda e Información. Este era el cargo oficial. Pero bajo el título se escondía un hombre que hizo del embuste su bandera y que engañó a las masas para guiarlas por un sendero de odio. Tal y como decía Abraham Lincoln: «Se puede engañar a todo el mundo algún tiempo... se puede engañar a algunos todo el tiempo... pero no se puede engañar a todo el mundo todo el tiempo». La trayectoria de Goebbels aspiraba a contradecir esta máxima y casi lo logró, porque lo cierto es que engañó a muchos durante mucho tiempo y si no hubiera sido por la derrota alemana, quién sabe si se hubiera salido con la suya.

Joseph Goebbels destacó desde joven por su carácter extrovertido y por su oratoria culta y apasionada. Había tenido tiempo para cultivarse, pues de pequeño padeció poliomielitis, tuvo que someterse a diferentes operaciones y postrado en la cama se dedicó a leer con fruición. Con su labia pretendía hacer olvidar las consecuencias de la enfermedad: se quedó cojo y era muy bajo para el ideal ario: un metro y medio. Su compañero de partido Hermann Göring lo llamaba «enano cojo y diabólico». Otro camarada, Gregor Strasser tampoco lo tenía en alta estima y lo definió como «Satanás con forma humana». Y él no tenía un gran concepto de sí mismo, pues en sus diarios se autodenominaba *ekelhaft* (repugnante).

Goebbels estaba frustrado, además de por su aspecto físico, por no lograr su sueño de ser escritor y poeta. Tal vez para resarcirse no cesó de escribir en toda su vida. Su diario es una obra faraónica (y compulsiva) que contiene 6.783 folios escritos de su puño y letra y 34.609 páginas dictadas a su secretaria. Esta ingente y obsesiva información ha servido a los psicólogos y psiquiatras para diagnosticar una personalidad narcisista, dependiente y manipuladora.

Adoración por Hitler

La vida de Goebbels cambió radicalmente cuando conoció a Hitler. El 12 de julio de 1924, en Weimar, lo vio por primera vez en una cervecería y tal y como lo relata en su diario, más que un encuentro parece un advenimiento: «Estoy afuera, asomado a la ventana y lloro como un niño pequeño... me siento otro. Ahora sé claramente que él es quien dirige, nació como líder. Por este hombre estoy dispuesto a hacer cualquier cosa».

Su fascinación va en aumento en el congreso nacionalsocialista de 1925: «¿Quién es este hombre? Mitad plebeyo, mitad Dios. ¿El Cristo verdadero o solo San Juan? Este hombre lo tiene todo para ser Rey. El Tribuno de la plebe nato. El futuro Dictador».

El amor hacia su líder, rozando lo enfermizo, será una constante en su vida. En sus diarios podía apuntar que se sentía desolado porque no lo había visto o porque se había celebrado una cena a la que no había sido invitado. Se rumorea que Goebbels se casó con Magda Quandt por orden de su jefe. Nunca ha podido verificarse esta hipótesis que muchos historiadores avalan: Hitler no quería casarse para dar una imagen de fortaleza y de dedicación, pero podría haber estado enamorado de Magda, que era una ardiente seguidora suya. Al casarse con Goebbels, pudo conseguir tenerla cerca.

Otra teoría asegura que Hitler vivió la vida familiar que no tuvo con el matrimonio Goebbels y sus seis hijos, pues se comportaba como un miembro más del clan.

La necesidad, si la hubo, era mutua, pues Goebbels, tal y como se desprende de sus diarios, ansiaba desesperadamente la compañía y la aprobación de Hitler. «El führer se alegra de que me quede con él toda la noche. Dice que mi presencia lo tranquiliza. Su confesión me llena de alegría. Siento que estoy con un hombre que trabaja bajo la protección de Dios», anota como un niño en una de sus entradas.

Lo cierto es que el führer tenía motivos para estar contento con él. Cuando conoció a Goebbels, su imagen era la de un golpista frustrado que había estado en la cárcel. Era poco menos que un criminal para el pueblo germano. Pero gracias a la propaganda tan audaz como falaz de Goebbels se convirtió en un héroe perseguido por intereses judíos y extranjeros que era el único que podía sacar adelante a Alemania tras el fiasco de la I Guerra Mundial.

Mucho más que *fake news*

Lo de las *fake news* de los tiempos que corren no son nada en comparación a las tácticas que empleaba Goebbels. Divulgó en revistas informaciones sobre supuestas conspiraciones judías que atenta-

ban contra el pueblo alemán. Los culpó de la crisis económica provocada por la posguerra. Asimismo, acusó a comunistas y a los opositores de su partido de todo tipo de delitos falsos. Presentó amañados informes científicos que justificaban la superioridad del pueblo ario. Además, propuso la quema de libros. Y jugaba tan sucio que ordenó que soltaran ratones en las salas de cine en las que se proyectaban películas antibelicistas.

Él fue el inductor de la noche de los cristales rotos, el 9 y 10 de noviembre de 1938. Pero lo más maquiavélico de todo esto es cómo consiguió tergiversar la verdad. Convenció a su pueblo de que ellos eran las víctimas y que se tenían que defender del ataque de los judíos. Por tanto, revistió sus acciones de heroísmo y el pueblo se lo creyó. Cínicamente escribió: «El público alemán desea ser embaucado». Y, evidentemente, el gran embaucador era él, tal y como dejó claro en otra anotación: «Soy un predicador, el alma del trabajador alemán está en mis manos, moldeable como la cera».

Y el predicador, que era un antisemita acérrimo, quería que su pueblo también compartiera su odio. Y pretendía, además, que el resto del mundo también lo hiciera: «Hay que eliminar a estos judíos como ratas. En Alemania ya nos hemos encargado de ello. Espero que el mundo tome buen ejemplo», escribió.

Nunca mostró la más mínima piedad por ellos. Tras visitar el terrible gueto de Lodz, en Polonia, espetó: «Estos ya no son hombres, son animales. Por eso, no se trata de una tarea humanitaria, sino quirúrgica. Hay que hacer incisiones aquí, y enteramente radicales».

Por la forma de articular la frase parece que la culpa fuera de los judíos y que les estuvieran haciendo un favor. Y es que su poder de manipulación no conocía límites.

Las tácticas del engaño

Las técnicas de propaganda de Goebbels siguen siendo estudiadas hoy en día, porque no hay lugar a duda que resultaron terriblemente efectivas. Uno de sus aciertos fue emplear medios de comunicación como la radio y el cine para sus fines. Hasta el momento no se habían utilizado y eso le permitió que su discurso de odio tuviera un calado más profundo y extenso. Controló estos medios y la prensa con una férrea censura, utilizándolos como el altavoz para un discurso único y plagado de mentiras.

La repetición era la clave. Una de sus frases famosas aboga por ello: «La propaganda debe limitarse a un número pequeño de ideas y repetirlas incansablemente, presentarlas una y otra vez desde diferentes perspectivas, pero siempre convergiendo sobre el mismo concepto. Sin fisuras ni dudas».

Otra de sus estrategias era el ataque continuo a los enemigos, a los que se les tenía que acusar de cualquier cosa, por incierta que fuera. «Cargar sobre el adversario los propios errores o defectos, respondiendo el ataque con el ataque. Si no puedes negar las malas noticias, inventa otras que las distraigan», era otra de las máximas que repetía a su equipo.

Con estas virulentas campañas de desinformación y censura logró, como se había propuesto, embaucar al pueblo alemán y conducirlo a la barbarie que él, junto con su amado Hitler y el resto de jerarcas nazis habían orquestado.

Además, la puesta en escena estaba meticulosamente estudiada. Los discursos del führer eran registrados con planos contrapicados, para encumbrarlo y crear una homogeneidad e inferioridad en el pueblo. A día de hoy, los histriónicos gestos y el tono vehemente resultan grotescos, pero en su momento formaban parte de una narrativa novedosa e impactante que subyugó a sus compatriotas.

Los detalles eran sumamente importantes para este hombre minucioso. Y estaban exentos de toda humanidad. Cuando condenó a los generales alemanes involucrados en la Operación Valkiria, un atentado contra la vida de Hitler, ordenó: «Los condenados a muerte serán ahorcados vestidos de presidiarios. Me parece una buena decisión y gustará a todo el pueblo alemán».

Cuando la guerra estaba perdida, muchos fueron los que intentaron huir o traicionar al führer. Goebbels no fue uno de ellos.

Acompañó a Hitler en el búnquer y al día siguiente de que este se suicidara, hizo lo propio. Pero no quiso hacerlo solo. El matrimonio decidió acabar con la vida de sus seis hijos antes de poner fin a la suya. Les durmieron con un anestésico y después Magda Goebbels les introdujo una cápsula de cianuro en la boca. «Porque nosotros no solo somos capaces de vivir y luchar por el Reich, sino que también somos capaces de morir por él», se vanaglorió pocas horas antes de su muerte.

Antes del asesinato de los niños, Magda y Joseph habían recibido ofrecimientos de mediadores de la Cruz Roja para salvar a sus hijos, pero se negaron. Prefirieron matar a los niños antes de que estos vivieran en un mundo sin su amado Hitler.

Hermann Göring, vividor y ladrón

«Sí, seré ahorcado. Estoy preparado. Pero estoy decidido a pasar a la historia de Alemania como un gran hombre. Si no puedo convencer al Tribunal, al final convenceré al pueblo alemán de que todo lo que hice fue por el Gran Reich alemán. Dentro de cincuenta o sesenta años habrá estatuas de Hermann Göring en toda Alemania». Esta afirmación, lanzada con la altanería que gastaba habitualmente el jerarca nazi al conocer su condena en los juicios de Núremberg, nos da una idea de su falta de arrepentimiento y, por supuesto, de escrúpulos. Las aportaciones de Göring a la historia no pueden ser más terribles: la creación de la Gestapo y de los campos de concentración.

Göring bien podría ser el protagonista de una película de Hollywood porque en su vida se juntan los hits de un éxito comercial: excesos, violencia, saqueo, mafia, poder, lujo, obras de arte, auge y caída... Tal vez por ello nunca fue especialmente apreciado por sus compañeros de partido, mucho más discretos, con un perfil más tecnócrata y una personalidad más austera. De hecho, muchos de ellos odiaron sin ambages al sucesor de Hitler. Y, sin embargo, la población le apreció, muchas veces por encima del propio führer.

Pero empecemos por el principio para entender cómo este vividor acabó con las manos ensangrentadas por sus atroces crímenes. Göring, ya de pequeño, era un rebelde al que sus padres decidieron meter en cintura llevándolo a una academia militar a los 12 años.

La disciplina le sentó bien e inició una prometedora carrera que se vio impulsada por la I Guerra Mundial. Ganó la Cruz de Hierro y descubrió su pasión por la aviación, que le llevó a formarse como piloto y a ingresar en el escuadrón del célebre Manfred Albrecht von Richthofen, conocido como el Barón Rojo. Tras su muerte, comandó su mítico escuadrón aéreo y se granjeó fama de héroe de guerra. Aunque parece que no había para tanto: solo abatió dos objetivos en cuatro meses. Fuera como fuese, los laureles de su carrera militar se marchitaron en la posguerra con su familia arruinada y la rabia empezó a palpitar en este joven. Se fue a trabajar a Dinamarca en una compañía aérea y para sacarse un sobresueldo vendía paracaídas. Con esos ingresos podía costearse una vida de fiesta en fiesta, pues siempre destacó por su carácter sociable, su gusto por el lujo y su habilidad para conectar con las elites adineradas.

En 1920 pilotó un accidentado vuelo en mitad de una tempestad que le llevó a pasar la noche en el castillo Rockelstad, del conde Eric von Rosen, donde conoció a Carin, la cuñada del noble. El amor surgió a primera vista como en una película y Carin se divorció de su marido, teniendo que renunciar a la custodia de su hijo, para casarse con Göring en Munich. Allí es donde este conoció al líder de un partido por entonces minoritario llamado Aldolf Hitler. «Seguiré a este hombre en cuerpo y alma», declaró según recoge el artículo de *La Vanguardia* escrito por Sergi Vich Sáez y publicado el 28 de marzo de 2023 bajo el título «Göring, un vividor en la cúpula de los nazis». Pero tal y como prosigue el artículo, no fue la ideología lo que le atrajo: «A mí esas bobadas nunca me interesaron. La lucha en sí misma era mi ideología».

El futuro führer lo puso al mando de las SA, que era entonces una organización paramilitar que Göring se encargó de profesionalizar y jerarquizar para convertirla en el brazo armado del NSDAP. Participó con Hitler en el *Putsch* de Munich, un golpe de estado que acabó siendo un fiasco y que tuvo más consecuencias que las estrictamente políticas para Göring, que recibió un disparo en la pelvis. Una familia de origen judío lo escondió y le procuró los primeros cuidados. Tal vez este detalle provocó que Göring nunca fuera de los más furibundos antisemitas, aunque siguió fielmente la doctrina de su partido y colaboró activamente en la solución final. En Núremberg declaró que el odio a los judíos «era irrelevante y accidental e impuesto por unos fanáticos raciales que querían hacerse con el poder».

Después de ser herido, cruzó la frontera austríaca y tuvo que ingresar en una clínica donde para combatir el dolor le suministraron ingentes cantidades de morfina. Aquel hecho marcó su vida y seguramente acabó por desbordar su carácter, pues desde entonces se convirtió en un adicto a los opiáceos. También cambió su aspecto: se engordó muchísimo, lo que le valió la mofa de sus compañeros de partido y de la prensa tanto nacional como internacional. También definió una constante en su vida: los ingresos en clínicas de desintoxicación.

Tiempo después, regresó a Alemania, donde su prestigio como héroe de guerra le valió un puesto de diputado en el partido de Hitler. Sus fiestas se hicieron famosas, así como su habilidad para las relaciones con empresarios que sirvieron para que el nacionalsocialismo contara con los apoyos necesarios que el tosco Hitler no podría haber logrado.

La prematura muerte de su esposa hizo que se volcara con más ahínco en su carrera política y en su empeño de catapultar a Hitler. «Para mí no tenían importancia los medios que utilizara para llevar al partido al poder», declaró en Núremberg. En 1933 sus ardides surtieron efecto y el 30 de enero de ese año Hitler fue nombrado canciller. Él acumuló varios cargos, como el de ministro sin cartera y ministro interior de Prusia, la región más importante de Alemania. Pero con ese poder no tenía suficiente. Necesitaba el control que le permitiera la aniquilación de los enemigos del partido y creó una fuerza auxiliar de la policía, integrada por miembros de las SA, las SS y las Stalhelm, llamada Policía Secreta del Estado, conocida como Gestapo. El objetivo era acabar con los enemigos políticos.

Adolf Hitler y Hermann Göring en 1929.

Los primeros campos de concentración

La consigna que tenía para sus hombres era tan clara como terrible. Él mismo declaró: «Las actividades de organizaciones hostiles al estado deben ser frenadas con las medidas más enérgicas. Con el terrorismo y los atentados comunistas no debe haber miramientos y, cuando sea necesario, habrán de usarse los revólveres sin consideración de las consecuencias. Los agentes de policía que disparen sus revólveres en el cumplimiento de su deber serán protegidos por mí sin considerar las consecuencias del empleo de sus armas. En cambio, los agentes que se abstengan de hacerlo, por la equivocación de considerar las consecuencias, han de saber que se actuará disciplinariamente contra ellos [...]. Ningún agente debe perder de vista el hecho de que no adoptar una medida es más vergonzoso que cometer errores en su aplicación».

Disparar primero y preguntar después. Las arengas de Göring a los miembros de la recién creada Gestapo no dejan lugar a la confusión, tal y como se extrae del artículo «Quién fue Hermann Göring, el criminal nazi creador de la Gestapo y de los campos de concentración», publicado el 26 de noviembre de 2021 por Pablo Retamal en *La Tercera*. El reportaje recoge también un discurso que llevó a cabo después de la noche de los cristales rotos: «Mis medidas no serán invalidadas por consideraciones legales. No tengo por qué preocuparme por la justicia; mi misión es solo destruir y exterminar. ¡Nada más! [...]. Pueden estar seguros de que usaré al máximo el poder del estado y la policía, mis queridos comunistas, así que no saquen falsas conclusiones. En la lucha a muerte, en la que mi puño los prenderá por el cuello, la haré con esos que ven ahí: ¡los camisas pardas!».

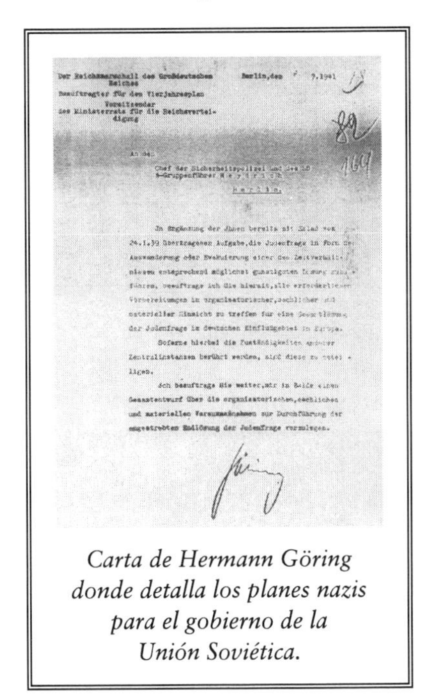

Der Reichsmarschall des Großdeutschen Reiches — Berlin, den [illegible] 7.1941
Beauftragter für den Vierjahresplan
Vorsitzender des Ministerrats für die Reichsverteidigung

An den
Chef der Sicherheitspolizei und des SD
SS-Gruppenführer H e y d r i c h
B e r l i n.

In Ergänzung der Ihnen bereits mit Erlaß vom 24.1.39 übertragenen Aufgabe, die Judenfrage in Form der Auswanderung oder Evakuierung einer den Zeitverhältnissen entsprechend möglichst günstigsten Lösung zuzuführen, beauftrage ich Sie hiermit, alle erforderlichen Vorbereitungen in organisatorischer, sachlicher und materieller Hinsicht zu treffen für eine Gesamtlösung der Judenfrage im deutschen Einflußgebiet in Europa.

Sofern hierbei die Zuständigkeiten anderer Zentralinstanzen berührt werden, sind diese zu beteiligen.

Ich beauftrage Sie weiter, mir in Bälde einen Gesamtentwurf über die organisatorischen, sachlichen und materiellen Vorausmaßnahmen zur Durchführung der angestrebten Endlösung der Judenfrage vorzulegen.

Göring

Carta de Hermann Göring donde detalla los planes nazis para el gobierno de la Unión Soviética.

A los que no morían de un balazo tampoco se les auguraba un futuro muy halagador, pues Göring fue el primero en ordenar la construcción de campos de concentración, que seguían el modelo de los que habían levantado los británicos en Sudáfrica. De hecho, fue el inventor del nombre campos de concentración. Durante los juicios de Núremberg, siguió sin arrepentirse de su macabra invención. «Claro que al principio hubo excesos; claro que inocentes también fueron afectados aquí y allá; claro que hubo palizas aquí y allá y se cometieron actos de brutalidad, pero en comparación con todo lo ocurrido en el pasado y con la magnitud de los acontecimientos, esta revolución libertaria alemana es la menos sangrienta y más disciplinada de todas las revoluciones conocidas por la historia [...]. Naturalmente, di instrucciones de que tales cosas no debían suceder [...]. Siempre señalé que esas cosas no debían ocurrir, porque era importante para mí ganar a algunas de esas personas para nuestro bando y reeducarlas».

Pero de la supuesta «reeducación» se pasó al exterminio y Göring fue uno de los más acérrimos defensores de la solución final para el pueblo judío.

Saqueador de obras de arte

Uno de los méritos por los que fue reconocido fue la creación de la fuerza aérea alemana, la Luftwaffe, a la que se dedicó en cuerpo y alma... por un tiempo. Los historiadores achacan algunas derrotas de la aviación germana al carácter voluble de Göring. Tanto podía estar días y días trabajando sin descanso, como olvidarse completamente de sus responsabilidades para asistir a fiestas y amasar una fortuna personal.

En aquella época, el jerarca se había hecho construir la opulenta residencia Carinhall (escogió el nombre en honor a su difunta esposa) en la que llevaba una vida de lujo y desenfreno con su nueva mujer, la actriz Emma Sonnemann. Mientras el pueblo moría de hambre, él ofrecía cacerías y banquetes dionisíacos en un marco incomparable. Y es que más allá de la villa en sí, que fue construida por Werner March, el arquitecto del Estadio Olímpico de Berlín, destacaba la decoración, plagada de obras de arte que había saqueado en los territorios conquistados. También tenía una especial querencia por las joyas, que había robado a familias judías antes de recluirlas en los campos de concentración. El conde Galezzo Ciano, yerno de Mussolini, reveló una anécdota muy ejemplificadora al respecto: «Durante la cena, Göring casi no habló de otra cosa que de las joyas que poseía. De hecho, llevaba hermosas sortijas en los dedos. Explicó que las había comprado por una suma relativamente reducida en Holanda, luego de que todas las joyas fueron confiscadas en Alemania. Me dicen que juega con sus gemas como un niño con sus canicas. Durante el viaje se puso nervioso, así que sus ayudantes le llevaron un pequeño jarrón lleno de diamantes. Él los puso en la mesa y los contó, alineó, revolvió y se puso feliz otra vez. Uno de sus altos oficiales dijo anoche: "Tiene dos amores: los bellos objetos y la guerra"».

Pero los objetos bellos, sus adicciones y su estrambótico carácter le restaron demasiado tiempo a su otro amor, la guerra. Varias derrotas de la Luftwaffe hicieron que Hitler le culpara directamente del fracaso de la contienda. Los alemanes estaban perdiendo la guerra y Hitler y sus colaboradores más fieles se refugiaron en el búnquer. Göring poseía el cargo de Reichsmarschall, Mariscal del Imperio y Hitler lo había designado como sucesor. Por ello, Göring le envió un telegrama a Hitler diciendo que él asumiría el mando del Tercer Reich, ya

que en ese momento estaba en Baviera, mientras Hitler se hallaba en Berlín, por lo que le sería más fácil negociar el armisticio.

El führer, que ya había dejado claro que nunca se rendiría, tomó la iniciativa de Göring como alta traición y se planteó sentenciarlo a muerte, aunque finalmente se conformó con que dimitiera de todos sus cargos y fuera expulsado del partido. Fue detenido por las SS y posteriormente liberado por sus hombres de la Luftwaffe. Antes de entregarse a las fuerzas aliadas, trasladó todas las obras de arte de Carinhall y ordenó a la Luftwaffe que bombardeara su residencia hasta destruirla totalmente.

Göring fue el jerarca nazi de mayor graduación que se sentó en el banquillo de los juicios de Núremberg. Antes de hacerlo, se sometió a un tratamiento de desintoxicación y perdió mucho peso. En el juicio se declaró no culpable y siguió defendiendo sus actos. Cuando fue condenado a la horca, solicitó que se le permitiera morir como a un soldado ante un pelotón de fusilamiento. Pero la petición fue denegada y pocas horas antes de que se cumpliera la sentencia, se suicidó con una cápsula de cianuro.

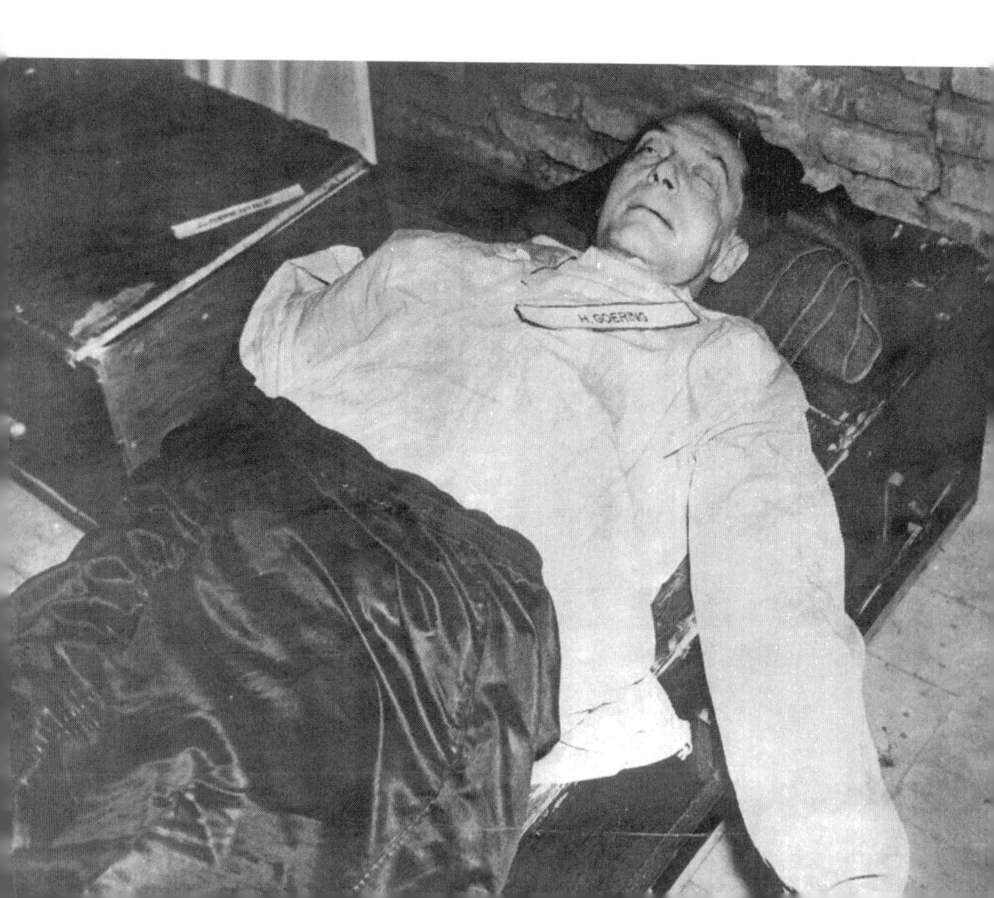

Heinrich Himmler, el jefe de las SS nazis

En las antípodas del carácter de Göring encontramos a este jerarca nazi, que pese a compartir ideología y barbarie, poco o nada tenía que ver con su compañero. Himmler fue apocado, débil, enfermizo y cobarde desde la infancia. Nada hacía prever que aquel niño blanco de burlas y abusos acabaría siendo uno de los nazis más abyectos y temidos. Sin embargo, en la biografía de sus primeros años encontramos dos constantes que se repetirán a lo largo de su vida. Una es que el futuro jefe de las SS ya era un chivato y un espía, porque su padre, que era director de escuela, le exigía que descubriera secretos de las familias de sus compañeros. La otra es que su progenitor le contaba historias valientes caballeros teutónicos, de mitología y de algunas reliquias que en la edad adulta formaron parte de su obsesión esotérica.

Himmler siempre quiso agradar, primero a sus profesores, cosa que consiguió esforzándose voluntariosamente por lograr buenas calificaciones, y posteriormente a sus compañeros de partido con los que no tuvo la misma suerte. Albert Speer, ministro de armamento lo definió como: «mitad maestro de escuela, mitad chiflado». Y cuentan que su servilismo extremo crispaba al führer.

Himmler intentó entrar en el ejército en la I Guerra Mundial para alcanzar la gloria de sus admirados héroes. Pero su solicitud fue denegada una y otra vez, y cuando por fin lo logró, no llegó a tiempo de entrar en el campo de batalla. Su carrera militar fracasó estrepitosamente.

Por aquella época defendía que los hombres debían llegar vírgenes al matrimonio para emplear su virilidad en la guerra y, sin embargo, con los años acabó siendo un acérrimo defensor de la bigamia, como se verá más adelante. Se casó con Margarete Boden, una divorciada siete años mayor que él a la que adora-

ba, pero que le trataba con desdén. Juntos tuvieron una hija y montaron una granja agrícola, que pretendía reivindicar los valores arios de conexión con la naturaleza y que acabó siendo un fiasco económico. Su matrimonio siguió la misma tónica y él, con los años, inició un romance con su secretaria.

Aquel hombre fracasado en todos los aspectos de su vida se quedó fascinado por el ideal nacionalsocialista y rápidamente militó en sus filas, con un servilismo que de poco le sirvió. Su falta de carisma provocó que su avance fuera lento y azaroso, y que solo culminara cuando traicionó a los que le habían apadrinado. Tras la noche de los cristales rotos conspiró contra su mentor, Gregor Strasser y defenestrándolo consiguió que le pusieran al frente de las SS. En ese momento tenía a 280 hombres a su mando. Pocos años después se cifrarían en más de 50.000. Himmler se sentía como el padre espiritual de aquellos hombres. Como creía en la reencarnación, estaba convencido de que él era la del rey Enrique I y que podía escuchar sus mensajes cuando estaba medio dormido. También aseguraba que Hitler era aconsejado por Gengis Khan, que según él era ario. Todo esto nos da una idea de la locura del personaje.

Obsesión por la pureza de la sangre

Himmler fue, sin duda, el más furibundo defensor de raza aria y de la pureza de la sangre, que se convirtió en una auténtica obsesión para él. Las SS tenían que ser, según sus palabras «una verdadera orden de hombres nórdicos formada por soldados nacionalsocialistas» y la pureza racial de los mismos no podía tener mácula. Pero no solo eso. También la de sus descendientes. Por ello tenía que aprobar los matrimonios de sus miembros con mujeres arias. «La SS es una Orden militar nacionalsocialista de hombres de determinación nórdica y una comunidad de clanes conjurados. Conforme a nuestras leyes, la novia, la mujer, pertenece a esta comunidad, a esta Orden de las SS del mismo modo que el hombre. Tengámoslo claro: sería insensato reunir primero la buena sangre de toda Alemania y dejarla luego casarse y dispersarse en familias como se le antoja».

En 1937, llegó a acumular 20.000 solicitudes de matrimonio, pues él tenía que dar el visto bueno a las futuras esposas de sus hombres. También dio la orden de que estos matrimonios tuvieran cuatro hijos, porque «el Gran Imperio Alemán que está por venir necesita hijos». Si la mujer no se quedaba embarazada después de cinco años, el matrimonio quedaba automáticamente disuelto. Asimismo, empezó a defender la bigamia: «un hombre no puede limitarse a tener una sola esposa a lo largo de una vida entera. Eso le obliga a ser infiel, y cuando después quiere mantenerlo en secreto se convierte en un hipócrita. El resultado son matrimonios destrozados, enemistad y varios tipos de difamaciones mutuas», le comentó a su masajista Felix Kersten, que publicó un libro sobre sus conversaciones.

Otro de los temas que le obsesionaba eran la homosexualidad y también lo habló con Kersten: «Queremos erradicarlos por todos los medios posibles. Constituyen un quiste peligroso para la población sana. Imagínese la cantidad de niños que no nacerían por esta razón (...) La mejor solución sería castrarlos».

Pero sin duda, su auténtica obsesión eran los judíos, tal y como le confesó a su masajista: «Los judíos deben ser aniquilados hasta el último hombre cuando termine la guerra. Así lo ha ordenado el führer expresamente».

La tranquilidad con que cumplía el mandato es escalofriante. En el artículo «El mayor asesino de masas» publicado por Klaus Wergrefe en *El País* el 7 de diciembre de 2008, se recoge una espeluznante anécdota.

«"¿Es judío?", preguntó Himmler en 1941 en una visita al frente oriental a un prisionero ruso y rubio. "Sí". "¿Hijo de padre y madre judíos?". "Sí", respondió el pobre hombre. "¿Tiene algún antepasado no judío?". "No". "Pues no puedo hacer nada por usted". Fue asesinado de un tiro».

En la época que ocurrió esto, Himmler se había vuelto aún más cruel. Antes de agosto de 1941, asesinaba únicamente a hombres judíos. A partir de esta fecha empezó a matar a mujeres y sobre todo a niños. El pragmatismo de sus argumentos resulta terrorífico: «No tenía derecho a exterminar a los hombres y dejar que los niños crecieran y se vengaran de nuestros hijos y nietos».

En Bielorrusia ordena arrojar a un pantano a las mujeres judías y se enfada porque las aguas no son suficientemente profundas para que se ahoguen. También se puede apreciar esa molestia tan

¿LA MALDAD ES SINÓNIMO DE LOCURA?

Examinando la cúpula del Tercer Reich hemos topado con narcisistas, drogadictos, personalidades obsesivas... ¿Se puede atribuir a la locura las atroces barbaridades que llevaron a cabo? En este punto los psiquiatras no alcanzan un consenso.

Las dos corrientes enfrentadas tienen dos figuras que las abanderaron, ambos especialistas de la mente que asistieron a los acusados del juicio de Núremberg: Douglas Kelley, psiquiatra militar y Gustave Gilbert, psicólogo militar, que trabajaron conjuntamente, pero que llegaron a conclusiones muy diferentes. El psicólogo mantuvo que se trataba de individuos completamente diferentes al resto, que padecían algún tipo de disfunción cerebral o de enfermedad mental. El cambio, Kelley concluyó que eran personas normales, con una tendencia arribista, dispuestos a hacer cualquier cosa para escalar en su carrera profesional. Pero no vio en su psique nada diferente a la de otros individuos que sin cometer actos violentos querían medrar en sus trabajos.

Una de las pruebas que se les practicó a los detenidos fueron los tests de Rorschach, esas conocidas láminas de dibujos simétricos y abstractos que el paciente debe interpretar dando pistas de sus pulsiones y su personalidad. Ambos especialistas sacaron conclusiones dispares de la prueba. Una década después, la psicóloga Molly Harrower recogió los resultados, les quitó el nombre y en una prueba ciega en la que los mezcló con otros de psicópata cuando sus planes no salen bien en una conversación que mantuvo con su masajista. Este le preguntó, subrepticiamente, cómo iba su negocio, a lo que contestó: «Muy mal. Últimamente, sólo hay judíos con buena dentadura (..) así que no hay mucho que sacar (...) Hace unos meses nos llegaban muchos de Holanda, Bélgica, Francia y del sur y del oeste de Alemania. De las cabezas de ellos sí que pudimos extraer grandes cantidades de oro. Es cierto que no es una tarea agradable matar a judíos, pero hay que hacerlo si Alemania quiere sobrevivir».

test que realizaron pastores religiosos, delincuentes juveniles y estudiantes de medicina, se los entregó a sus colegas para que los ordenaran en diferentes grupos. En ningún caso se detectaron características que hicieran que los criminales nazis fueran diferentes al resto de individuos.

El doctor estadounidense en psiquiatría Joel E. Dimsdale, estudió años después a los que se sentaron en el banquillo de los acusados en Núremberg y también la metodología con la que habían sido estudiados hasta entonces. Recogió sus conclusiones en el libro *Anatomía de la maldad: El enigma de los criminales de guerra nazis*. Estudiando los casos, observó que no se les podía incluir en un mismo grupo, pues cada uno tenía características diferentes. «Se presume que todos estos fueron monstruos de la misma talla, pero el hecho es que tenían diferentes antecedentes, estilos interpersonales diferentes. Unos podían ser encantadores cuando les convenía, otros eran tan desagradables que hasta sus propios colegas los despreciaban. Me sorprendió que pudieran ser tan variados, pero al mismo tiempo fueran igualmente responsables de hechos tan monstruosos».

Partiendo de esta premisa continuó con su investigación llegando a la conclusión de que: «Hubiera sido más cómodo afirmar que había algo absolutamente, definitivamente singular, profundamente malvado, patognomónicamente horrible con estos líderes nazis. Tienen que ser monstruos. Eso es lo que queremos que sean. Si son algo menos que eso, nosotros tenemos que enfrentar el interrogante de "¿Qué hubiera hecho yo?" "¿Hubiera llegado tan lejos?" Esa es una muy dolorosa e inquietante pregunta para la gente».

Frialdad escalofriante

Y es que Himmler no parecía inmutarse por ninguna de las barbaries que cometía. Recientemente se encontraron más de 1.000 páginas de su diario personal que pertenecían a los años 1938, 1943 y 1944. El volumen da idea de lo obsesivo que era: lo apuntaba absolutamente todo y podía escribir una entrada en su diario cada quince minutos. Entre esas notas, se encuentra su macabro día a día. El 3 de enero de 1943, por ejemplo, se dio un masaje y después condenó a muerte a 10 judíos polacos y a sus familias a un campo de exterminio. No hay diferencia en la importancia que otorga a un hecho y al otro. El 13 de febrero del mismo año ordena y presencia la muerte de 400 mujeres y niñas en el campo de exterminio de Sobibor, en Polonia. No se puede quedar después para ver cómo se deshacen de los cuerpos porque tiene una lujosa cena en la que habla de arte y literatura.

No se perturba ante la muerte que ordena ni siente el más mínimo arrepentimiento. Sin embargo, tiene un punto débil: una fobia a la sangre. La recoge en una entrada en la que cuenta angustiado que estuvo a punto de desmayarse en Minsk cuando en agosto de 1941 le salpicó el cerebro de un judío en un fusilamiento masivo. Sus subordinados conocían su aversión a la sangre y durante sus visitas a los campos daban la orden de que no se utilizaran ni porras ni látigos.

Este hombre de grandes contradicciones y de crueldad inhumana, que ascendió traicionando a sus compañeros, acabó demostrando su gran cobardía. Desde 1943, intenta establecer negociaciones con los aliados y ofrecerles un delirante plan: pretende negociar la liberación de los prisioneros de los campos de concentración a cambio de un armisticio que permita al ejército alemán seguir la lucha en el frente soviético. Nadie lo tomó en serio. Cuando estaba claro que su país había sido derrotado volvió a intentarlo con mediación de un miembro de la Cruz Roja. Hitler se enteró de la traición y ordenó su detención. Pero no había nadie que pudiera llevarla a cabo, el ejército alemán se batía en desbandada.

Ante el fracaso, se afeitó el bigote y adoptó una identidad falsa. Su meticulosidad le delató: la falsificación de sus papeles era casi más perfecta que los originales y eso llamó la atención de sus captores, que acabaron por identificarlo. En el calabozo en el que fue encerrado acabó con su vida tomando una cápsula de cianuro.

Así concluyó la vida de este tecnócrata gris, pero extremadamente cruel, que cambió el rumbo de la historia. Porque tal y como señala Rodrigo Padilla en el artículo «La escalofriante vida de Himmler, el hombre a la sombra de Hitler» publicado en *XL*: «Es posible que el holocausto también hubiese existido sin Himmler, pero seguro que habría sido muy distinto».

Reinhard Heydrich, la bestia rubia

La mano derecha de Himmler era el paradigma del ario ideal: rubio, de ojos azules, altísimo y deportista. Aún así, los rumores de sus orígenes semitas le acompañaron durante toda su carrera y él los desmintió siendo especialmente cruel con los judíos. Pero no reservó su crueldad únicamente para ellos. Heydrich la empleó a fondo con todos los colectivos a los que sometió y, en ocasiones, también con sus propios compañeros. No tuvo, por ejemplo, ningún escrúpulo en acusar a su compañero Ernst Röhm, que a la sazón era padrino de su hijo, y que fue ejecutado por los agentes del SD, el servicio de inteligencia que él dirigía.

Se podría decir que Heydrich entró «de rebote» en las SS, porque años antes había sido expulsado con deshonor del ejército por un lío de faldas. Y es que este genocida casado con Lina Matilde von Osten y padre de cuatro hijos, representaba el papel de amante esposo para encubrir su insaciable apetito sexual y sus sádicas fantasías que satisfacía con otras mujeres. Se cuenta que era un asiduo cliente de burdeles y que una de sus prácticas preferidas era lanzar monedas para que las prostitutas se arrastraran y se pelearan por ellas.

Una vez en las SS, la carrera de Heydrich fue tan imparable que se rumoreaba que el propio Heinrich Himmler, que fue quien le apadrinó en un primer momento, acabó temiendo su ambición y su falta de escrúpulos. Y no le faltaban razones, porque además de su crueldad implacable, Heydrich guardaba en una caja fuerte documentos que le permitirían chantajear o acusar a sus compañeros en caso de que fuera necesario. Se rumorea que incluso almacenó pruebas contra el propio Hitler.

El carácter maquiavélico de la bestia rubia es el que le permitió medrar en la cadena de mando. Uno de los ejemplos más claros fue la llamada Operación Skoblin, que orquestó Heydrich. Cuando Alemania planeaba invadir la URSS, falsificó documentos que impli-

Himmler y Heydrich en 1938.

caban a altos mandos de la inteligencia rusa, entre ellos Nikolai Skoblin, de trabajaba con los servicios de espionaje alemán. La reacción no se hizo esperar: Stalin purgó a los implicados y, pensando que reforzaba así su sistema de espionaje, lo que hizo fue debilitarlo para facilitar el trabajo de los agentes de Heydrich.

Pero seguramente su jugada más atroz fue la creación de los *Einsatzgruppen*, de los que se ha hablado en capítulos anteriores. Esta sección de las SS acabó convirtiéndose en un escuadrón de ejecución móvil que fusilaba a todos los considerados «indeseables» por la doctrina nazi. Tal y como los nazis conquistaban nuevos territorios, los *Einsatzgruppen* se encargaban de fusilamientos masivos de judíos, discapacitados, comunistas, gitanos...

Heydrich estaba obsesionado con la aniquilación de los enemigos del Tercer Reich que para él no eran únicamente los judíos, sino los «grupos invisibles» como él los denominaba, que se caracterizaban por presentar un «pensamiento semita» y por su intención de desestabilizar el Tercer Reich. En este saco incluía a: comunistas, intelectuales, artistas, católicos, clérigos, miembros de cultos minoritarios... Según alertó en 1936, todos ellos debían ser aniquilados. Y no tardó de pasar de la teoría a la práctica. Su servicio de inteligencia elaboraba listas de los objetivos y cuando conquistaban un nuevo territorio eran fusilados o torturados por los *Einsatzgruppen*. Esa política es la que llevó a cabo durante la invasión de Polonia: elaboró listas de posibles sospechosos que fueron ejecutados en cuando el ejército alemán conquistó el país vecino.

El carnicero de Praga

Con sus tácticas consiguió su objetivo: escalar puestos en la jerarquía del Tercer Reich y acabó como el gobernador de Bohemia y Moldavia, territorio que posteriormente sería conocido como Checoslovaquia. En este puesto se ganó el título de «el carnicero de Praga» y llegó a ser más odiado por la población que el propio Hitler. Se lo ganó sin duda a pulso. A las dos semanas de tomar posesión del cargo, mandó fusilar a 550 personas.

Su política de represión fue implacable. Al contrario del resto de nazis, que tenía cierto respeto hacia los eslavos o que, al menos, los situaba por encima de los judíos, Heydrich no compartía aquella opinión y se cebó con la población de su protectorado. Cualquier sospecha de rebelión o disidencia se saldaba con tortura y muerte. Sin embargo, también se premiaba a los lacayos que seguían sus órdenes. En Praga se hicieron famosas las fiestas que ofrecía con su esposa, con todo tipo de lujos y que servían para premiar a sus colaboradores más leales. También les agasajaba con viajes, estancias en hoteles de lujo y dinero. A cambio debían ser completamente fieles a su líder y delatar a cualquiera que no lo fuera. Asimismo, incentivó a los obreros y granjeros checos, pagándoles salarios alemanes, para que formaran parte de la industria bélica. Y sus tácticas tuvieron éxito, ya que en medio año se redujeron en un 73% los actos de sabotaje en su protectorado. Se jactaba que la resistencia había sido aplastada y ese éxito acabó siendo su condena a muerte.

Ciertamente, las políticas opresivas de Heydrich habían logrado diezmar la resistencia. Y esa fue la razón por la que los servicios de espionaje británicos decidieron planificar un atentado para acabar con su vida, al que llamaron Operación Antropoide. Una acción de este tipo desencadenaría una respuesta brutal por parte del Tercer Reich que acabaría con los resistentes que pudieran colaborar con los aliados. En cambio, en Checoslovaquia había poco que perder pues no contaban con un grupo rebelde organizado. Y esa fue la razón por la que Reino Unido orquestó esta operación.

La «pacificación» lograda por Heydrich se volvió en su contra. Y también lo hizo su orgullo: estaba tan convencido de que había aniquilado a los opositores que se paseaba sin escolta en un coche descapotable. Esa circunstancia posibilitó que el 27 de mayo de 1942 los solados checos Josef Gabcik y Jan Kubis, adiestrados por paracaidistas británicos, lanzaran una granada sobre su automóvil. No le causaron la muerte de inmediato, fue hospitalizado y se negó a ser tratado por médicos checos a la espera de que llegara su médico de confianza desde Berlín. Un nuevo error provocado por su inconmensurable engreimiento: el 4 de junio de 1942 murió a causa de una septicemia.

El führer y Himmler no perdonaron la afrenta y arrasaron la población de Lidice, porque según sus informaciones había acogido a los autores del atentado. Ejecutaron a 199 hombres, trasladaron a 195 mujeres a un campo de concentración y arrestaron a 95 menores (85 morirían en campos de exterminio). También persiguieron y encontraron a Josef Gabcik y Jan Kubis y a sus colaboradores. Estos fueron traicionados por otro miembro de la resistencia, Karel Kurda, que delató a una joven resistente a la que torturaron y le mostraron la cabeza de su madre en una pecera. Así dieron con la pista de los magnicidas y cinco resistentes, que se ocultaban en una iglesia ortodoxa. Kubis murió en el tiroteo, pero Gabcik y los demás se suicidaron con una cápsula de cianuro. Durante el enfrentamiento acabaron con la vida de catorce miembros de las SS y en la actualidad son considerados héroes. Los mandos alemanes exhibieron sus cabezas en formol en un palacio hasta el final de la guerra.

Como macabro homenaje póstumo, Hitler bautizó como Operación Reinhard a la solución final de los judíos de Polonia que acabó con la vida de un millón setecientos mil de ellos. Heydrich se había ganado aquel «honor» pues él era uno de los altos cargos nazis que había planificado la solución final que pretendía acabar con la vida de todos los judíos.

LA HEROICA HISTORIA DEL MASAJISTA DE HIMMLER

Heinrich Himmler padecía un fuerte dolor abdominal crónico cuando oyó hablar de Felix Kersten, un médico y masajista finlandés de origen estonio. Lo hizo llamar al cuartel general de las SS en Berlín y le pidió que le hiciera uno de los masajes que tan buena fama le habían procurado. El alivio fue total y Himmler lo convirtió en su médico personal. Kersten no quería saber nada del jerarca nazi con las manos ensangrentadas y pidió en la embajada de Finlandia ayuda para salir de Alemania. Se la denegaron. Le pidieron que se quedara a su lado y filtrara las informaciones que conseguía.

Kersten podría haber conseguido que Himmler le pagara lo que quisiera, pero decidió que su salario sería otro: después de cada servicio le daría el nombre de un prisionero al que tendría que liberar. Este trato no gustó mucho al jerarca nazi, pero no tuvo otro remedio que aceptar.

A partir de ahí, el médico masajista vivió en continuo peligro. Por una parte, era sabido que el voluble carácter de Himmler podía cambiar y enviarlo a un campo de extermino, pues en muchas ocasiones le amenazaba a hacerlo. Por otra, los enemigos de Himmler intentaron denunciarle en más de una ocasión en sus cuitas contra su jefe. Y por último se exponía a que descubrieran su papel de informador.

De todos modos, siguió su rutina de liberar a un prisionero por sesión y añadió otra: intentar influir en las decisiones de su jefe para salvar la vida del mayor número de personas posible. Y lo consiguió. El Congreso Judío Mundial cifró en 60.000 judíos que salvaron la vida gracias a la mediación o a los consejos de Kersten. Sin embargo, tras la guerra fue acusado de ser criminal de guerra. Los testimonios de quienes lo conocieron sirvieron para absolverle y en 1949 incluso estuvo nominado al Premio Nobel de la Paz.

CAPÍTULO 5
LOS NAZIS MÁS CRUELES

La inmensa mayoría de los nazis que sobrevivieron a la guerra y fueron juzgados por sus crímenes se excusaron empleando siempre el mismo argumento: simplemente cumplían órdenes. Así pretendían librarse de la responsabilidad del horror en el que habían participado activamente. Muy activamente, pues muchos se excedieron claramente en sus atribuciones y contribuyeron con su crueldad al mayor genocidio de todos los tiempos.

Los cuatro criminales que se presentan en este capítulo son el ejemplo más claro de ello. Fueron despiadados y sádicos con sus víctimas. Emplearon técnicas espeluznantes para causarles dolor y conducirlos a una muerte inhumana. Y tanto fue así que en algunas ocasiones incluso escandalizaron a sus propios compañeros nazis por su crueldad. Innecesaria. Gratuita. Enfermiza. Nos adentramos en este capítulo en una galería de los horrores presidida por los cuatro principales monstruos.

Klaus Barbie, el atroz torturador

Conocido como «el carnicero de Lyon», fue uno de los criminales nazis más buscados durante años y tras la guerra siguió ejerciendo de torturador para los servicios de inteligencia estadounidenses.

Pero empecemos por el principio. Klaus Barbie escaló rápidamente posiciones en el gobierno nazi hasta que fue nombrado jefe de la Gestapo en Lyon. Su misión era perseguir a la resistencia, que se había reagrupado en esta ciudad gala. Y lo hizo con toda la crueldad de la que fue capaz, que no era poca. Era un torturador despiadado al que no le gustaba delegar los interrogatorios en sus subalternos: disfrutaba haciéndolo él mismo.

Pocos son los supervivientes que pueden explicar las terribles torturas a las que les sometió. Uno de ellos, el antiguo miembro de la resistencia Raymond Aubrac, contó cómo fue el martirio al que le sometió el alemán. «Me condujeron a la Gestapo de Lyon y, esposado, en el despacho de Barbie fui interrogado por él. Barbie giraba en torno a mí constantemente, preguntaba y al mismo tiempo me abofeteaba, me daba patadas o latigazos. A veces repetía la misma pregunta durante largo tiempo. Se veía que lo que le gustaba era pegar. Nunca en mi vida había visto un sádico. Esto duró siete días. Por la noche me llevaban a Montluc y al día siguiente por la mañana me trasladaban al despacho de Barbie, que me recibía siempre en mangas de camisa».

El martirio más salvaje

Aubrac tuvo suerte y sus compañeros pudieron liberarlo. No compartió la misma fortuna su compañero Jean Moulin, el jefe de la resistencia que fue torturado en persona por el nazi con una crueldad escalofriante. Según el artículo «El martirio del mayor héroe de la Resistencia francesa a manos del gran "carnicero" de Hitler», escrito por Manuel P. Villatoro y publicado en el diario *ABC* el 21 de junio de 2019: «Al parecer, el Carnicero de Lyon adoraba perpetrar él mismo todo tipo de barbaridades contra los reos tales como golpear sus dedos en el espacio que quedaba entre las bisagras de una puerta (la cual cerraba varias veces hasta que rompía los nudillos al preso) o esposar sus manos con unos artilugios que, mediante tornillos, destrozaban los huesos de sus muñecas. También les azotaba y les golpeaba la cara hasta convertir su rostro en irreconocible. El líder de la Resistencia, como no podía ser de otra forma, pasó por todas estas penurias».

El historiador y periodista Jesús Hernández, autor del libro *Desafiando a Hitler* (2016, Ed. Tombooktu) apostilla: «A los desgraciados que caían en sus manos se les sacaban las uñas de los dedos utilizando agujas calientes a manera de espátulas».

Tras las terribles torturas, le pidieron a otro preso, Christian Pineau, que afeitara al líder de la resistencia. Una petición cruel y absurda, pues según declaró era imposible reconocer su rostro tras las palizas. Pineau recuerda que Moulin no fue capaz de articular palabra. Finalmente decidieron trasladarle a Berlín, pero murió en el tren que le conducía a la capital alemana.

Barbie declaró que años después, en un viaje que hizo a Lyon, depositó un ramo de flores en la tumba de su víctima. Aseguró que lo hizo porque «fue mi mejor enemigo. El más difícil. El más digno».

Este es uno de los crímenes más conocidos de Barbie, pero no el único. El cruel nazi fue el responsable de 4.000 asesinatos, de la tortura de 14.300 franceses y del envío a campos de concentración de 7.500 personas. También persiguió una colonia de huérfanos judíos en la localidad de Izieu y apresó a 42 pequeños y cinco adultos que murieron en campos de exterminio.

Cuando las tropas aliadas llegaron a las puertas de Lyon, ordenó matar a todos los presos que pudieran dar testimonio de sus torturas. Fue apresado y huyó en varias ocasiones de sus captores.

Esa fue durante años la versión oficial, pero lo cierto es que fue ayudado por los norteamericanos que después lo contrataron para que siguiera ejerciendo sus atroces torturas en Sudamérica.

Torturas a comunistas y el asesinato del Che Guevara

En la posguerra, los servicios de inteligencia estadounidenses se olvidaron pronto de la lucha contra el fascismo y tuvieron como objetivo frenar el avance comunista. Klaus Barbie colaboró activamente en esa misión desde 1951 en Bolivia, como asesor de las diferentes juntas militares de este país, bajo la identidad de Klaus Altman. Fue nombrado gerente general de la Compañía Transmarítima Boliviana, pero no era más que una tapadera, su principal actividad era el tráfico de armas, de drogas y las operaciones militares encubiertas. Y el asesoramiento en técnicas de tortura.

Una de las operaciones más famosas en las que intervino fue en el asesinato del Che Guevara. Entrenó a los soldados bolivianos que lucharon contra la guerrilla del argentino y orquestó la operación que se saldó con la ejecución del líder revolucionario.

Estas actividades delictivas nunca le valieron que fuera detenido. Más bien al contrario, le garantizaron la protección necesaria para que pudiera seguir oculto y perpetrando atrocidades por toda Latinoamérica. Tras el hundimiento de varias dictaduras en Bolivia, Barbie perdió esa protección. Y no fue acusado en primera instancia por sus crímenes sino por estafa, pues se había apropiado de diez millones de dólares de la compañía naviera que dirigía en 1983. Eso posibilitó que tras muchos esfuerzos fuera desenmascarado y reconocido como uno de los criminales nazis más buscados de la historia. Se consiguió que fuera extraditado a Francia donde fue sentado en el banquillo de los acusados en Lyon en 1987 para dar cuenta de las atrocidades cometidas durante la guerra. Buena parte de sus crímenes había prescito y únicamente se le pudo juzgar por las deportaciones a campos de extermino de civiles. En concreto se le acusó de la reportación de los niños de Izieu y de otras 80 personas cuando la guerra estaba a punto de concluir. Fue condenado a cadena perpetua y murió años después de leucemia en prisión.

Sin arrepentimiento

Barbie no se arrepintió nunca de sus crímenes y siguió defendiendo los ideales nazis. En 1973, el periodista boliviano Alfredo Serra le entrevistó y sus declaraciones no dejaron lugar a la duda: seguía reivindicando sus acciones sin atisbo de remordimiento. «¿Por qué debería de estar arrepentido? ¿De qué? En la guerra todos matan. No hay buenos ni malos. Soy un nazi convencido. Admiro la disciplina nazi. Estoy orgulloso de haber sido comandante del mejor cuerpo del Tercer Reich. Y si volviera a nacer mil veces, mil veces sería lo que fui», le espetó al periodista.

Sin embargo, negó su vinculación con los asesinatos de judíos, no sin antes minimizarlos. «No niego la matanza de judíos, pero le aseguro que no fueron seis millones. La historia la escriben los que ganan la guerra [...]. Yo no ordené la muerte de ninguno. Yo no tuve nada que ver con los campos de concentración ni con las cámaras de gas. Yo fui jefe de un cuerpo especial entrenado para reprimir guerrillas. No debo ser comparado con Bormann, con Mengele, con ninguno de ellos».

Barbie, ante el periodista, admitió las torturas y las deportaciones argumentando: «Fueron actos normales en tiempos de guerra». Asimismo, el criminal, siguió justificando y ensalzando sus decisiones. «Aunque mi lucha en el frente terminó, pienso siempre en Alemania. Fui nazi y soy nazi. Nací en Alemania, luché por ella, y moriré alemán [...]. También fui espía, actué con nombre francés y tuve otros nombres en los frentes de Bélgica y Holanda. Soy lo que quise... y lo que pude».

Amon Göth, el carnicero de Cracovia

El sobrenombre con el que se le conocía ya nos proporciona información de sus actos atroces. Pero aún viene avalado por otra tarjeta de presentación que no deja lugar a dudas sobre la clase de verdugo al que nos enfrentamos: una recreación de Amon Göth aparece en el film *La lista de Schindler* (Steven Spielberg, 1993) interpretado por Ralph Fiennes. Y buena parte de las macabras prácticas que aparecen en la película están basadas en hechos reales.

Göth bebía en exceso y tenía un largo historial de crímenes violentos, lo que le hizo el candidato perfecto para dirigir el campo de exterminio de Plaszow en Cracovia. En su discurso de inauguración les gritó a los prisioneros: «Yo soy tu Dios». Y como una divinidad destructora cada día asesinaba personalmente a los reclusos por el placer de verlos morir.

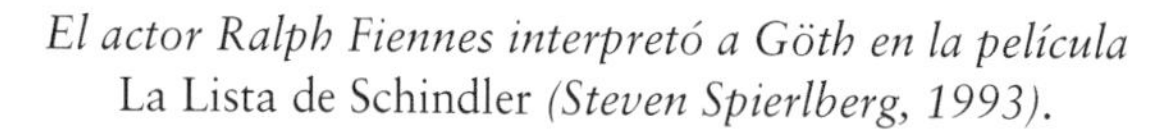

El actor Ralph Fiennes interpretó a Göth en la película La Lista de Schindler *(Steven Spierlberg, 1993).*

Tenía dos perros a los que llamaba Rolf y Ralf y que estaban entrenados para atacar y desgarrar a dentelladas a los prisioneros. Una orden suya bastaba para procurar una terrible muerte a quien caprichosamente señalara el Kommandant. Un superviviente de Plaszow, Arthur Kuhnreich, contó en sus memorias un ejemplo de esta sádica táctica. «Vi a Göth lanzar a su perro contra un prisionero judío. El perro lo despedazó. Cuando ya no se movía, Göth le disparó».

Ejecuciones después del desayuno

Otra de sus macabras costumbres, que aparece reflejada en la película, es la de disparar a los prisioneros que descansaban en el patio desde la ventana de su oficina. Según se cuenta en el libro *Bestias Nazis. Los verdugos de las SS*, escrito por Jesús Hernández (Ed. Muselina, 2013): «Cada mañana, después de desayunar, solía bajar los escalones en camisa, pantalones de montar y botas acabadas de lustrar por su ordenanza. Cuando hacía buen tiempo, Göth acostumbraba a salir sin camisa. Aparecía con unos binoculares en una mano y un rifle de francotirador en la otra. Con el cigarrillo en la boca, iba observando detenidamente con la mirilla telescópica a los prisioneros que pasaban a unos cientos de metros de la casa empujando las pesadas vagonetas cargadas de piedra caliza. Aquel que Göth consideraba que no trabajaba con suficiente energía, era al instante abatido. Tras el disparo letal, los guardias se limitaban a apartar rutinariamente al hombre caído y arrojarlo a un lado del camino. Tras unos segundos de consternación, los otros prisioneros incrementaban de inmediato su esfuerzo para no ser objeto de la puntería del comandante. Göth podía disparar un par de veces más hasta que consideraba que ya todos trabajaban al ritmo deseado. Cuando se sentía satisfecho, bajaba

el rifle, les dirigía un gesto de aprobación con la mano y regresaba a la casa. Para él, esos asesinatos no eran más que un método expeditivo para motivar a sus equipos de trabajo».

En muchas ocasiones, Göth ordenaba el fusilamiento de reclusos en una colina cercana al campo de exterminio. Se calcula que entre ocho y doce mil personas perecieron ahí. El propio Kommandant participaba en los fusilamientos porque, aunque no era necesario, disfrutaba haciéndolo.

Su crueldad escandalizó a los propios nazis

Sus normas en el campo de Plaszow eran de una crueldad que llegó a suscitar recelos entre sus propios camaradas. Una de esas reglas era que si algún prisionero huía o no hacía el trabajo adecuadamente, todo su equipo debía ser castigado con la muerte. Un día ajustició personalmente a un cocinero que le sirvió la sopa demasiado caliente y a todo el equipo que colaboraba con él.

Estas tácticas, como se comentaba, eran tan aberrantes que incluso el resto de compañeros nazis las criticaba. El 13 de septiembre de 1944 fue relevado de su cargo, acusado por las SS de violación de las reglas de castigo en los prisioneros de los campos. También se le acusó de haberse quedado propiedades judías que pertenecían al estado, pues Göth vivía en una bonita villa con caballos y todo tipo de lujos. Sin embargo, el final de la guerra hizo que los cargos de sobreseyeran.

En 1945 ingresó en el hospital psiquiátrico de Bad Tölz, después de que se le diagnosticara una enfermedad mental. En mayo del mismo año fue detenido por el ejército estadounidense y entre el 27 de agosto y el 5 de septiembre de 1946 fue juzgado en Polonia. Durante la vista se excusó diciendo que sus castigos, incluyendo las sentencias a muerte: «entraban dentro de

su jurisdicción disciplinaria como comandante del campo y estaban de acuerdo con las regulaciones alemanas vigentes».

El jurado lo consideró culpable de «matar, mutilar y torturar a un gran número no aclarado de personas» y el 13 de septiembre fue ahorcado cerca del campo donde cometió sus atroces crímenes. Sus últimas palabras desde el patíbulo fueron: «Heil Hitler».

Oskar Dirlewanger, pedófilo y necrófilo

Es seguramente uno de los criminales más atroces de la historia. Su gusto por la guerra y la destrucción empezó durante la I Guerra Mundial, en la que sirvió como soldado y fue herido en diferentes ocasiones. La gravedad de sus lesiones hizo que los médicos recomendaran su baja, pero él no la aceptó y regresó al frente.

Su vuelta a la vida civil tras la humillación de Alemania no fue fácil. Con otros excombatientes se alistó en las Freikorps, unas milicias que perseguían a los comunistas y cometían asesinatos políticos. Un informe policial lo calificó como «un fanático violento y alcohólico mentalmente inestable que tenía el hábito de estallar en violencia bajo la influencia de las drogas».

Pese a su actividad delictiva, consiguió licenciarse con buenas calificaciones en Ciencias Políticas por la Universidad de Francfort en 1922. Fue condenado por robar y traficar con armas en diferentes ocasiones, hasta que encontró una forma de encauzar sus tendencias criminales: en 1923 se apunta al partido nazi. Allí empezó una carrera meteórica dentro de las milicias que se trunca abruptamente cuando fue acusado en 1934 de violar a una niña de 13 años que militaba en la Liga de Jóvenes Alemanas. Algunos historiadores añaden también la violación de un niño y la mayoría concluye que esta debía ser una práctica habitual de Dirlewanger y que solo fue denunciado por forzar a una joven que militaba en una organización nazi.

Himmler intercedió por él y consiguió que saliera de prisión a cambio de que se enrolase en la Legión Cóndor que apoyó a Franco durante la Guerra Civil Española. Poco se sabe de lo que ocurrió, pero tras acabar la guerra volvió a Alemania con todos los honores y se alistó en las SS.

La brigada más indeseable

Allí le propusieron un encargo que parecía hecho a la medida de su perfil psicópata: el mando de la SS-Sturmbrigade, una unidad de extermino que cometería las mayores atrocidades. Su equipo estaba formado por criminales violentos que estaban en prisión y cuyas penas fueron conmutadas a cambio de ingresar en esa fuerza de choque. «Fue conformada por criminales de delitos graves tales como pederastas, violadores, asesinos con alevosía y pirómanos, entre otros, muchos de ellos con perfiles de sadismo», se asegura en el artículo «El sádico escuadrón nazi que estuvo compuesto por asesinos, pirómanos y violadores», escrito por Camilo Suazo y publicado el 11 de julio de 2017 en *Bibliochile*.

Esta fuerza, que popularmente fue conocida como la división Dirlewanger, llegó a mostrar tal crueldad que desató protestas entre algunos jerarcas nazis. Pero Himmler protegió siempre a sus hombres y les allanó el camino para que pudiera esparcir la barbarie a su paso.

Sadismo espeluznante

Sus crímenes más conocidos fueron los que perpetraron en la frontera entre Polonia y Bielorrusia. La práctica habitual era que cuando llegaban a un pueblo encerraban a sus habitantes en un granero o en algún otro edificio y le prendían fuego. Dirlewanger y sus hombres se divertían disparando ráfagas de metralleta sobre los que conseguían huir. Según el historiador Matthew Cooper, «dondequiera que operaba la unidad de Dirlewanger, la corrupción y la violación formaban parte de la vida cotidiana y abundaban las matanzas, las palizas y los saqueos indiscriminados».

Uno de los «sellos» del sádico asesino es que hacía que las mujeres se desnudaran para después golpearlas salvajemente y después les inyectaba estricnina (un potente pesticida) para que él y sus hombres se divirtieran viendo cómo las víctimas convulsionaban hasta morir. Se rumorea que en ese trance también las violaban. Cuando no les quedaba pesticida, les inyectaban ingentes cantidades de gasolina. Otro de los entretenimientos del escuadrón de castigo era hacer que los civiles caminaran por campos minados.

No se sabe la cantidad exacta de civiles que murieron a manos de la división Dirlewanger, pero el número fluctúa entre los 30.000 y los 120.000. Durante la más dura ofensiva soviética, este comando fue enviado a primera línea de fuego. Los rusos los masacraron, pues tenían muy poca experiencia en batalla. Se ha discutido mucho sobre la razón por la que el alto mando nazi tomó esta decisión y algunos historiadores argumentan que fue una forma de librarse de este escuadrón que resultaba deleznable incluso para los nazis más acérrimos.

Oskar Dirlewanger fue apresado por las tropas francesas, que lo entregaron a los polacos. Su muerte aún no ha sido aclarada. Podría haber sido asesinado por sus propios hombres, cansados de la férrea disciplina a la que les sometía. También se apunta a que los polacos lo asaron a fuego lento hasta causarle la muerte. Por último, la teoría más extendida, es que un grupo de polacos que había vivido en primera persona sus atrocidades lo golpeó durante días hasta que murió. Fuera como fuera, acabó la vida de este macabro personaje a la que los historiadores han calificado como «un asesino psicópata, sádico, pedófilo y con tendencias necrófilas».

LOS CRUELES USTACHAS

Es difícil hacer un ranking de crueldad dentro del nazismo, pero muchos son los historiadores que apuestan por los ustachas para ocupar la primera posición.

Gobernaron Croacia durante cuatro años y acabaron con la vida de un millón de civiles, sobre todo judíos, serbios y gitanos. Los ustacha eran un movimiento terrorista nacionalista croata con un ideario racista afín al nacionalsocialismo. Empezó a actuar en 1930 para pedir la independencia croata de los territorios que consideraban invadidos por los serbios. Rápidamente consiguieron el apoyo de las potencias fascistas que les sirvió para radicalizar el uso de violencia para reivindicar sus demandas. Tras la invasión nazi de Yugoslavia, gobernaron el autoproclamado Estado Independiente de Croacia con una violencia despiadada. El führer croata, Ante Pavelic, además de seguir las leyes antisemitas del Tercer Reich, añadió otras contra los serbios. Pretendía acabar con un tercio de su población y convertir al resto al catolicismo. Su régimen se cebó especialmente con los sacerdotes ortodoxos, las mujeres y los niños.

Tenían la costumbre de abrir en canal a las embarazadas y sacar el feto. El propio Pavelic declaró: «Un ustacha que no puede sacar al niño del vientre de la madre con una daga, no es un buen ustacha».

Igualmente espeluznantes resultan los asesinatos a niños, que en muchas ocasiones eran quemados en presencia de sus padres o asesinados a hachazos. Las niñas eran violadas ante su familia antes de matarlas. El historiador alemán Alfred Miller constató que en diferentes pueblos encontraron a niños empalados con las extremidades torcidas.

Los ustachas llevaban collares hechos de lenguas, ojos u orejas de sus víctimas y durante algún tiempo en algunas ciudades se vendían ojos de serbio. Un superviviente a la masacre asegura que los ustachas empezaron a asesinar campesinos encima de un barril porque quería recoger su sangre como regalo de cumpleaños para Pavelic.

Los propios nazis protestaron por aquella barbarie, que consideraron excesiva y poco eficaz. Este horror acabó con la derrota de los croatas ante el ejército soviético. El principal líder de la resistencia contra los ustacha, Josip Broz Tito, acabó siendo el presidente de la nueva Yugoslavia y persiguió con sus servicios de inteligencia a los criminales que huyeron.

Maks Luburic, el sádico criminal que acabó viviendo en España

El terror de los ustachas, los nacionalistas croatas que impusieron su gobierno con la intención de acabar con los judíos, serbios y gitanos, es uno de los capítulos más escalofriantes y menos conocidos de la II Guerra Mundial. Uno de los campos de extermino más crueles que se recuerdan es el que se estableció en Jasenovac y que comandó Luburic. Diferentes jerarcas nazis le calificaron de «sádico extremo» y «enfermo mental». El general nazi Edmund Glaise von Horstenau definió el campo como «el epítome del horror».

El horror de Luburic y sus hombres no conocía límites y fue especialmente cruel con mujeres y niños. En el campo se asesinaban cruelmente a niños de entre uno y 14 años, normalmente ante sus familias. Algunos padres ahogaron a sus hijos en un río cercano para evitarles el dolor. Un soldado recuerda que «Luburic me ordenó que matara a un niño. Me negué a hacerlo y él mismo le cortó la garganta para demostrarme cómo se hace. Luego yo mismo aplasté el cráneo del otro niño, después de lo cual Luburic elogió mi trabajo».

Juegos macabros

El comandante se sentía orgulloso de los crímenes cometidos por él mismo o por sus hombres. «Hemos asesinado aquí en Jasenovac a más gente que el Imperio otomano durante su larga estancia en Europa», declaró ufano en un banquete que ofreció en el campo. Pero más allá de la cantidad de muertes (podrían haber muerto hasta 700.000 personas), lo que sigue sorprendiendo a día de hoy es el sadismo con el que fueron asesinados.

El comandante, por ejemplo, creó un macabro concurso con sus hombres que ganaba el que era capaz de matar a mayor número de prisioneros con un único corte de cuchillo en el cuello. El premio que ofrecía el propio Luburic era un reloj de oro, unos cubiertos de plata, un lechón asado y vino. El ganador cercenó la vida de 1.300 prisioneros.

El historiador Karl Jans Geischer recuerda otra de las sádicas torturas de Luburic y sus secuaces: «Antes de asesinar a los prisioneros les metían agujas debajo de las uñas y ponían sal en las heridas abiertas. A los ustachas les encantaba cortar la nariz y las orejas a las víctimas mientras estaban vivas. Luego mutilaban los cuerpos».

Otra práctica habitual era quemar vivos a los prisioneros, en muchas ocasiones niños. Y mientras ardían les golpeaban. También se solía despedazar con un serrucho a las víctimas hasta causarles la muerte. En muchas ocasiones mataban a los reclusos a martillazos.

El Tribunal de Núremberg en 1946 concluyó que «en Jasenovac se asesinaba con golpe de maza en la nuca, con cuchillo, con toda clase de objetos contundentes, por ahogamiento, hambre, quema de personas vivas y ahogamientos en piletas de cal viva».

Huida a España

El célebre tribunal de Núremberg no pudo leerle este informe a Luburic, que huyó antes del final de la guerra y se refugió en España con el amparo del régimen franquista que le proporcionó documentación. Pasó a llamarse Vicente Pérez García y residió en Carcaixent, en Valencia. Allí se casó y tuvo cuatro hijos.

«Le llamaban don Vicente, o el general polaco, porque la gente sabía que era extranjero, pero no de dónde. Lo vendieron como un militar que había luchado contra los comunistas y los guardias civiles lo respetaban. Tenía buena relación con las altas esferas, como el general Agustín Muñoz Grandes, ex División Azul. Todo el mundo sabía que estaba protegido», aseguró el periodista Francesc Bayarri, autor de libro *Cita en Sarajevo* (Ed. Montesinos).

Pero la protección institucional no pudo evitar que el 20 de abril de 1969 le golpearan con una barra de hierro en la nuca y le clavaran siete veces un puñal. La mayoría de historiadores coinciden que el autor fue Iysa Stanic, un bosnio que se había ganado su confianza y trabajaba como su ayudante, pero que en realidad era un espía del gobierno de Yugoslavia. Durante un año se abrió una investigación que concluyó con que el autor de los hechos había escapado a Australia, por lo que se tuvo que cerrar la investigación por falta de pruebas. Pero lo cierto es que Stanic regresó a Yugoslavia, donde fue amparado por el régimen.

Franz Stangl, la muerte blanca

Este austríaco celebró por todo lo alto el *Anschluss* (la anexión de su país a Alemania) y desde ese momento se apuntó a la Gestapo, donde empezó su imparable ascenso. Su lista de éxitos, a cual más atroz, le valieron el reconocimiento de sus superiores. Y es que trabajó en la oficina de asuntos judíos y en los programas de eutanasia que tenían como objetivo sacrificar a los discapacitados y alcohólicos para que no contaminaran la raza aria. Allí demostró lo despiadado que podía ser y con esas credenciales le encargaron supervisar la construcción y ser el primer comandante del campo de exterminio de Sobibor. Y volvió a demostrar que su crueldad le hacía merecedor del «honor»: en los primeros meses acabó con la vida de 100.000 judíos.

Dentro de las esferas nazis era «un ejemplo» a seguir, porque había mostrado gran «efi-

Vista aérea del campo de concentración de Treblinka, Polonia.

cacia». Por ello le destinaron a Treblinka, un campo que no funcionaba tan eficientemente. Cuando llegó, constató el caos y se echó las manos en la cabeza: no se estaban matando a tantos judíos como se podría. Así que ideó varias reformas. Amplió y renovó las cámaras de gas e, incluso, arregló la estación de tren para que los judíos no sospecharan lo que les esperaba y así no perder energía persiguiéndolos. Así consiguió alcanzar con creces los objetivos marcados: el campo de Treblinka pasó a acabar con la vida de 22.000 prisioneros al día. Todo un récord por el que fue condecorado como «Mejor comandante de Campamento en Polonia». Se calcula que en Treblinka murieron más de 600.000 judíos.

La periodista e historiadora Gitta Sereny entrevistó al jerarca nazi cuando ya estaba en la cárcel y se sorprendió por la impunidad con la que relataba sus fechorías. «Stangl decía que en Treblinka se procesaban, es decir se mataban, 5.000 personas en tres horas. No había necesidad, pues, de disponer vivienda ni alimentos. Él gestionaba muy eficientemente aquello, y aunque luego trató de culpar al sistema, obviamente disfrutaba. Quiso desesperadamente estar ahí, aunque sabía que lo que se estaba haciendo era malvado. Recibía los transportes en el andén del campo, que se había camuflado como

una falsa estación romántica de tren con sus ventanillas, sus flores, sus letreros y hasta su reloj (que no funcionaba), vestido con un traje de equitación blanco, y con una fusta en la mano. Veía descender a los pasajeros, esa multitud, sabiendo que todos, absolutamente todos, estarían muertos en tres horas».

Poco o nada parecía preocuparle «aquella minucia» mientras la máquina de asesinar funcionara como un reloj suizo. Y no solo la de matar, también la de robarles las pertenencias a los judíos. Envió a Berlín millones en divisas, oro y joyas, así como cargas de cabellos de mujeres para la industria y más de un millón de camiones de ropa usada. Todo aquello con una frialdad increíble.

«No creo que le afectara. Era duro de corazón. Él estaba convencido de lo que hacía. Su trabajo en Treblinka le hacía feliz [...]. En la descripción que me hizo durante nuestras conversaciones en 1971 de Treblinka y de Sobibor habló del olor, los miles de cuerpos pudriéndose, las parrillas donde se los hacía arder. En Sobibor, los pozos construidos para arrojar los cadáveres, me explicó, se habían desbordado; habían echado tantos que los líquidos de la putrefacción los impulsaban hacia arriba y rodaban fuera», recuerda Gitta Sereny en el artículo «Tras la pesadilla nazi», escrito por Jacinto Antón y publicado en *El País* el 27 de noviembre de 2005.

Demasiada eficacia

Paradójicamente, fue tan competente con su trabajo que acabó por quedarse sin él. El gobierno nazi declaró Polonia libre de judíos. De hecho, Treblinka tuvo que cerrar por falta de prisioneros. Los jerarcas nazis intentaron borrar las huellas de la barbarie arrasando los campos de Polonia, aunque no fue posible. Otra de sus tácticas fue

LA CIA CONTRATÓ CRIMINALES NAZIS

El 6 de julio de 1945 Estados Unidos inició la operación secreta Paperclip, que pretendía reclutar a científicos alemanes que habían participado en el desarrollo de lo que se denominaba «armas maravillosas». Los estadounidenses no querían que aquel conocimiento llegara a manos soviéticas, por lo que trasladaron a los científicos a su país. El presidente Truman aprobó la operación, pero añadió una cláusula por la que no se incluiría a ningún científico que hubiera participado activamente en el genocidio. A la hora de la verdad, no se cumplió este requisito y los propios servicios de inteligencia estadounidenses falsificaron las credenciales de muchos nazis con las manos ensangrentadas para que pudieran entrar en el programa.

Muchos de estos científicos pasaron a trabajar para la NASA o para los programas armamentísticos militares. Algunos protestaron contra aquella decisión, pero poco pudieron hacer. Los científicos gozaron de la protección del gobierno y en muchos casos de una exitosa carrera. De hecho, en 2015 estalló un escándalo cuando se supo que el gobierno de Estados Unidos pagó 20 millones de dólares en jubilaciones a los antiguos criminales de guerra nazi.

La Operación Paperclip ha sido reconocida por el gobierno estadounidense. Sin embargo, aún quedan muchas lagunas por resolver. Esta operación estaba destinada exclusivamente a científicos. Sin embargo, el caso de Klaus Barbie, dejó claro que Estados Unidos también ayudó a criminales nazis a huir de su país y los contrató para sus operaciones encubiertas en Latinoamérica en la lucha contra los movimientos revolucionarios comunistas.

destinar a los antiguos comandantes de los mismos al frente. Aquí hay diversidad de opiniones, pues algunos historiadores afirman que esperaban así que murieran en el campo de batalla y no quedaran testigos de los atroces crímenes que se habían perpetrado.

Así que Stangl fue enviado al frente italiano a luchar contra los partisanos de Trieste y, de paso, a eliminar a los judíos que quedaran en la región. Un cometido que, como era habitual, desempeñó con eficiencia despiadada. Antes del final de la guerra regresó a su Austria natal para servir a la Fortaleza Alpina. Esto era un reducto que había ideado Himmler desde el que podrían resistir y rearmarse si perdían la contienda. Pero Stangl acabó siendo arrestado en 1948. Logró huir ayudado por un grupo católico hasta Siria y residió unos años en Damasco para trasladarse posteriormente a Brasil, donde trabajó en una fábrica de Volkswagen.

La persecución

Franz Stangl y su familia creyeron que podrían dejar atrás el pasado, pero no ocurrió lo mismo con sus víctimas. Sobre todo con una en concreto: Simon Wiesenthal, que sobrevivió a Auschwitz y consagró su vida a la búsqueda de los criminales de guerra nazis que habían eludido a la justicia. El judío lo encontró, lo denunció a las autoridades brasileñas y logró que lo juzgaran por el asesinato de más de un millón de judíos en Alemania. Fue declarado culpable y condenado a cadena perpetua, que cumplió hasta su muerte a causa de un ataque al corazón.

Como la mayoría de los nazis, no se arrepintió. Gitta Sereny contó que para Stangl: «Los prisioneros eran carga que se conducía a latigazos, y los muertos, carne podrida. Me explicó que años después en Brasil vio un vagón con ganado, observó las miradas de las reses y tuvo la misma sensación que en Treblinka. Y dejó de comer carne».

Sereny aporta otra anécdota que demuestra la total falta de remordimiento de Stagl: «Un día conducía junto a una de sus hijas y el tráfico se atascó a causa de un coche que se había detenido. Stangl, al pasar ante el vehículo exclamó furioso: "¡Se olvidaron de ti en Treblinka!"»

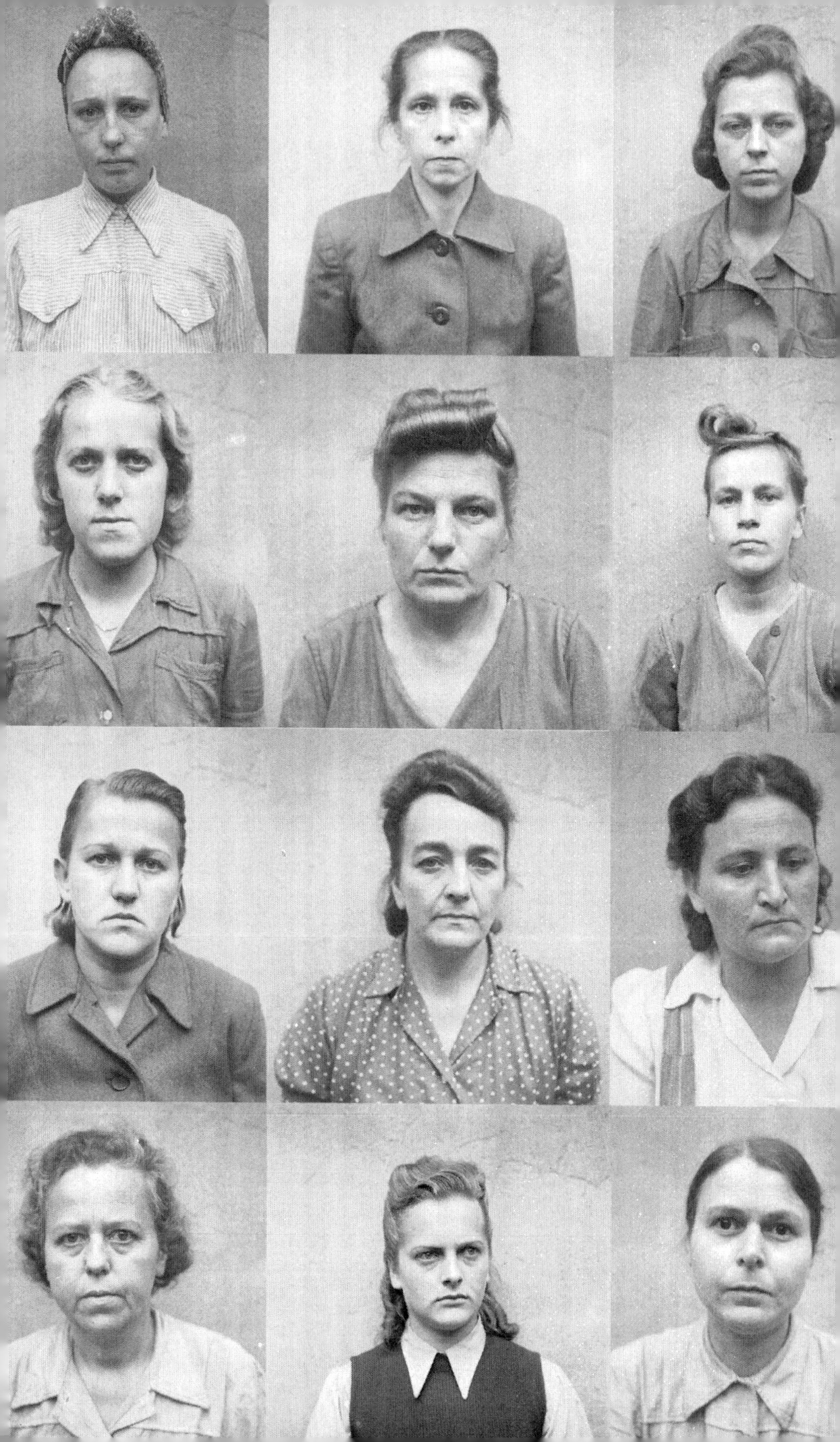

CAPÍTULO 6
LAS GUARDIANAS DEL INFIERNO

Un capítulo poco conocido del Holocausto lo protagonizaron mujeres alemanas y austríacas que hicieron de guardianas en los campos de exterminio y que igualaron, y en algunos casos superaron, a sus homólogos masculinos. Las han apodado «los arcángeles nazis», pues la mayoría de ellas eran altas, rubias, de ojos azules y de gran belleza. Sin embargo, bajo esa apariencia de perfectas muñecas se agazapaban los impulsos más sádicos.

Solían provenir de clases desfavorecidas y eran fervientes seguidoras de los principios del nacionalsocialismo. Para lograr el puesto debían militar en las filas de las SS y, por tanto, ser totalmente arias, puesto que Himmler velaba por la pureza de la sangre de todos aquellos que pertenecían a su organización.

Pero había otro requisito que les permitía medrar en su carrera: mostrar un sadismo inhumano. La mayoría empezó su andadura de sangre y barbarie en el campo de Ravensbrück, al norte de Berlín, dedicado exclusivamente a mujeres. Pero las que mostraron sus dotes para la tortura y el asesinato fueron destinadas a otros campos de exterminio donde siguieron perpetrando sus atrocidades en los barracones destinados a mujeres. De los 55.000 guardianes que custodiaron los campos, 3.700 fueron mujeres. Nunca podían dar órdenes a sus compañeros de las SS, pero tenían carta libre para maltratar como se les antojara a los prisioneros y a las prisioneras. Y la utilizaron hasta las últimas consecuencias.

Sin embargo, el hecho de ser mujeres les sirvió de atenuante a la hora de rendir cuentas ante la justicia. Solo 77 de ellas fueron juzgadas y muy pocas castigadas con la pena capital.

Maria Mandel, la bestia de Auschwitz

Es, seguramente, la «decana» del horror que infringieron las guardianas nazis, pues buena parte de ellas fueron formadas por Mandel, que las instruyó en sus técnicas de tortura y que promocionó a las alumnas más aventajadas en crueldad.

Esta austríaca fue una estudiante muy popular debido a su belleza y a su don de gentes. Nada hacía prever que acabaría convertida en una de las más odiadas y temidas torturadoras del Tercer Reich. De hecho, tuvo problemas para conseguir un trabajo por no ser considerada «suficientemente nacionalsocialista». Y es que, ironías de la vida, la que acabaría con la vida de miles de polacas tenía por entonces un novio de esta nacionalidad que era contrario a Hitler y esa relación la condenó al ostracismo laboral.

Tras una pelea con su madre que le llevó a abandonar su hogar y con pocas expectativas laborales, acabó apuntándose a un curso de guarda de prisión en Lichtenburg, Sajonia, en 1938. Sin duda, eligió una ocupación con mucha proyección de futuro. Un año después estrenaba flamante trabajo como supervisora jefe de Ravensbrück, un campo exclusivamente de mujeres ubicado al norte de Alemania. Su labor consistía en formar a sus colegas en tareas administrativas, pero desde el primer día se extralimitó y dedicó muchas horas de su jornada laboral a torturar con inquina y saña a las prisioneras a las que llamaba, irónicamente «mis mascotas judías».

Una de sus prácticas habituales era hacerlas formar durante horas, en muchas ocasiones desde las nueve de la mañana hasta las cuatro de la madrugada, con un frío glacial. Si se movían, eran castigadas. Si la miraban, eran castigadas. Si cuchicheaban, algo que odiaba especialmente, eran castigadas. Y los castigos solían ser letales.

El búnker de los horrores

Mandel llevaba a las que según sus macabros criterios merecían un castigo a un búnker. Allí las flagelaba en tandas de 25, 50, 75 y 100 azotes que debían contar en voz alta. Pocas lo lograban y la mayoría se desmayaba del dolor. Con el cargo de SS-Lagerführerin (líder de campo) tenía impunidad para torturar y humillar a las prisioneras. «Le gustaba vestir con guantes de un blanco impoluto para ver cómo se teñían de rojo con la sangre de las mujeres flageladas por su látigo, el cual no hacía distinciones entre jóvenes o ancianas», se recoge en el artículo «Maria Mandel, la Bestia Antijudía de Auschiwitz», publidado por J.M. Sadurní el 10 de enero de 2020 en *Historia National Geographic.*

La crueldad de Mandel le valió el reconocimiento de sus superiores, que la promocionaron como premio. Así es como acabó siendo la guardiana de la sección femenina del campo de exterminio de Auschwitz, donde aumentó aún más el sadismo que había demostrado en su anterior trabajo. Según destaca el artículo publicado en *La Razón* el 7 de junio de 2020 por Reyes Monforte, «Maria Mandel: la sanguinaria de Auschwitz»: «Ahogaba a recién nacidos en cubos de agua, enviaba a embarazadas al crematorio, azotaba con su látigo hasta la muerte a prisioneras por escribir [...], por caminar despacio o por mirarla a los ojos, incluso se excitaba sexualmente contemplando los experimentos médicos que su amigo y amante ocasional, el doctor Mengele, realizaba a las presas. Era su rutina. Con el rostro iluminado por la excitación que le provocaba saberse dueña del destino de cientos de miles de personas, regresaba cada noche a su despacho, se cepillaba el pelo, se servía un vaso de licor dorado y escuchaba un aria de *Madame Butterfly*».

Una mujer contradictoria

Esta bestia despiadada ávida de sufrimiento y de sangre tenía una afición que hablaba de una sensibilidad que nunca mostró con sus víctimas: la música. Esa pasión le llevó a organizar la Orquesta de mujeres de Auschwitz y a salvar a la famosa violinista Alma Rosé, sobrina de Gustav Mahler, a la que rescató del pabellón de reclusas destinadas a los experimentos de Mengele para que la deleitara con otras compañeras de infortunio con sus piezas preferidas. Tal y como destaca el mencionado artículo de *La Razón*: «Mandel podía llorar con un aria de *Madame Butterfly*, con el *Rêverie* de Robert Schumann, las *Czardas* de Vittorio Monti o los *Aires Gitanos* del español Pablo de Sarasate, pero nunca con el asesinato de presos. A veces, disfrutaba combinando ambas pasiones, como cuando ordenaba a las prisioneras cantar el *Horst Wessel Lied*, el himno nazi, durante los pases de revista o los procesos de desinfección».

Llegó el momento en que Mandel tuvo que renunciar a aquella diversión. La muerte de Alma Rosé y una rebelión en el campo que tuvo lugar en 1944 acabaron con su proyecto de la Orquesta de Mujeres.

De las contradicciones y la extrema crueldad de la guardia habla también otra anécdota que contaron los supervivientes del campo. Por lo visto, se encariñó de un niño gitano, al que pareció llegar a querer pues lo trataba con una ternura inusitada en ella. Sin embargo, duró poco, pues acabó mandándolo asesinar.

Otros detalles ponen de manifiesto también su carácter obsesivo, plagado de contrasentidos. Por ejemplo, estaba muy preocupada por la insalubridad del campo y en concreto porque después de las ejecuciones en las cámaras de gas, se reutilizaba la ropa de los prisioneros, impregnada del gas tóxico, lo que provocaba que murieran envenenados. Ella instauró la costumbre de desinfectar los uniformes de los reclusos para que no murieran de esa forma. Esas desinfecciones que obligaba a llevar a cabo a las prisioneras a las cinco de la madrugada provocaron la muerte a 1.000 reclusas congeladas. Además, tenía por costumbre, mientras llevaban a cabo este cometido, disparar a bocajarro y aleatoriamente a unas cuantas de ellas.

Huida y captura

La complicada situación de la guerra y las quejas que empezaban a acumularse contra Mandel por su crueldad acabaron por forzar su traslado a un campo menor en Dachau en 1944. Allí siguió con sus cruentas prácticas hasta que la derrota alemana fue un hecho difícil de soslayar.

El plan de Mandel, cuando la guerra estaba perdida, era huir a su casa, pero antes de lograrlo fue apresada por las tropas estadounidenses el 10 de agosto de 1945. Posteriormente fue trasladada a Cracovia, Polonia, donde había llevado a cabo sus crímenes para ser juzgada en 1947. Se la acusó de medio millón de muertes directas o indirectas que ella, como la mayoría de los nazis juzgados, excusó argumentando que cumplía órdenes: «Yo no tenía ni látigo ni perro. Cumpliendo con mi servicio en Auschwitz me vi obstaculizada por la terrible severidad de Höss, dependía totalmente del comandante y yo no podía impartir ninguna pena».

Aquella mentira, pronunciada altivamente en el estrado de poco le sirvió y fue condenada a la horca. Sin embargo, tuvo un pequeño momento de arrepentimiento cuando en las duchas de la prisión se encontró con una de sus víctimas, que había sido encarcelada por sus actividades comunistas tras ser liberada del campo, según consta en el artículo «María Mandel, la 'Bestia de Auschwitz', una antijudía sedienta de sangre», publicado en *La Vanguardia* por Neus Català el 4 de mayo de 2018. «Se trataba de la ex superviviente Stanisława Rachwałowa, reclusa de Auschwitz, que había sufrido las agresiones y vejaciones de la afamada nazi [...]. La polaca estaba aterrorizada, sin saber qué hacer, desnuda y mojada, porque de nuevo volvía a toparse con la guardiana [...]. De repente, Mandel le miró con el rostro bañado en lágrimas y con un sentimiento absoluto de humillación dijo lentamente y con claridad: "Ich bitte um Verzeihung" (Le ruego que me perdone). Entonces, Stanisława aparcó el rencor y el odio que sentía y le respondió: "Ich verzeihe In Häftlingsnahme" (Le perdono en nombre de los prisioneros). Mandel se arrodilló y comenzó a besarle la mano [...]. Antes de perderse de vista, la Bestia de Auschwitz volvió la cabeza y sonriendo dijo en un perfecto polaco: "Dzinkuje" (Gracias)».

Esta fue la única muestra de humanidad que dio la implacable asesina de 500.000 víctimas y que al ser ahorcada, a la edad de 36 años, gritó: «¡Viva Polonia!»

Irma Grese, la bella bestia

Una de las discípulas aventajadas de Mandel fue Irma Grese, que la igualó y si cabe la superó en sadismo. Ambas coincidieron en Ravensbrück y en Auschwitz, aunque Grese también estuvo en el campo de Berger-Belsen, dónde recibió un apodo que la complacía especialmente: «el ángel de Belsen». Y es que esta abyecta guardiana poseía una belleza fuera de lo común de la que se enorgullecía. De hecho, soñaba con iniciar una carrera como actriz cuando la guerra acabara. Cuentan que mientras los prisioneros vivían hacinados en la miseria, ella abarrotaba sus armarios de vestidos de los más célebres modistos de París, Viena, Praga, Ámsterdam y Bucarest. Solía mirarse y retocarse en todos los espejos que encontraba y siempre lucía imponente su traje de las SS y sus botas lustradas. Ese uniforme fue el mismo que hizo que su familia, que odiaba el nacionalsocialismo, renegara de ella cuando la vio de esa guisa.

Poco le importó. Con 18 años en 1942, había logrado entrar en Ravensbrück e instaurar un reinado de sufrimiento y barbarie. Durante toda su tétrica carrera como guardiana en campos de concentración no permitió que ninguna prisionera le hiciera sombra con su belleza. Por ello, escogía a las que tenían busto prominente y una bonita figura y las azotaba con su látigo en los pechos con saña para provocarles heridas que se infectaban. Una vez ocurría, si no morían, tenía la excusa perfecta para ordenar que se los amputaran sin anestesia. Varias supervivientes declararon en su juicio que sus víctimas murieron con gran sufrimiento.

Las sádicas prácticas de Grese escondían un componente sexual que no tenía ningún decoro en ocultar. Mantenía relaciones sexuales tanto con prisioneros como con prisioneras, a los que vejaba y torturaba para su deleite, hasta que se cansaba de ellos y los enviaba a la cámara de gas o les disparaba a bocajarro, pues era de las pocas mujeres de su rango que podía llevar armas. También se sospecha que mantuvo relaciones con otros miembros del Tercer Reich como Joseph Mengele y Joseph Krammer. De sus escarceos sexuales se sabe que al menos en una ocasión (probablemente más) se quedó en estado y ordenó a una prisionera húngara que le practicara un aborto. A cambio le prometió darle un abrigo para que sobreviviera a las inclementes temperaturas del campo. Fue una treta, pues nunca se lo llegó a dar. Grese se regocijaba tratando bien a sus prisioneros y prisioneras, poniendo su expresión más dulce para después desatar toda su maldad.

La risa diabólica

No se sabe a ciencia cierta a cuántas personas mató Grese, pero se calcula que debían ser treinta al día. Y las técnicas para segarles la vida eran a cual más atroz. Según el testimonio recogido en el diario de una prisionera: «Manejaba su látigo a discreción sobre todas las partes de nuestros cuerpos. Nuestras contorsiones de dolor y la sangre que perdíamos la hacían sonreír con sus dientes perfectos que parecían perlas. Con el tiempo agregó otros calvarios: lanzar sobre nosotras perros hambrientos para que nos devoraran y torturar niños».

La costumbre de azuzar a canes furiosos sobre sus víctimas era uno de los sellos de la crueldad de Grese. Según una de las supervivientes: «Cuando las mujeres caían, rendidas por el trabajo, Grese no lo dudaba y solía lanzarles sus perros. Muchas no sobrevivían a estos ataques». También se sabe que en ocasiones los utilizó para acabar con la vida de niños y niñas. Y en todos los casos se quedaba fascinada observando el espectáculo de dolor mientras se le escapaba una sonrisa complacida.

El catálogo de los horrores de la bella y abyecta guardiana es tan inacabable como escalofriante y abarca prácticas de una barbarie pocas veces conocida. Cuenta otra superviviente que vio cómo le arrancaba los ojos a una niña por hablar a través de la alambrada con un conocido. Pero no fue este un hecho aislado. Una de las execrables aficiones de Grese era extraer los globos oculares de sus prisioneros con una filia muy concreta: debían ser azules para que después los coleccionara. También se ha demostrado que en su vivienda tenía tres lámparas cuyas pantallas estaban confeccionadas con la piel de tres prisioneras a las que ella misma había despellejado. El horror que infligió Grese en los campos en los que estuvo superó con creces al de algunos de sus colegas masculinos.

Nazi hasta el final

Cuando la derrota nazi era inminente, Grese no intentó huir como buena parte de sus compañeros. Mientras el comandante del campo de Bergen-Belsen, Joseph Kramer, negociaba la entrega del recinto con las tropas británicas, varios prisioneros intentaron escapar. Grese y el resto de guardianes no dudó en disparar contra ellos. Cuando entraron las tropas, Grese las recibió impecablemente vestida y con una mirada desafiante.

A partir de entonces, la guardiana pasó a ser reclusa y tuvo que compadecer en los juicios de Lünenburg junto a otros 44 nazis acusados de perpetrar el genocidio. Antes de que se celebrara la vista, captaba la atención de fotógrafos y curiosos. Sonreía, se contorneaba y parecía incluso disfrutar del espectáculo. Sin embargo, cuando empezaba la vista, se mostraba distraída. A veces hacía dibujos y en otras ocasiones se la veía abstraída como si todos aquellos testimonios que la acusaban de actos deleznables no tuvieran que ver nada con ella. Otras veces miraba a las que habían sido sus víctimas con una mezcla de arrogancia y desdén.

Negó las acusaciones, en otras ocasiones dio respuestas vagas («no sé», «nunca vi nada de eso») a los requerimientos de la fiscalía. No admitió sus crímenes, pero siempre defendió la ideología nazi. De hecho, mientras estuvo en prisión, cantaba canciones marciales de las SS. Esta práctica siguió hasta la víspera de su ejecución, pues fue condenada a la horca.

El viernes 13 de diciembre de 1945 a las 9:34 de la mañana subió al cadalso. Tenía 22 años. Se encaró al verdugo y le gritó: «¡Rápido!». Así acababa la vida de esta mujer que ha pasado a la historia por su crueldad y por sus apodos que dejan constancia de ella: «la coleccionista de ojos», «la bella bestia», «la perra de Belsen» o «el ángel de Auschwitz».

Dorothea Binz, la guardiana de la barbarie

En un principio fue destinada como directora de cocina del campo de concentración de Ravensbrück, pero sus dotes para la tortura pronto la libraron de los fogones y la condujeron al búnker, donde su mentora, Maria Mandel, la adiestró en el arte de causar dolor. También recibió el apoyo y los «sabios consejos» de Irma Grese. Las tres torturaron juntas a infinidad de prisioneras hasta conducirlas a una muerte terrible.

Después fue ella misma la que compartió sus macabros conocimientos con las guardianas más novatas. Con las que tenía más confianza definió la tortura que se impartía allí como su «placer malévolo». Y realmente lo hacía por placer, porque los diferentes cargos que ostentó no la obligaban a acudir al búnker en el que se castigaba habitualmente hasta la muerte a las prisioneras. Iba allí porque esos eran los mejores momentos del día.

El búnker de los castigos

El búnker que había habilitado Mandel era un granero húmedo del que pocas salían con vida. Binz se esforzaba para que así fuera. «Perpetraba flagelaciones de hasta 100 latigazos. Solía someter a estas penas a las prisioneras que no hubiesen hecho lo que debían (lo que abarcaba desde comer un mendrugo de pan que se hubiese caído de un camión, hasta no llevar el uniforme bien ataviado). Una vez en el búnker, las desnudaba (a menos de 20 grados bajo cero) y las flagelaba con un látigo. Siempre tenía la misma norma: cada presa debía contar en voz alta el número de latigazos que recibía. Ninguna aguantaba más de unos pocos. Después de esto las sacaba fuera del búnker, donde las rociaba con agua fría», ilustra Mónica González Álvarez, periodista y autora de *Guardianas nazis: El lado femenino del mal* (2012, Ed. EDAF).

En muchas ocasiones, después del manguerazo de agua helada, Binz, que tenía veinte años por aquel entonces, continuaba asestándole puñetazos y patadas a la víctima hasta acabar con su vida. Y si no lo conseguía se iba dejándola a la intemperie para que muriera de hipotermia. Su sadismo le valió el apodo de «la guardiana de la barbarie» y no dudó en honrar el título. Según un testimonio recogido por Álvarez, una prisionera fue condenada a la flagelación por haber escrito un poema en un billete, ya que tenían prohibido escribir. Tras los inmisericordes azotes, la guardiana no tuvo suficiente. «La víctima estaba tumbada semidesnuda, aparentemente inconsciente, llena de sangre desde los tobillos hasta la cintura. Binz la miraba, y sin mediar palabra, la pisoteó en sus ensangrentadas piernas y empezó a mecerse a sí misma, equilibrando su peso desde los dedos de los pies hasta los tacones».

En busca de la muerte más horrible

Binz era una entusiasta torturadora que disfrutaba sin ambages procurando dolor extremo a sus víctimas. Las pocas que sobrevivieron no han podido olvidar su risa diabólica. Cuando las hacía formar bajo el inclemente frío durante mas de cuatro horas y las azotaba en la cara, soltaba carcajadas de regocijo. Una superviviente, Olga Golovina, nunca olvidará el sonido aterrador de aquella risa ni escenas que nunca pudo sacarse de la cabeza. «Recuerdo a la guardiana Dorothea Binz paseando en bicicleta por el campamento. Aún puedo verla ante mis ojos. Una prisionera agotada pasa a su lado, tropieza y cae. Con denodados esfuerzos se pone de pie y se va tambaleándose».

Semejante escena era suficiente para Dorothea. Ella pedaleó más fuerte, aumentó la velocidad y atropelló a la miserable interna. Luego llamó a los perros y se los lanzó. ¡Los perros eran salvajes, feroces, adiestrados especialmente para destrozar a la víctima hasta que dejaba de respirar!»

Los perros que entrenados para despedazar a los prisioneros eran habituales en los campos de exterminio, como ya se ha visto en este libro. Pero si no estaban cerca, Binz encontraba el modo de procurar una muerte igual de horrible, tal y como recuerda otra superviviente. «Dorothea observó a una mujer que pensaba que no trabajaba lo suficiente. Se le acercó y la abofeteó hasta tirarla al suelo, después cogió un hacha y empezó a despedazar a la prisionera hasta que su cuerpo sin vida no era más que una masa sangrienta. Cuando terminó, Dorothea limpió sus botas brillantes con un trozo seco de la falda del cadáver. Se montó en su bicicleta y pedaleó sin prisa de vuelta a Ravensbrück como si no hubiera pasado nada».

Amor y tortura

Binz se sentía realmente orgullosa de su sadismo, que compartía con sus compañeras guardianas, pero también con alguien más. Por aquella época mantuvo un idilio con Edmund Bräuning, otro miembro de las SS de probada crueldad. Él, como detalle «romántico» la invitaba a presenciar sus sesiones de torturas y después paseaban entre risas comentando la jugada. Algunos consideran que parte de la crueldad de la guardiana tenía como objetivo que Bräuning se sintiera admirado al ver de lo que era capaz. El romance acabó cuando él fue trasladado, pero las torturas de «la guardiana de la barbarie» prosiguieron hasta el final de la guerra.

Cuando la derrota era un hecho, Binz intentó huir, deshaciéndose de su uniforme y suplantando una identidad, pero fue capturada por los británicos en Hamburgo y juzgada muy cerca del campo en el que había perpetrado sus execrables crímenes. Durante el juicio admitió que alguna vez había abofeteado o golpeado con una regla a las internas para que se cumpliera el orden y la disciplina. Cínicamente comentó: «Creo que prefieren eso a ser privadas de su comida, o algo más». Pero no pudo engañar al tribunal que estudió más de cincuenta denuncias con los detalles escabrosos de la barbarie que había perpetrado. Fue condenada a muerte en la horca el 2 de mayo de 1947.

Ilse Koch, la zorra de Buchenwald

Fue una de las más crueles, lo cual, visto lo visto hasta el momento, parece imposible. Pero es que esta guardiana, de apariencia angelical como sus compañeras, se especializó en torturas inspiradas en las más

ALBERT PIERREPOINT, EL VERDUGO MÁS CÉLEBRE

Irma Grese y Dorothea Binz fueron amigas y compartieron su afición por la tortura en el campo de Ravensbrück, pero en esos tiempos de barbarie poco sospechaban que compartirían también el final de sus días. Ambas fueron condenadas a la horca y tuvieron por verdugo al mismo hombre: Albert Pierrepoint. Fue, sin duda, el verdugo más célebre de Reino Unido, que ajustició a más de 400 condenados.

Provenía de una familia de verdugos y desde los 11 años había deseado seguir con la tradición familiar. Lo logró con 27 años y paralelamente trabajó como verdulero primero y después regentando un bar junto a su mujer. Nunca habló de su «pluriempleo». De hecho, su mujer se enteró cuando un reportero intentó entrevistarle por su trabajo en las ejecuciones de los criminales nazis (unos 200 pasaron por sus manos) y él se negó a hacer declaraciones. Según contaría mucho después en sus memorias escritas en 1974, ella jamás volvió a preguntarle sobre el tema.

Pierrepoint era un auténtico profesional de la soga y sus ejecuciones eran rápidas y limpias. Tenía por costumbre llevar una botella de whisky, por si el condenado necesitaba echar un último trago para afrontar el trance final. Era muy respetuoso con sus víctimas y tenía prohibido a sus ayudantes hacer burlas sobre los cadáveres. Los que lo conocían aseguran que nunca se vio afectado por su oficio al que dedicó 24 años de su vida. En 1956 abandonó la profesión por una discusión que mantuvo con el aguacil de una prisión que se negó a abonarle sus honorarios porque el condenado había sido indultado. Presentó su dimisión y se dedicó a su pub en Lancanshire, hablando animadamente con sus clientes, pero sin revelar nunca los detalles de su antiguo oficio. En 1960 se jubiló y 14 años después publicó sus memorias, que fueron adaptadas en la película *Pierrepoint, el verdugo* (Adrian Shergold, 2005).

horribles técnicas medievales. A diferencia de otras guardianas, ocupó este cargo no por necesidad, sino por puro placer. Ella provenía de una familia de clase media y estaba casada con Karl Koch, un despiadado miembro de las SS con quien compartió su sadismo. Cuentan que el jefe de las SS Heinrich Himmler hizo de casamentero con la pareja. Los dos eran el ideal que tenía en mente: arios de pura sangre y con una tendencia a la crueldad que avivó la chispa de su pasión.

Ilse trabajó como secretaria de la Gestapo y como guardiana del campo de Sachsenhausen hasta que su marido y ella fueron destinados al de Buchenwald, donde perpetraron los horrores más abyectos. Este campo contaba con una población de 250.000 reclusos y se calcula que murieron el 25 por ciento. Pero lo más aterrador del tema es que no poseía cámara de gas, por lo que las muertes se debieron al hambre y a las torturas que los captores infringieron a los reclusos.

Aparentemente, los Koch eran una familia «normal». Siguiendo el dictado de los principios nacionalsocialistas se dedicaron a procrear para darle soldados al Tercer Reich. Tuvieron tres hijos, el último de los cuales murió mientras ellos estaban esquiando. La niñera intentó que regresaran, pero el matrimonio no quiso cancelar sus vacaciones y cuando regresaron su hija ya había muerto.

Aprendiendo de su marido

Buena parte de las torturas que ejercía Ilse sobre sus prisioneros las aprendió de su marido. Él, por ejemplo, le aconsejó que llevara una fusta con fragmentos de cuchilla de afeitar para causar más dolor en sus flagelaciones. También la instruyó en el arte de utilizar el hierro candente para torturar o aplastar los dedos de sus víctimas.

El matrimonio vivía en una lujosa mansión conocida como la Villa Koch. Allí llevaba su «vida normal», pero para sus perversiones más oscuras construyeron otra de 40 x 100 metros en la que llevaban a cabo todo tipo de perversiones, pues la señora Koch era muy aficionada a las orgías y a los lujos. Mientras los prisioneros morían de inanición en los campos, ella mandaba traer vino de Madeira para bañarse en él y costosos vestidos que lucía en las depravadas fiestas. Solía acostarse con los subordinados de su marido y cuenta la leyenda que en un solo día llegó a mantener relaciones con doce hombres. También le gustaba obligar a los prisioneros y prisioneras a mantener

relaciones sexuales entre ellos mientras ella observa la escena excitada. Si alguno de ellos no «cumplía» con las expectativas de Koch, lo pagaba caro. Un gatillazo solía conllevar la muerte por apaleamiento.

Disfrutaba también provocando a los prisioneros. Cuando estos llegaban al campo, les recibía mostrándoles sus pechos y acariciándolos libidinosamente. Si cometían el error de mirarla a los ojos, ella los golpeaba en muchos casos hasta conseguir que perdieran el sentido. Los que la conocieron aseguran que se transformaba cuando azotaba a los prisioneros, entraba en un bucle de cólera del que no salía hasta que en muchas ocasiones sesgaba la vida de su víctima. Entonces podía cambiar la ira por una terrorífica carcajada.

Una de sus macabras aficiones consistía en encerrar a una veintena de prisioneros en un granero o un corral y soltar dentro a perros hambrientos adiestrados para despedazar a sus víctimas. En esos casos también soltaba sus macabras risotadas al observar como huían y cómo dejaban que destrozaran a otra persona para librarse del martirio. También disfrutaba lanzando los canes sobre embarazadas, tras lo cual algunos aseguran que lanzaba gritos de placer.

Reciclando la piel humana

Ilse Koch estaba fascinada por los tatuajes de los prisioneros. Le encantaba despellejarlos para crear diferentes objetos con los que decorar su villa. Su afición era tan conocida que sus compañeros, cuando veían a un recluso con un tatuaje curioso, le pegaban un tiro en la cabeza para poderlo despellejar sin dañar su piel.

Es aquí donde nos adentramos en un horror cotidiano muy difícil de entender. Los tatuajes de las víctimas eran empleados para la confección de lámparas y todo tipo de prendas. Basta para ilustrar la barbarie la declaración del superviviente Albert Grenovsky: «Los tatuajes que adornaban las bragas de Ilse, yo los había visto en el trasero de un gitano en mi barracón».

El grado de horror, ya de por sí inconmensurable, aumenta cuando se mezcla con la cotidianidad con la que lo compartía con otras esposas de oficiales nazis. Koch les contaba cómo emplear la piel de los prisioneros para encuadernas libros, confeccionar pantallas de lámparas, guantes o manteles. Y aquellas mujeres aprovechaban los consejos de la sádica guardiana para seguir su ejemplo y esmerarse en conseguir las mejores manualidades. Parte de esos objetos se empleaban como regalos entre los altos mandos nazis.

Otra de las terribles aficiones del matrimonio Koch consistió en decorar su casa con cabezas de presos que ella encargaba que encogieran con diferentes tratamientos químicos. En su casa llegó a tener hasta doce que provocaban la admiración de sus invitados. Es difícil comprender cómo se pudo alcanzar aquella cuota de barbarie, en que la crueldad era aplaudida y compartida sin el más mínimo remordimiento por parte de nadie.

El final de la zorra de Buchenwald

Si bien la crueldad de los Koch no escandalizó a nadie, sí lo hicieron sus devaneos fiscales. La lujosa vida que llevaban y los desfalcos que cometían provocaron que el propio Himmler, que siempre les había protegido, acabara por condenar a muerte a Karl Koch en abril de 1945. Ella se libró porque fingió un ataque de nervios ante los jueces y se escapó de la prisión, pero posteriormente fue apresada y condenada a cadena perpetua en los juicios de Dachau.

Después de tan horrendos crímenes sorprende que no fuera penada con la horca, pero esto se debió también a un ardid de Ilse, que se quedó embarazada durante el juicio para evitar la pena capital. No se sabe quién fue el padre de la criatura a la que dio en adopción justamente después del parto.

Como se verá en el capítulo siguiente, las penas fueron menos duras siempre para las mujeres que para los hombres y fue así como Ilse Koch consiguió un indulto cuatro años después de su encarcelamiento. Sin embargo, en 1951 fue juzgada de nuevo en este caso por

EL LECTOR: HOLLYWOOD PONE EL FOCO EN LAS GUARDIANAS

Muchas son las películas que han tratado el horror nazi, pero escasa es la filmografía que aborda el fenómeno de las guardianas. Sin embargo, una película se adentró en esta espinosa temática: *El lector* (2008, Stephen Daldry). El film estaba basado en la novela homónima de Bernhard Schlink que planteaba una interesante reflexión sobre la culpa de pueblo alemán. El argumento versa sobre un joven seducido por una mujer mayor que él con la que descubre el sexo y el amor hasta que desaparece repentinamente de su vida. Años después se reencuentra con ella cuando acude como estudiante de derecho a un juicio en el que descubre que fue guardiana en un campo de concentración. Allí se relata que obligaba a las prisioneras a leerle tal y como después hizo con él y comprende que es analfabeta. Durante años, le enviará grabaciones con sus libros preferidos, que servirán para que la guardiana aprenda a leer.

El relato es una interesante reflexión sobre el horror y la culpa que sintió el pueblo alemán en el que el tema de las torturas de las guardianas aparece como telón de fondo, muy suavizado, sobre todo en la película. Una de las escenas que ahonda es una declaración la acusada en la que relata que cuando los aliados estaban ganando la guerra, trasladaron a las prisioneras. En la movilización, decidieron encerrarlas en un granero que accidentalmente se quemó. Al preguntarle por qué no abrieron las puertas para que no murieran, responde que porque se hubieran escapado y aquello hubiera sido un caos. Le sorprende la insistencia de la pregunta y se defiende argumentando que era su obligación que no lo hicieran.

La película contó con un elenco de lujo encabezado por Kate Winslet y Ralph Fiennes y provocó un debate sobre la culpa, la piedad, la impunidad y el horror de los campos de exterminio en los que las guardianas cometieron sus atrocidades.

las torturas y asesinatos que cometió contra ciudadanos alemanes. El juicio se convirtió en un acontecimiento mediático, tanto por la crueldad de los crímenes que se demostraron como por los constantes ataques de histeria que padecía Koch en la sala, que se ponía a gritar o se desmayaba. En una de las vistas, tras escuchar el testimonio de una de sus víctimas, bramó: «¡Sí, soy culpable! ¡Soy responsable de todo! Soy una pecadora». Desde el tribunal nunca se dilucidó si la actitud de Koch era una nueva treta para librarse de una condena más dura. Pero fuera como fuese, lo cierto es que volvió a librarse de la pena capital y fue condenada a cadena perpetua ante la indignación de las víctimas, los asistentes al juicio y la prensa internacional.

A partir de ahí, la reclusa inicia un sinfín de apelaciones que nunca llegan a buen puerto. Su hijo mayor se suicidó, incapaz de soportar la vergüenza del horror que le producían sus progenitores. La otra hija no la visitó. Y sin embargo sí lo hizo hasta el final el hijo que donó en adopción y que acabó por descubrir la identidad de su madre biológica. Koch por entonces se perdió en sus delirios, convencida de que era acosada por las familias de sus víctimas que pretendían asesinarla. El 1 de septiembre de 1967 ató varias sábanas y prendas para colgarse de los barrotes de su celda. Dejó una nota de despedida: «No hay otra salida para mí. La muerte es mi única salvación».

Hermine Braunsteiner, la yegua de Madjanek

Esta mujer ilustra a la perfección la falta de remordimientos de las guardianas por sus crímenes y la impunidad que creyeron merecer. En 1964 se había convertido en una apacible ama de casa que vivía con su marido estadounidense en el neoyorquino barrio de Queens sin que sus vecinos pudieran sospechar que aquella mujer que se mostraba tan cariñosa con su perro y amaba tanto a los animales pudiera haber sido una sádica asesina.

La nacionalidad estadounidense dificultaba su deportación, pero eso no fue impedimento para que el célebre cazador de nazis, Simon Wiesenthal, consiguiera que acabara pagando por sus atrocidades. El diario *New York Times* publicó un artículo titulado «Exguardia de campo nazi ahora es una ama de casa en Queens», poniendo en el centro del foco mediático a Braunsteiner. La que había sido una sádica asesina se sintió «ofendida». «Después de 15 o 16 años, ¿por qué molestan a la gente? Yo fui castigada lo suficiente. Estuve en la cárcel durante tres años. Tres años, ¿te lo puedes imaginar? ¿Y ahora quieren algo de nuevo de mí?». Su marido también saltó airado a defenderla: «Mi esposa, señor, no le haría daño ni a una mosca. No hay una persona más decente en esta tierra. Ella me dijo que era una tarea que tenía que realizar. Fue un reclutamiento. Ella no estaba a cargo de nada. Por supuesto que no, ya que Dios es mi juez y su juez. Estas personas solo están blandiendo las hachas al azar. ¿No han oído nunca la expresión: "Dejen que los muertos descansen"?»

Las coces letales de la yegua

Sin embargo, Braunsteiner sí que era capaz de matar a una mosca y también a cientos de prisioneros judíos. Inició su andadura como guardiana en Ravensbrück donde dejó su huella de sadismo y barbarie que le valió el traslado a Polonia, al campo de Majdanek, donde con 23 años se ganó el apodo de «la yegua». La razón era su costumbre de patear a sus víctimas con unas botas reforzadas con acero hasta dejarlos inconscientes, en el mejor de los casos, o muertos en el más habitual. Apuntaba con sus botas a la cara de la víctima hasta dejarla completamente desfigurada. Muchas veces acompañaba sus coces una lluvia de puñetazos y sus víctimas preferidas solían ser las ancianas.

Además de asestar patadas también era una experta flageladora, capaz de matar a sus víctimas con su látigo. Le gustaba hacerlo con público, para que el resto de reas viera de lo que era capaz. En una de esas macabras sesiones, que presenció una superviviente, la fiereza de sus azotes acabó con la vida de cinco mujeres y de un niño. Este pequeño no fue el único menor que murió en sus manos, pues el sadismo de la yegua no se detenía ante los infantes. De hecho, muchas veces aumentaba con estos. Himmler había instruido a sus guardianas sobre la necesidad de no ablandarse ante los menores y ella llevó aquella orden hasta las últimas consecuencias.

Uno de sus cometidos era conducir a los niños a las cámaras de gas. Les prometía a sus madres que serían trasladados a un campamento hasta que acabara la guerra para que no opusieran resistencia y les ofrecía caramelos para conducirlos a los camiones que los trasladaban a la muerte. Pero muchas madres intuían el engaño y escondían a sus pequeños como podían. En una ocasión, Braunsteiner descubrió a una mujer que intentaba ocultar a su bebé. Le pegó un tiro a la criatura y después de mirar desafiante a la madre, disparó contra ella. Ordenó al resto de prisioneros que quitaran los cuerpos de en medio porque le molestaban.

Varios juicios

En 1944, Braunsteiner fue trasladada de nuevo a Ravensbrück, donde siguió impartiendo su reinado del horror y pateando a prisioneros hasta la muerte. Ante la inminencia de la derrota intentó huir, pero fue apresada por las tropas norteamericanas. Sin embargo, por alguna razón que se desconoce, fue puesta en libertad y huyó a Viena, donde fue detenida en 1946, esta vez por los británicos, que la llevaron a juicio por sus crímenes cometidos en Ravensbrück. Sin embargo, tal vez porque consiguió ocultar información, no fue acusada por los que había perpetrado en Majdanek. Como en ese momento no encontraron ningún testigo que la acusara, la volvieron a dejar en libertad para volver a detenerla poco después, y esta vez sí consiguieron condenarla por tortura, malos tratos a prisioneros y crímenes contra la humanidad y la dignidad humana en Ravensbrück. La pena fue benevolente: tres años en prisión. Cumplió únicamente dos por una amnistía que declaró la República Austríaca.

A partir de ahí, ocultó su pasado y llevó una vida «normal». Trabajó en restaurantes y hoteles hasta que se casó con un mecánico estadounidense en 1958 y se mudó a Nueva York. Fue descubierta en 1964 y el cazador de nazis Simon Wiesenthal tardó nueve años en conseguir su extradición, pues contaba con el apoyo de muchos grupos nazis. Finalmente, la razón para deportarla fue que algo tan nimio como que había mentido en su visado de entrada en Estados Unidos al ocultar que había cumplido una pena de cárcel. Así se convirtió el 7 de agosto de 1973 en la primera criminal nazi expulsada de territorio estadounidense. Y se mostró muy molesta por ello e, incluso, se permitió hacerse la víctima: «Este es el final de todo para mí. Hemos vivido con miedo desde 1964. Durante cinco años he dormido con una escopeta a un metro de mi cabeza. Esta carga de 25 años nos ha seguido como una plaga».

La «desventurada» yegua llegó a Düsseldorf en 1973 donde tras pagar una fianza esperó durante dos años que se celebrara el juicio, que se prolongó hasta 1981. Como el resto de nazis ajusticiados, no asumió su responsabilidad en el Holocausto ni mostró el más mínimo arrepentimiento. «Solo hice mi trabajo lo mejor que supe, lo que tenía que hacer», declaró con displicencia. Pero los testimonios de sus víctimas no corroboraron su versión y dieron pruebas de su atroz sadismo que le valió ser condenada a dos cadenas perpetuas a la edad de 62 años. Cuentan que nunca tuvo contacto con el resto de reclusas y que se limitaba a coser peluches abstrayéndose del mundo.

En prisión, sufrió la amputación de una pierna debido a la diabetes que padecía, por lo que en 1996 la excarcelaron y vivió hasta el final de sus días en una residencia junto a su marido.

Hertha Bothe, la sádica de Stutthof

Como la mayoría de las guardianas, negó sus crímenes y en este caso la jugada le salió bien. Saldó su barbarie con 10 años de prisión, que acabaron reducidos a seis por buena conducta. Pero esa «buena conducta» no es la que la historia había demostrado que tuvo en los campos de Stutthof, Ravensbrück y Bergen-Belsen, donde era conocida como la «supervisora despiadada». No faltaban razones para que le cayera aquel apodo.

Una de sus prácticas preferidas era pegar a las reclusas con un palo de madera hasta causarles la muerte. Existen muchos testimonios que demuestran esta macabra costumbre de Bothe, pero uno de los más escalofriantes es el de una superviviente polaca que aparece reseñado en el libro escrito por Mónica González Álvarez, *Guardianas nazis: El lado femenino del mal.*

«Una húngara a quien yo conocía por el nombre de Eva, de 18 años de edad, se acercó a la cocina para comer algunas cáscaras de nabo. Cuando ella estaba cogiendo las cortezas, Bothe vino de un lugar de trabajo cercano. Ella ordenó a una de las chicas de la cocina que trajera un gran trozo de madera y entonces comenzó a golpear a Eva con él. Después de los primeros golpes la chica se cayó. Yo y otras chicas de la cocina gritamos a Bothe que Eva era demasiado débil para soportar la paliza. Bothe replicó: «La golpearé hasta la muerte». A continuación, Bothe le pegó a la chica en la cabeza y por todo el cuerpo. Después de unos diez minutos paró y Eva se quedó muy quieta, sangrando profusamente por la cabeza. Luego Bothe me ordenó a mí y a otras chicas que llevásemos el cuerpo a una habitación en el bloque al lado del hospital donde ponían todos los cadáveres. Una interna que yo creo que era médico examinó el cuerpo y dijo que la chica estaba muerta. La chica fue asesinada por la paliza».

Otra superviviente atestiguó que vio a la sádica guardiana golpear con un palo de madera a dos niñas enfermas hasta causarles la muerte. Y es que la crueldad de Bothe no distinguía ni entre ancianas ni entre bebés.

El palo de madera era, según los testigos, el instrumento de tortura preferido por Bothe, pero de vez en cuando lo cambiaba por el látigo. Una de las costumbres de las guardianas era golpear a las reclusas entre varias utilizando todo tipo de instrumentos. «Teníamos tanto miedo a las palizas que preferíamos saltar por la ventana», aseguró una de las supervivientes a la barbarie.

Otra de sus formas de hostigar a las reclusas era la privación de alimentos y agua durante días. Habitualmente se presentaba en los barracones y señalaba a seis o más reclusas que tendrían que soportar ese castigo, que en la mayoría de los casos suponía una condena a muerte.

Disparos a bocajarro

Estos castigos y las enfermedades como el tifus dejaban a las reclusas al borde de la extenuación. Pero en esos momentos la sádica de Stutthoff no mostraba compasión alguna. Más bien al contrario, se quejaba de que no cumplieran con sus obligaciones y en muchas ocasiones las quitaba de en medio de un disparo. Esto es lo que presenció una de las supervivientes que declaró en el juicio. «Entre el 1 y el 15 de abril de 1945 vi llevar a varias reclusas muy débiles un recipiente de comida desde la cocina hasta el bloque. Como estaba lleno y pesaba mucho, las mujeres no podían aguantar el peso y lo ponían en el suelo para descansar. En ese momento vi a Bothe disparar a las dos presas con su pistola. Ellas se desplomaron, pero no puedo decir si estaban muertas o heridas, pero como estaban muy débiles, delgadas y desnutridas, no me cabe la menor duda que murieron».

Latigazos, palizas con palos de madera y disparos a bocajarro eran tan habituales que la crueldad de Bothe llegó a generar críticas entre el resto de nazis, que no veía útil la desmedida violencia con la que trataba a las prisioneras.

Negar lo ocurrido

Como hicieron muchas de sus compañeras, Bothe negó absolutamente cualquier responsabilidad en el Holocausto y se limitó a decir que ella cumplía órdenes. Antes las acusaciones específicas sobre sus macabras técnicas de tortura, respondió: «Nunca he golpeado a nadie con un palo, un trozo de madera o una porra de goma. Sí lo hice con mis manos, porque robaban madera y otras cosas». Aunque en otros momentos de su declaración negó incluso esto: «Nunca he pegado a prisioneros. No tenía nada que ver con los internos». Y al poco, volvió a admitir el maltrato «moderado» con altivez: «Cuando los prisioneros trabajaban en mi *kommando* y les pillábamos robando, entonces los abofeteaba en la cara».

Estas contradicciones claramente demostraban que mentía, pero no sirvieron para que le cayera una dura condena, que es lo que se esperaba tras el juicio, en el que se oyeron testimonios escalofriantes. Pagó sus atrocidades con seis años en prisión.

Una vez salió de prisión se casó y cambió su nombre de soltera por el de su marido. Así, Herta Lange inició una nueva vida, alejada de la destrucción y la muerte que provocó. Nadie sospechó durante mucho tiempo que aquella mujer pudiera haber participado en unos crímenes tan horrendos. Ella misma pareció olvidar su pasado, aunque nunca renegó del mismo.

En 2009, el director de cine documental Maurice Philip Remy comentó tras mantener una entrevista con ella: «No tenía ningún remordimiento. No podía entender que había hecho algo mal. Sentía que era una víctima». Durante la entrevista, la ex guardiana se sentía molesta por las acusaciones que se le planteaban y en un momento de la misma respondió: «Qué quiere decir, ¿que cometí un error? No... no estoy segura de lo que debería responder. ¿Cometí un error? No. El error fue el campo de concentración, pero tenía que hacerlo, de otra forma me habrían puesto ahí. Ese sí fue mi error».

El paradero de Bothe siguió siendo un secreto como lo es la fecha de su muerte. Así consiguió esta sádica guardiana rehacer su vida sin remordimiento.

Hildegard Lächert, la tigresa

Recibió este apodo porque los cuerpos de sus víctimas parecían haber sufrido el ataque de un tigre. Era una experta flageladora, que podía azotar a sus víctimas hasta la muerte. Para hacerlo, solía blandir una fusta con bolas de acero para garantizar que sus palizas fueran tan atroces como mortales. Cuentan que en esos momentos su expresión cambiaba por la de una bestia sedienta de sangre. «Cuando hablaba con los hombres de las SS o con sus camaradas, era encantadora y muy divertida. Pero cuando nos hablaba y nos golpeaba, su cara era horrible. La cara no era la cara de una mujer».

A Lächert le gustaba ver cómo sus víctimas sangraban a borbotones. Por ello se ganó también el apodo de «Brígida la sanguinaria». Algo que seguramente unos años antes (y también unos años después) hubiera sorprendido a cualquiera que la conociera. Pues Lächert no estudió para guardiana y ni siquiera abrazó los principios del nacionalsocialismo. Era enfermera y se presentó como voluntaria al campo «para ayudar». Lo que ocurrió desde que lo hizo hasta que se convirtió en una terrible torturadora pertenece a los misterios de la mente humana. Pero de lo que no hay duda es de que a su paso sembró un terror inhumano.

Una sádica azotadora

Una de sus «diversiones», como ya se ha comentado, era azotar a sus víctimas, primero en la espalda, después en los pechos y después por todo el cuerpo hasta no dejar ni un lugar sin el zarpazo de su látigo. Eso le valió el reconocimiento de sus superiores, que la encumbraron como el modelo de mujer nazi con la firmeza necesaria para acceder a puestos de mayor responsabilidad.

Ahí siguió demostrando su crueldad despiadada. Se jactaba de tener muy buena puntería y le gustaba disparar a las reclusas para luego enviar a sus perros a destrozarlas. Uno de sus crímenes probados fue el que cometió contra una mujer judía. Se la acusaba de haber mantenido relaciones con un oficial de las SS, lo cual era delito, pues era considerada de una raza inferior. Pero lo que había sucedido, y todos sabían, era que el oficial en cuestión se había encaprichado de ella, la había violado y la había dejado en estado. Lächert no tuvo clemencia: mandó a sus perros a que despedazaran a la rea.

Entre los abyectos crímenes probados destacan algunos tan crueles como ahogar a dos reclusas en un pozo argumentando que no habían limpiado suficientemente bien las letrinas. Pese a ser madre, no mostró piedad alguna con los más pequeños, más bien al contrario. Participó en la selección de los que debían ser destinados a las cámaras de gas. Y se probó que en dos ocasiones fue ella la que decidió llevar allí a grupos de más de cien infantes que la molestaban.

A sueldo de la CIA

Lächert intentó en vano huir ante la inminencia de la entrada de las tropas soviéticas, pero finalmente fue apresada por los aliados y sentada en el banquillo de los acusados del juicio de Auschwitz el 24 de noviembre de 1947. La gravedad de los crímenes que se probaron que había cometido contrastó con la tibieza de su condena: quince años de los que cumplió nueve.

Durante veinte años trabajó, según cuentan, como limpiadora en un burdel y después se dedicó a ser ama de casa. Pero esa es «la versión oficial» que contrasta con otras informaciones que se han aportado recientemente. Sus habilidades como torturadora y como espía fueron aprovechadas tanto por la Agencia Central de Inteligencia norteamericana, la CIA, como por el Servicio Federal de Inteligencia alemán, BNP. Incorporaron a la cruel nazi a sus filas para luchar contra el comunismo en los países soviéticos.

«Por primera vez ha quedado demostrado que una vez que concluyó la II Guerra Mundial los servicios secretos de los países occidentales reclutaron no solo a criminales nazis hombres, sino también mujeres. Sabían a quién tenían en sus filas», publicó en un artículo de investigación el semanario alemán *Der Spiegel* en 2016.

Lo más curioso del caso es que los horrendos crímenes cometidos por Lächert nunca molestaron a sus jefes. Sin embargo, acabaron por despedirla por una razón mucho más banal: les molestaba porque solía hablar mucho. Se calcula que debió estar trabajando unos veinte años para estos servicios de espionaje y justo después de que fuera despedida, el 26 de noviembre de 1975 se abrió una causa contra los guardianes del campo de concentración de Majdanek en Düsseldorf, en la que fue acusada. El juicio se alargó hasta 1981 y fue acusada de complicidad en 1.200 asesinatos.

Negó lo ocurrido declarando: «Yo nunca lesioné gravemente o maté a nadie. Ni siquiera tomé parte en la selección de las personas que serían asesinadas». Los testigos demostraron que mentía, pero aún así la pena no fue acorde con sus atrocidades y fue condenada a doce años de prisión. La sentencia fue considerada una ofensa a las víctimas del terror nazi. Cumplió su condena y cuando salió de prisión vivió en Berlín hasta su muerte en 1995.

Luise Danz, la asesina de los más débiles

Ni siquiera pertenecía al partido nazi y todo parece indicar que se presentó al puesto de guardiana por necesidades económicas, aunque ella argumentó en el juicio que fue porque la obligaron. Sea como fuera, fue «entrenada» para el puesto de guardiana en 1943. Y a partir de ese momento algo cambió para siempre en ella.

«Al principio a Luisa Danz le dio la impresión de que solo entraba por casualidad en el campo [...]. Pero después de un mes ella también cambió [...]. Más tarde detuvo a prisioneros y les pateaba. Todo esto lo veía como una diversión», declaró una superviviente.

Decidía quién moría

La carrera de Danz fue meteórica y esto, sin duda, solo pudo deberse a su crueldad, pues esa era la forma de subir en el escalafón de la cadena de mando de los campos de concentración. Fue condecorada por sus servicios y como premio a finales de 1943 la destinaron a la «gran liga» de los campos de exterminio: Auschwitz.

Las reclusas debían de trabajar en las industrias armamentísticas, pero las insalubres condiciones de vida y las enfermedades que padecían las habían debilitado. Así que ella decidió que lo mejor era liberarse de las que ya no era útiles. Y las tácticas no podían ser más crueles, tal y como ilustra la periodista y escritora Mónica G. Álvarez: «Comenzó a asesinar a un número ilimitado de mujeres judías y durante tres meses mantuvo la estrategia de matarlas de hambre. No contenta con esto les ordenaba salir desnudas en medio de la noche y permanecer de pie durante horas. A continuación, se abalanzaba sobre algunas de ellas dándoles continuos puñe-

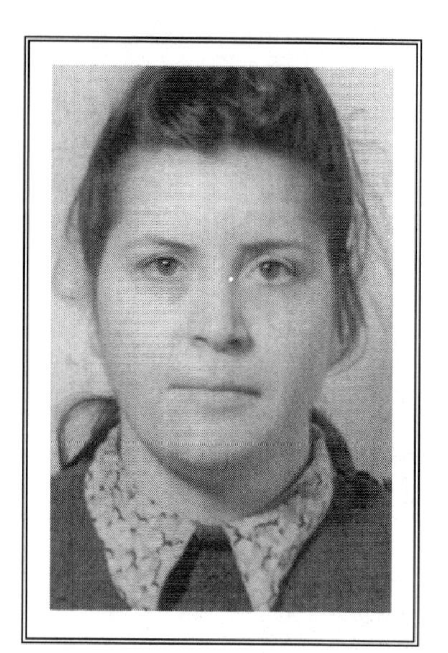

RAVENSBRÜCK: LA ESCUELA DE TORTURA

El primer campo de concentración dedicado exclusivamente a mujeres fue el lugar donde las guardianas «se foguearon» en el arte de la tortura. Las que ejercieron su profesión allí eran miembros de las SS que habían realizado una formación, pero la teoría palideció ante la cruel práctica. En los campos que se construyeron posteriormente para perpetrar la solución final se contrató a guardianas que no habían sido instruidas en Ravensbrück, pero que rápidamente aprendieron las técnicas de las más veteranas.

Según expone la historiadora y periodista Sandra Ferrer Valero: «Ciento cincuenta mujeres miembros de las SS fueron las encargadas de someter a las más infames vejaciones a las reclusas del campo. Pero Ravensbrück fue algo peor, si eso era posible. Más de cuatro mil mujeres nazis fueron formadas en aquella escuela del terror para ejercer su barbarie en otros campos de concentración y exterminio».

Las guardianas aprendieron a deshumanizar a las prisioneras y a cosificarlas hasta niveles escalofriantes. Allí colaboraban con los experimentos que realizaban los médicos, concentradas en seleccionar a los conejillos de indias que les resultaran más útiles sin inmutarse por saber las aberraciones que iban a cometer con ellas. También ayudaron a elegir las que serían prostituidas y las que acabarían en las cámaras de gas. Eran trozos de carne que tenían que procesarse en protocolos de crueldad con los que se mantenían impasibles.

Además de sus «obligaciones», desataron su sadismo y disfrutaron infligiendo dolor, torturando sin tregua, convencidas de la locura gregaria que instauró el nazismo que estaban haciéndolo por el bien de la patria.

tazos en la barbilla, golpes en todo el cuerpo o rodillazos en su estómago mientras emitía innumerables insultos. Sus víctimas acababan inconscientes. Aquella rabia impactaba cruelmente sobre las cientos de reas que soportaban los latigazos diarios y los castigos sinsentido de la temida Danz».

Otra de sus atribuciones era decidir a quién destinaban a las cámaras de gas. Una vez escogido el grupo, ella se encargaba en muchas ocasiones del transporte. Si decidía en el último momento que quería incluir a algún niño, lo lanzaba en el camión sobre los adultos sin ningún miramiento.

Una pena irrisoria

Danz intentó huir cuando tuvo noticias de la entrada de las tropas soviéticas, pero fue apresada y juzgada en 1947 en el juicio de Auschwitz. Se demostró, tal como asevera Álvarez, «haber abusado física y moralmente de los prisioneros, además de despreciarlos, golpearlos, patearlos y privarlos de ropa y alimentos». Estos cargos le supusieron una condena de cadena perpetua que no llegó a cumplir, pues fue liberada en 1956 por buena conducta.

La puesta en libertad de la sádica criminal enfureció a sus víctimas. A partir de ese momento cerró el capítulo de la barbarie que había protagonizado y llevó, como muchas de sus compañeras, una vida normal que no hacía sospechar su sádico pasado. En 1996, después de vivir cuarenta años en libertad, se reabrió una causa contra ella. Varios testigos la acusaban de haber asesinado a golpes a una niña. Intentaron llevarla ante la justicia, pero los abogados de Danz alegaron que era demasiado anciana para soportar un juicio y se retiraron los cargos. A partir de ese momento, se le perdió totalmente el rastro y se desconoce hasta su fecha de fallecimiento.

La guardiana «buena»

La probada maldad de las guardianas resulta desoladora por lo unánime, por el hecho que mujeres de diferentes orígenes y con trayectorias dispares se transformaran en sádicos monstruos sedientos de dolor ajeno. Sin embargo, parece que al menos hubo una excepción, una mujer que no se sumó a la crueldad de sus compañeras y que por eso fue amonestada por sus superiores y posteriormente ayudada por las prisioneras. Se llamaba Johanna Langefeld y aunque participó activamente en el funcionamiento de los campos y por tanto en el Holocausto, tuvo una actitud bastante diferente a las de sus compañeras.

Langefeld era una nazi convencida que enviudó y tuvo un hijo ilegítimo. Con 34 años encontró al fin su primer trabajo como guardia en un correccional. Después fue trasferida al primer campo de concentración de Lichtenburg y posteriormente a Ravensbrück. Allí se opuso a que se experimentase con las reclusas, pero su voz fue silenciada. En 1942 fue trasladada a Auschwitz, donde tuvo problemas con Rudolph Höss, comandante del campo, que declaró: «La Supervisora en Jefe femenina de ese periodo, Frau Langefeld, no tenía capacidad para controlar la situación y rehusaba a aceptar ninguna de las instrucciones dadas por el líder de la Custodia Preventiva. Actuando bajo mi propia iniciativa, simplemente, puse el campo de mujeres bajo su completa jurisdicción».

Ella se negó e intentó que la relevaran de su cargo, pero no lo consiguió. Tal y como declaró al descubrir el horror de las cá-

maras de gas, no quiso formar parte de aquello: «Inmediatamente la semana siguiente después de mi llegada, solicité la baja al SS Obersturm-führer Pohl. Las terribles condiciones de la estancia de los presos hicieron imposible que me quedara allí. Cuando me llegó el mensaje sobre el crematorio y cuando yo misma vi una vez con mis propios ojos el transporte de personas camino del crematorio, no quería quedarme allí».

Una lesión en la rodilla que requirió una operación le sirvió para conseguir que la relegaran de su cargo y la volvieran a enviar a Ravensbrück. Y ahí es donde se produjo un fenómeno inaudito. A su regreso, las reclusas le dieron una cálida bienvenida.

«Cuando la vimos regresar, nos sentimos muy aliviadas. Langefeld nos trataba de forma muy humana. A sus ojos, merecíamos respeto porque éramos limpias y trabajadoras. Trató de evitar los castigos, y si lo hacía, eran moderados y por los delitos más graves, como el robo. Por eso, cuando la vimos regresar, nuestra alegría fue grande», recuerda Kamilla Janowycz-Sycz, una de las supervivientes del campo.

Y es que la guardiana intentaba evitar los castigos más duros para las reclusas. «No solo evitaba los castigos, sino que también destruía informes presentados por guardias y funcionarios, lo que podría tener consecuencias dolorosas para las presas. Destruía las denuncias penales, se mostraba reacia a aplicar castigos y siempre permitía que la presa se explicara. Ella era muy calmada, no nos levantaba la voz», aseguró otra superviviente, Józefina Wglarska.

Otra anécdota que habla de su buen talante con las reclusas tuvo lugar el 18 de marzo de 1943, cuando un grupo de polacas iban a ser castigadas por gritar «¡Viva Polonia!». «Las polacas esperan ser diezmadas después de este evento, pero sorprendentemente, la mayoría no enfrentará ningún castigo. Están convencidas de que esto se debe a Langefeld, quien, en lugar de castigo en el búnker o una ejecución, negoció con las autoridades del campo el castigo de permanecer de pie por un día. Ella era inaccesible, pero no acosaba a las polacas. Y luego incluso se interesó por una presa golpeada por otra guardiana», relató la prisionera Maria Dydyska.

Sin embargo, estas acciones no fueron bien vistas por sus superiores, que la relegaron de sus funciones, la separaron de su hijo y la emplazaron a un juicio en un tribunal de las SS que no se llevó a cabo. Finalmente, se mudó a Munich, donde trabajó para una fábrica de BMW.

Lo más sorprendente de su historia llega con la entrada de las tropas norteamericanas, que la extraditaron a Polonia a la espera de juicio. Se fugó de la cárcel gracias a la ayuda de las que habían sido sus reclusas.

«Ya no recuerdo la fecha, pero de repente se extiende la noticia entre las mujeres de Ravensbrück de que arrestaron a Langefeld, que está en Polonia y que hay que salvarla. Nos pidieron [...] que escribiéramos cartas en su defensa [...]. Porque era relativamente humana y se sabía que moriría después del juicio. Solo las las ex presas de Ravensbrück podían haber ayudado a Langefeld. Conocían bien la ciudad, sabían a quién pedir ayuda. Y definitivamente sobornaron a los guardias. Por eso nadie la detuvo cuando se fue. De lo contrario, su fuga no hubiera sido posible», aseveró la ex prisionera Joanna Muszkowska-Penson.

¿Cómo fue posible que las que habían sido reclusas bajo sus órdenes acabaran por liberar a su captora? Una de las supervivientes del campo, Alicja Gawlikowska-wierczyska, apunta una explicación. «Alguien que no haya estado en un campo de concentración nunca entenderá que los criterios de lo que se considera bueno o malo eran diferentes allí. Que incluso un poco de decencia salvaba la vida de las personas y uno podría estar agradecido por ello. Por eso no me sorprende que mis amigas sintieran que Langefeld necesitaba ayuda. Y solo ellas pudieron salvarla».

Langefeld se escondió en un monasterio y en 1957 regresó ilegalmente a Munich donde vivió con su hermana. Murió en 1974 sin que fuera juzgada ni detenida.

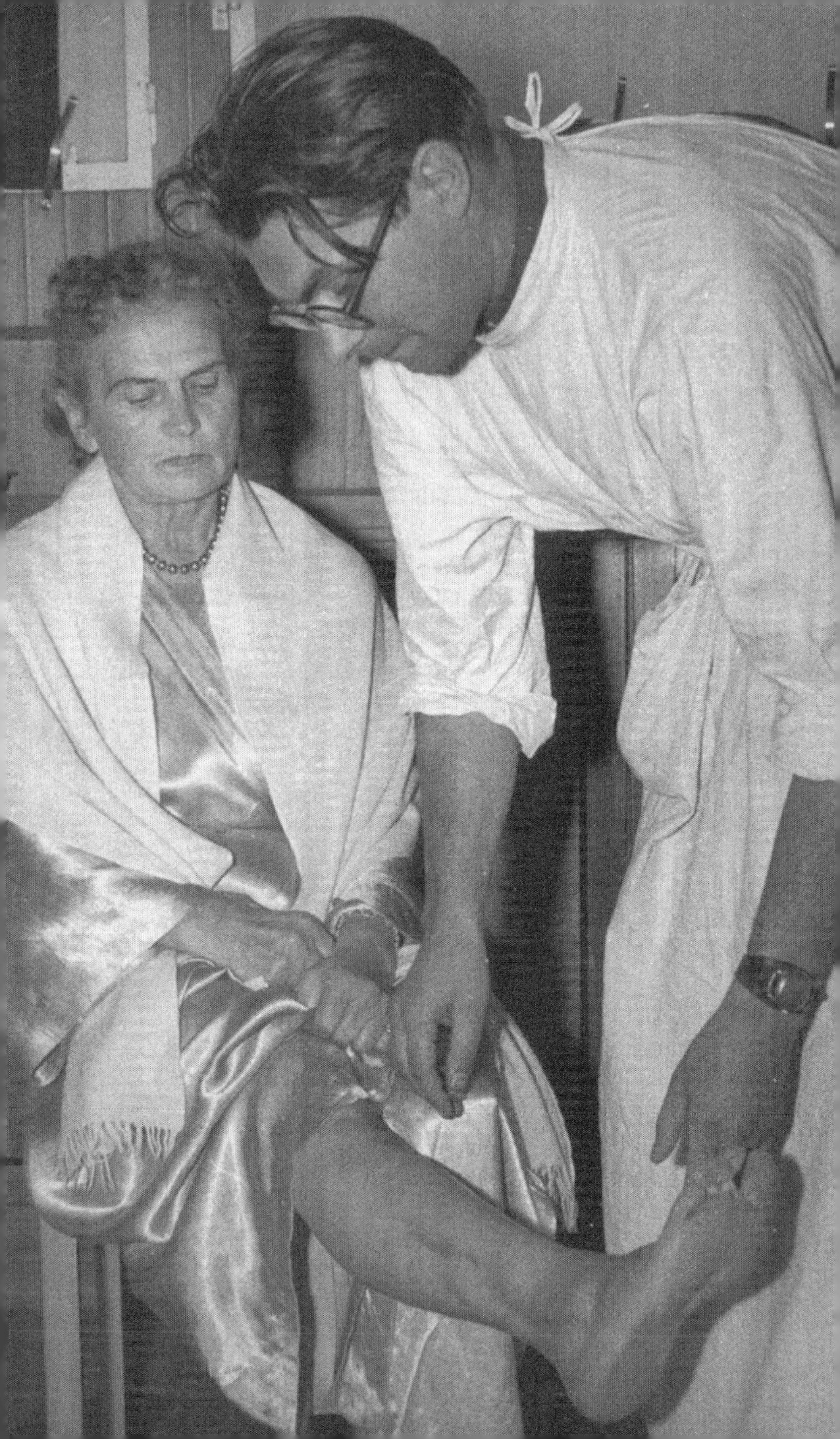

CAPÍTULO 7
ESCALOFRIANTES EXPERIMENTOS HUMANOS

La crueldad del nacionalsocialismo rozó sus cotas más altas empleando a los prisioneros, en especial a los judíos, como cobayas humanas. Los médicos alemanes experimentaron con ellos olvidándose de que trataban con seres humanos. No empleaban, por ejemplo, anestesia en la mayoría de las operaciones. Y los experimentos que se llevaban eran totalmente aberrantes.

Estos facultativos, militantes del Tercer Reich, jugaron con la ciencia para torturar a sus víctimas en busca de resultados que en la mayoría de los casos ni siquiera encontraron. Pero sus experimentos han quedado inscritos a fuego en la historia de la barbarie de la humanidad.

Tal vez una de las cosas que más sorprende de los aberrantes experimentos es que la mayoría eran bastante absurdos: pretendían demostrar qué circunstancias extremas provocaban la muerte. Y, en otras ocasiones, incluso cuando ya se había demostrado que alguna de las hipótesis que querían comprobarse no era cierta, se continuaban repitiendo una y otra vez, lo que hace sospechar que uno de los objetivos de los mismos era infligir dolor a las víctimas. Y disfrutar del macabro espectáculo.

De estos experimentos no se sacó nunca ni una sola conclusión que pudiera aplicarse y mejorar la vida de los soldados en el frente.

Aún así, siguieron gozando de gran prestigio y no se escatimó nunca el material humano para llevarlos a cabo. Los escasos sobrevivientes arrastraron las secuelas de por vida.

Resulta muy chocante que en los juicios que se llevaron a cabo los médicos nunca creyeran que lo que estaban haciendo fuera reprobable. Estaban convencidos de que su misión era loable y que lograría hacer avanzar a la ciencia. La salvedad de estar experimentando y causar dolor a las víctimas no suponía un escollo, porque verdaderamente no las consideraban humanas. Para ellos las «razas inferiores» eran poco menos que ratas de laboratorio y así las trataban, sin la más mínima empatía.

El objetivo de los experimentos

El terror nazi siempre tenía unos ordenados objetivos para ejercer una crueldad sin límites. Esa visión tan fría y eficiente es seguramente una de las razones por las que resulta tan escalofriante. Siempre se justificaba cualquier acción, por deleznable que fuera, como necesaria e, incluso, imprescindible, para el triunfo de Alemania en la guerra y para preservar la pureza de la raza aria. En nombre de este objetivo se excusaban los crímenes más abyectos.

En el caso de los experimentos que se llevaron a cabo en campos de concentración y de exterminio había tres motivos que justificaban la barbarie. El primero era la supervivencia de los soldados alemanes en el campo de batalla. Para investigar, por ejemplo, sobre cómo acelerar la cicatrización de heridas se procedían a practicarlas y a infectarlas o, incluso, a realizar amputaciones sin emplear la anestesia, pues era la forma en la que se supone que sucedían en batalla.

También se experimentaba con condiciones extremas: ¿en qué punto se moría por congelación? ¿Era posible reanimar a alguien que estaba a punto de morir de hipotermia? Por otra parte también intentaban saber si un ser humano podía subsistir sin agua potable. O qué altura podrían lanzar a los paracaidistas del ejército alemán para que llegaran a sus objetivos. Evidentemente, todos estos experimentos que se apuntan y que más adelante se detallarán, provocaban gran sufrimiento en las víctimas que sus verdugos no tenían la más mínima intención de suavizar.

Otro nutrido grupo de experimentos pretendía librar al ejército alemán y posteriormente a la población de enfermedades infecciosas como el tifus, la tuberculosis, la fiebre amarilla, la hepatitis, así como de los efectos del gas mostaza y el fosgeno. Para ello, primero tenían que someter a las cobayas humanas a estas enfermedades inoculándoselas. Después experimentaban fármacos para ver si alguno de ellos funcionaba sin importarle el sufrimiento que en muchos casos suponía.

Por último, algunos de los cruentos experimentos que llevaron a cabo los nazis pretendían demostrar la superioridad de su raza y, sobre todo, la inferioridad de las otras. También querían establecer una especie de «ranking» sobre cuáles eran las más resistentes y las menos. En este sentido, también se llevaron a cabo experimentos para intentar esterilizar con gases a judíos y gitanos para que no pudieran «contaminar» a la raza aria.

El macabro código deontológico

¿Cómo es posible que una vocación como la de un médico que quiere ayudar a los demás acabe sirviendo para perpetrar horribles crímenes? Esta es la pregunta que se ha repetido mil veces cuando se ha abordado el tema de los experimentos nazis llevados a cabo por galenos. Y la respuesta es tan perturbadora y cruel como los propios experimentos.

Para los médicos, homosexuales, gitanos, eslavos y judíos no eran seres humanos. Los habían convertido en sus retorcidas mentes en bestias y sentían por ellos lo mismo que hacia una rata de laboratorio: nada. Estaban más concentrados en lo que se podía derivar de las investigaciones que en el sufrimiento y la tortura que ocasionaban.

Pero lo más inquietante de todo es que estaban convencidos de que estaban cumpliendo con su deber, que estaban salvando vidas, que estaban mejorando la calidad de la existencia de los suyos. Se veían a sí mismos como héroes que investigaban para crear un mundo mejor. Eso sí, solo para los arios.

Los nazis estaban convencidos de que la raza aria había sido la dominante durante siglos porque era superior y sana y eso garantizaba la supervivencia de la especie. Sin embargo, los judíos eran el «virus» que les amenazaba. A ellos también se les sumaba todos los que tenían algún tipo de discapacidad, los homosexuales y otras etnias consideradas inferiores como gitanos o eslavos. En este sentido, los médicos debían intentar «salvar» a los suyos. Y para ello, debían acabar con los demás. Más allá de esta teoría, que es la que llevó a aplicar la solución final, los médicos tenían con los prisioneros una doble forma de proteger su raza: por una parte, se quitaban de en medio a los enemigos y por otra podían experimentar con ellos para mejorar la salud de los arios.

De este modo, muchos médicos, como el famoso Josef Mengele, nunca llegaron a entender que se les acusara de haber cometido crímenes cuando seguían convencidos de que ellos eran poco más que héroes. Algunos llegaron a sentirse dioses, decidiendo quién vivía y quién moría de forma arbitraria.

Los casos que se desglosarán en este capítulo y en el siguiente son realmente terroríficos. El dolor que sufrieron sus víctimas es absolutamente inhumano y las torturas que provocaron su muerte son de una crueldad despiadada y sobrecogedora.

Josef Mengele, el ángel de la muerte

Al hablar de médicos nazis, el primero que nos viene a la cabeza es Josef Mengele, que nunca fue juzgado por sus atrocidades porque curiosamente en un primer momento no parecieron tan graves para invertir recursos en su búsqueda. La literatura y el cine han acabado de encumbrar a este auténtico asesino de masas al pódium de la monstruosidad. Y lo cierto es que méritos le sobran.

Uno de los experimentos en los que trabajó y que ha sido el que más se le recuerda es el que llevaba a cabo con gemelos. Mengele consiguió el puesto de médico en el campo de concentración y exterminio de Auschwitz y allí vio la oportunidad perfecta para llevar a cabo sus experimentos con cobayas humanas. Y empezó haciéndolo con los prisioneros gitanos. Su cargo no requería que recibiera a los prisioneros que llegaban en los trenes, pero a él le gustaba hacerlo. Y también decidir quién iba a la cámara de gas y quién no. Pero la razón principal era que se paseaba por la estación gritando excitado: «Gemelos, gemelos, gemelos» a la espera de encontrar a niños con los que poder experimentar.

Josef Mengele, en el centro, junto a Richard Baer y Rudolf Höss en Auschwitz.

Las futuras cobayas, ya fueran hombres, mujeres o niños, disfrutaban de un estatus superior al de sus compañeros de penurias. Tenían que estar sanos para que los experimentos fueran válidos, por lo que no los obligaban a trabajar y además estaban bien alimentados. Pero aquellas prebendas no tardaban mucho tiempo en convertirse en un pasaporte para una muerte horrible.

Crueldad con los niños

En el caso de Mengele, que ha sido calificado por quienes le conocieron como un psicópata carente de empatía, los cuidados hacia sus futuras víctimas eran de lo más considerado. Incluso tenía un pequeño patio con columpios para que los niños jugaran antes de perder la vida de mil formas, a cuál más horrible. Se calcula que solo 200 gemelos sobrevivieron de entre unos 3.000 con los que experimentó.

La obsesión de Mengele por los gemelos tenía un doble objetivo. Por una parte, quería encontrar la forma de engendrar gemelos, porque así las mujeres arias podrían procrear más rápidamente niños de

JOSEF MENGELE, DE LA REALIDAD A LA FICCIÓN

Josef Mengele es uno de los criminales nazis más populares. Sin embargo, en su momento pasó desapercibido y eso es lo que le permitió huir. No había sido una figura popular dentro del Tercer Reich y sus horrendos crímenes solo los conocía él, sus colaboradores y sus víctimas. Sin embargo, se convirtió en el objeto de dos novelas que fueron adaptadas al cine y que lo hicieron mundialmente famoso.

La primera fue *Marathon Man*, escrita por William Goldman y publicada en 1974. El personaje de Dr. Christian Szell, un dentista nazi que vive en Paraguay se inspiró el Mengele. Tres años después la historia pasó a la gran pantalla dirigida por John Schlesinger. Laurence Olivier encarnó al nazi y protagonizó una de las escenas más sádicas de tortura teniendo como víctima a Dustin Hoffman.

Pero por si en esta historia la alusión a Mengele era demasiado tibia no tardó en llegar otra que lo señalaba con nombres y apellidos. *Los niños del Brasil*, publicada en 1976 por

Ira Levin dio paso a una adaptación cinematográfica dirigida por Franklin Schaffner en el que el sádico médico fue interpretado por Gregory Peck. En esta ocasión el argumento no dejaba lugar a dudas: Mengele había conseguido con sus experimentos genéticos replicar el ADN de Hitler en 94 bebés que están a punto de cumplir la mayoría de edad y posibilitar así el resurgimiento del Cuarto Reich. La película dio una gran notoriedad a la figura de Mengele y al hecho de que se supiera que vivía en Brasil y no se hubiera hecho nada para apresarlo.

A todo ello se le sumó la leyenda de la población brasileña de Cândido Godói, donde el diez por ciento de la población son gemelos mientras en el resto del país no alcanza el uno por ciento. La leyenda sobre que Josef Mengele había estado ahí y había experimentado con las mujeres embarazadas dio báculo a todo tipo de teorías que se creyeron a pies juntillas durante años. Sin embargo, posteriormente se demostró que se trataba de un factor genético. La mayoría de gemelos pertenecían a las mismas familias y eso había venido ocurriendo desde mucho tiempo antes de que Mengele llegara a Brasil.

Sin embargo, todo este tipo de especulaciones hizo que la figura del sádico médico no pasara inadvertida y sus crímenes no fueran olvidados. También sirvió para que aunque no fuera juzgado, tuviera que esconderse hasta el final de sus días.

sangre pura. Por ello investigaba en busca de alguna «fórmula» que le permitiera dilucidar el entonces misterio de los embarazos múltiples. Por otra parte, también le servían para ver cómo reaccionaba un organismo similar a diferentes situaciones. Se trataba de un test doble ciego macabro. Por ejemplo, les podía inocular una enfermedad y tratar a uno con un remedio para ver si realmente funcionaba. Pero en ocasiones su sadismo era tal que tenía ganas de que murieran pronto para ver la similitud de sus órganos durante la autopsia.

Otra de las atroces aficiones de Mengele era teñir los ojos de los niños. Escogía a aquellos que tenían la piel blanca y facciones arias pero los ojos oscuros y se los teñía con un extraño tinte llamado azul metileno. Después empezó a experimentar con otros colores. Los niños, habitualmente, se quedaban ciegos y entonces los enviaba a la cámara de gas. Pero antes les arrancaba los ojos para quedárselos de recuerdo. Existen varios testimonios que atestiguan que guardaba esta colección en una especie de panel gigante. «En junio de 1943 fui al campo de gitanos de Birkenau. Vi una mesa de madera. Sobre ella, había muestras de ojos. Cada uno de ellos llevaba un número y una letra. Los ojos eran desde amarillo pálido hasta azul claro, verde y violeta», aseguró el prisionero y médico judío Vexler Jancu.

El abanico de torturas a las que eran sometidos los gemelos eran inacabables y tremendamente dolorosas. «A los gemelos se les amputaban miembros y se les reimplantaban, en alguna ocasión al revés, se les inoculaban enfermedades, se les practicaban heridas y se infectaban a propósito para ver las reacciones, se les intercambiaba la sangre... no había límite para la perversa imaginación de Mengele», ilustra el historiador Jesús Hernández.

Otra de sus atroces costumbres consistía en inseminar a mujeres que tenían antecedentes familiares de gemelos. Si después del parto resultaba que solo tenía un bebé, Mengele lo lanzaba personalmente y sin muchos miramientos al horno de los deshechos biológicos y acto seguido ordenaba que se llevaran a la parturienta a la cámara de gas. Sin inmutarse. Cuentan que lo único que parecía alterarle eran los gritos de sus víctimas, por lo que solía ordenar que los amordazaran.

La tortura de los enanos

La familia Ovitz: «Los enanos de Auschwitz».

Un día en que Mengele acudió como era su costumbre a recibir a los prisioneros recién llegados, un brillo de excitación iluminó su mirada a ver a los Ovitz, una familia de origen judío formada por los padres y siete hijos, que se ganaban la vida como artistas circenses. Eran conocidos como «La banda de Jazz de Liliput» y viajaban por toda Europa Central ocultando sus orígenes semitas. Pero en Hungría fueron apresados y trasladados a Auschwitz para regocijo del sádico galeno. Una de las hijas, Elizabeth, recuerda que Mengele exclamó entusiasmado: «¡Voy a tener trabajo para los próximos veinte años; ahora la ciencia tendrá un tema digno de interés y consideración!».

Elizabeth Ovitz comprobó poco después a qué se refería. «Los experimentos más aterradores eran los ginecológicos. Nos ataban a la mesa y entonces comenzaba la tortura sistemática. Inyectaban cosas en nuestro útero, nos extraían sangre, hurgaban dentro nuestro, nos pinchaban y nos extirpaban muestras de tejido. Es imposible expresar con palabras el dolor insoportable que sufríamos y que se prolongaba varios días hasta que los experimentos cesaban».

La dureza de los experimentos era tal que algunos médicos que asistían a Mengele se negaron a continuar, pese a saber que aquella negativa podría costarles la vida. El médico bajó el nivel, no por las súplicas ni por una cuestión de humanidad, sino porque no quería acabar con la vida de sus cobayas con las que quería seguir experimentando todo lo que le fuera posible. Y así lo hizo.

Tal y como recuerda Elizabeth: «Extrajeron fluido de nuestra médula espinal. Después comenzó de nuevo la extracción de cabello y cuando estábamos a punto de desfallecer, comenzaban a realizarnos dolorosas pruebas en el cerebro, nariz, boca y manos. Todas las etapas fueron documentadas con ilustraciones. Irónicamente, somos los únicos sujetos cuya tortura fue, de forma premeditada, documentada científicamente para las futuras generaciones».

Mengele enseñó los resultados de su investigación, una de las que se sentía más orgulloso, a altos jerarcas nazis. Muchas veces las acompañaba con un desfile de la familia desnuda y aterrorizada. También les hizo algunas filmaciones en las que cantaban canciones patrióticas alemanas y se las envió a Hitler para su disfrute.

Paralelamente, seguía torturando a la familia Ovitz. Les arrancó los dientes para analizar si tenían enfermedades genéticas, les extrajo médula ósea y dejó ciegos a algunos de sus miembros con productos químicos. Durante siete meses la familia padeció todo tipo de torturas imaginables, hasta que el 27 de enero de 1945 Auschiwitz fue liberado por las tropas soviéticas y pudieron salvarse de la muerte y continuar con sus vidas después del sufrimiento que habían experimentado a manos del inmisericorde doctor.

Otra muestra de su barbarie la encontramos en un hecho recogido por Olivier Guez, autor de la novela histórica *La desaparición de Josef Mengele* (Tusquets Editores, 2018). «Mengele cogió a un padre y a un hijo, uno cojo y otro con una joroba. Les asesinó, les quitó la carne del esqueleto y, posteriormente, envió sus restos a un museo de Berlín. Lo más tétrico es que, en los días posteriores, unos obreros polacos se creyeron que aquella carne era su ración del día y se la comieron. Cuando descubrí esta historia pegué un respingo».

Toda la vida huyendo

Dicen que Mengele se salvó porque era presumido. O tal vez porque era precavido. El caso es que nunca permitió que le tatuaran su grupo sanguíneo como debían hacer todos los miembros de las SS y eso permitió que las tropas norteamericanas que le apresaron no pudieran identificarlo. De ahí escapó bajo la falsa identidad de Fritz Ulmann y estuvo trabajando en diferentes granjas para esconderse durante cuatro años y medio. También se apunta a que su paciencia y falta de impulsividad le garantizó que pudiera fugarse.

Pasado ese tiempo, los nazis que seguían protegiéndole le proporcionaron documentación falsa con el nombre de Helmut Gregor y un pasaje para Buenos Aires donde llegó el 26 de agosto de 1949. En aquella época los médicos nazis eran bien recibidos por los argentinos.

Josef Mengele.

En 1959 se fue a vivir a Paraguay, protegido por el régimen dictatorial de ese país, que le concedió la nacionalidad y que le protegió para que pudiera viajar incluso a Alemania para el funeral de su padre.

¿A qué se debía aquella impunidad? La lista de los «peces gordos» nazis era en aquel momento larga y Mengele era un capitán de las SS y a la sazón era médico. Aunque en algunos de los juicios, como el de los médicos de 1947, se había mencionado su papel en el Holocausto, no era una figura prioritaria en aquellos momentos. Además, Mengele no era una figura pública. No se le había visto dar discursos ni sus fotografías habían trascendido durante el Tercer Reich a la prensa. Ello le daba cierta impunidad. Y pese a que habían revelado su identidad, nadie parecía dispuesto a hacer nada. El Mossad, el servicio secreto israelí, le persiguió durante tres años, pero tenía otros objetivos más importantes, como el secuestro y captura en Adolf Eichmann en 1960. Tras aquella operación, el Mossad no podía arriesgarse de nuevo a perpetrar un secuestro en un territorio que no era de su jurisdicción.

Sin embargo, aquello sirvió para que Mengele nunca volviera a dormir tranquilo. Se fugó a Brasil y pasó a la clandestinidad. Estuvo protegido por la comunidad alemana filonazi hasta que en febrero de 1979 murió, con 68 años, de un ictus. Se comprobó por la forma de su cráneo y unas pruebas de ADN que efectivamente se trataba de Josef Mengele. Según Olivier Guez, ese final fue su castigo. «En una favela de Sao Paulo, a 40 grados, un lugar que era un horror, una prisión a cielo abierto, con mosquitos enormes y una impresionante humedad. Estaba solo, sin trabajo, sin atreverse a moverse, paranoico y con la angustia ante el continuo temor a que de un momento a otro el Mossad u otros entraran por la puerta y le raptaran y lo mataran. Todo ello, esa incertidumbre, fue una forma de castigo para él».

Hans Eppinger Jr. y los experimentos con agua de mar

Este doctor nacido en Praga ocultó a fondo sus raíces judías y acabó instalándose en Viena donde ganó prestigio en el tratamiento de enfermedades relacionadas con el hígado. Tanto fue así, que fue llamado por Joseph Stalin y por la reina María de Rumanía para que los tratara.

Pero de esas habilidades tan bien remuneradas y apreciadas no se beneficiaron nunca los prisioneros que estuvieron en Dachau y con los que el médico experimentó de forma inhumana. Sus cobayas humanas eran romaníes y procedían del campo de Buchenwald. Fueron engañados: les propusieron formar parte de una brigada de limpieza que debía quitar los escombros que dejaban los bombardeos. Así se ganarían la libertad. Pero no era más que una cruel mentira para que se ofrecieran voluntarios para un macabro experimento. No está claro si finalmente fueron 50 o más, pero lo cierto es que lo que les esperaba fue una tortura que acabó con la vida de muchos de ellos.

El experimento del que iban a formar parte pretendía encontrar formas de supervivencia para los pilotos alemanes que eran abatidos y que acababan en medio del mar o del océano. ¿Cómo podían sobrevivir si solo contaban con agua salada? Esa pregunta fue el punto de partida de este salvaje experimento. Se planteó cuánto tiempo podía sobrevivir el cuerpo humano alimentado exclusivamente de agua salada no potable.

Para ello dividieron a los prisioneros en tres grupos diferentes. Todos sufrieron un mismo martirio: fueron privados de alimentos y de agua durante días. Y después de ello al primer grupo se le dio agua de mar. Al segundo una tratada químicamente, que como recuerda uno de los supervivientes, Josef Laubinger, «tenía un color amarillo oscuro y era mucho peor que el agua de mar pura». Al tercer grupo se le administró un tipo de agua que era de mar, pero que había sido tratada de forma que parecía agua normal.

La curiosidad que tenía Eppinger y su equipo era saber cuánto tardarían en morir, si lo harían a los seis días o a los doce, que eran las fechas que barajaban a nivel teórico y que pretendía comprobar empíricamente.

Laubinger vio la muerte muy de cerca. «Tuve terribles episodios de sed, me sentí muy mal, perdí mucho peso y tuve fiebre. Me sentí tan débil que ya no podía soportarlo». Según relató, uno de los prisioneros le pidió a Eppinger que dejara de obligarle a seguir bebiendo. La respuesta de este fue terrible. «Lo ató entonces a una cama y lo obligó violentamente a tragar el agua por medio de una bomba de estómago».

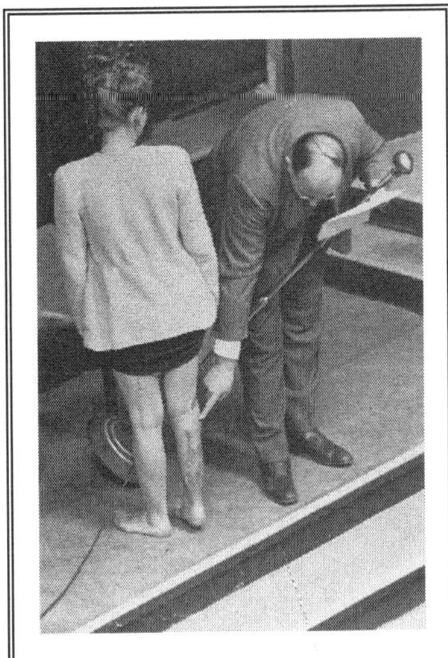

Los experimentos nazis, mostrados durante los Juicios de Núremberg.

Además de las terribles consecuencias por tener que beber aquel líquido no potable, también les practicaban pruebas dolorosas y sin anestesia, como punciones en el hígado y en la médula. «Yo mismo sufrí una punción en el hígado y sé por mi propia experiencia que estos pinchazos fueron terriblemente dolorosos. Incluso hoy, cuando cambia el clima, siento un gran dolor».

Aquel experimento solo sirvió para producir dolor en las víctimas porque no se llegó a ninguna conclusión válida para que los pilotos pudieran emplear el agua salada para sobrevivir. Los escasos supervivientes a la prueba fueron destinados a otros experimentos y muy pocos de ellos sobrevivieron.

Eppinger fue apresado y encausado en el llamado Juicio de los Médicos de Núremberg. Sin embargo, no llegó a compadecer porque se suicidó tomando una dosis de veneno.

Sigmund Rascher, reavivar a los muertos con sexo

En Dachau se llevó también a cabo otro experimento tan sobrecogedor o más que el anterior. El objetivo era similar, se quería saber cuánto tiempo podían aguantar con vida los soldados alemanes derribados en el frío océano o en lugares helados. Y también investigar si había algún modo de reanimarlos. Pero antes de adentrarnos en el experimento en sí, vamos a hacerlo en su autor, el doctor Sigmund Rascher.

Provenía de una familia de médicos y se alistó en las milicias nazis. En aquel tiempo estudió medicina y al acabar la carrera, se alistó en el ejército. Acabó formando parte de las SS y para demostrar su absoluto compromiso con la causa, denunció a su propio padre por conductas contrarias a los principios del nacionalsocialismo. Eso fue el espaldarazo que necesitaba su carrera. Aunque después tuvo otro, se casó con Karoline Diehl, que había sido amante de Himmler (y que muchas fuentes mantienen que nunca lo dejó de ser), por lo que Himmler se convirtió en su padrino y catapultó su carera.

Lo de llevar experimentos con humanos no fue algo que le viniera impuesto. En muchos casos, los médicos nazis se excusaron diciendo que no les quedó otro remedio y que ellos únicamente cumplían órdenes. Sin embargo, en su caso existen pruebas escritas de que tomó la iniciativa para experimentar con seres humanos.

Su primer experimento consistía en saber cuánto tiempo podían aguantar con vida los pilotos con la presión de cabina sin oxígeno cuando eran derribados. Y le escribió la siguiente carta a Himmler: «Lamentablemente no se han podido hacer experiencias sobre material humano porque estas experiencias eran muy peligrosas y nadie se prestaba a ellas voluntariamente. Por eso me he decidido a plantearle una cuestión de capital importancia: ¿Puede usted poner a nuestra disposición dos o tres criminales profesionales con fines experimentales? Estas experiencias, en el curso de las cuales los sujetos de las mismas pueden morir, se harían, por supuesto, con mi activa participación». Himmler no podía estar más orgulloso de la iniciativa y contestó de inmediato: «Los presidiarios serán puestos a su disposición gustosamente para los experimentos».

Y así fue como empezó el martirio de los prisioneros gitanos, porque evidentemente no se trataba de criminales profesionales. Les prometían que si se ofrecían como voluntarios para un experimento en el que no recibirían daño alguno, serían liberados. Y era el propio Rascher era el que los engañaba.

Ahogados hasta la muerte

El médico preparó una especie de cámara de despresurización que imitaba las condiciones de los pilotos. Una vez estaban allá, con una máscara que les suministraba oxígeno, se les pedía que se la quitasen y se ahogaban entre grandes convulsiones. Después se hizo una segunda tanda en la que no llevaban máscara y se ahogaban desde el principio.

Con toda frialdad, anotó los resultados de su experimento: «He observado personalmente como a un prisionero encerrado [...] le estallaban los pulmones. Cierta clase de ensayos han producido tal presión en las cabezas de estos hombres que se volvían locos y se arrancaban los cabellos en un esfuerzo desesperado por mitigar aquella cruel sensación».

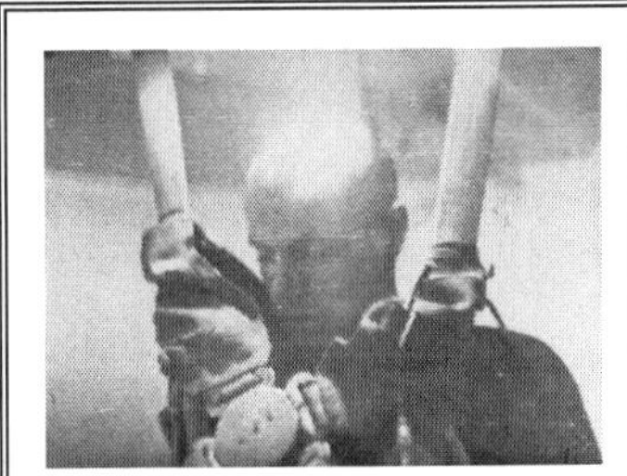

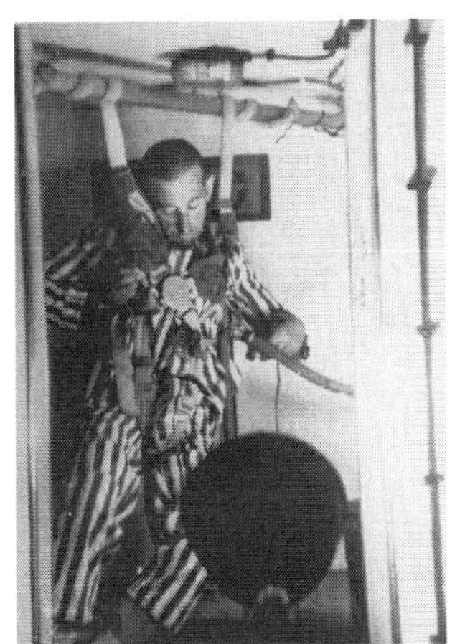

Prisioneros usados como cobayas humanas para experimentos relacionados con la aviación.

Los afortunados eran los que acababan muriendo en el acto, porque muchos, tras sobrevivir a una despresurización o justo después de ser reanimados, se tenían que enfrentar a una nueva agonía. Este es el resumen de las reacciones de otra cobaya humana tras ser expuesto a lo que sería una caída de 15.000 metros de altura: «Inmediatamente, su cuerpo comenzó a agitarse, presa de convulsiones. A 14.000 metros, se puso rígido y se sentó como un perro. Comenzó a jadear y emitir gruñidos con los miembros contraídos y los ojos a punto de salírsele de las órbitas».

La mayoría de los participantes en el estudio acabaron muriendo. El experimento de poco sirvió para ayudar a los pilotos. Manuel Moros Peña, autor de *Los médicos de Hitler* considera que «Sin duda Rascher disfrutaba con el sufrimiento ajeno y el espectáculo de la lucha al límite por la supervivencia».

Después de que fallecieran, Rascher procedía a practicarles la autopsia porque quería saber cómo había afectado el experimento a sus órganos. En muchas ocasiones dejaba los cadáveres abiertos y hacía muchas fotografías de ellos.

Muertos de frío

En la misma línea inició una segunda investigación igual de inhumana. Se trataba de averiguar la resistencia del cuerpo humano ante la muerte por hipotermia. Al principio, se trataba de dejarlos a la intemperie y sus anotaciones eran igualmente deshumanizadas. «Hasta la fecha, he enfriado a unas 30 personas dejándolas desnudas al aire libre entre 9 y 14 horas hasta llegar a una temperatura corporal de entre 27 y 29 grados. Después de un tiempo, correspondiente a un viaje de una hora, he dado a estos sujetos un baño caliente. Hasta ahora, todos los pacientes se han calentado por completo en una hora como máximo, aunque algunos de ellos tenían las manos y los pies blancos y congelados».

Posteriormente, preparó un tanque de hielo entre 2 y 12 grados en el que en diferentes etapas del experimento llegaron a sumergir a 300 prisioneros de Dachau. Se probaron diferentes formas de que alcanzaran la hipotermia. Unos entraban en el tanque vestidos, otros completamente desnudos y a algunos les habían sedado para que sus músculos no les respondieran. Así se les dejaba una hora y después empezaba la cruel reanimación, para la cual se probaban también diferentes métodos, algunos bastantes crueles. Se les inyectaba agua hirviendo en el estómago o se les daba alcohol. También se les sumergía en agua prácticamente hirviendo o se les administraba fármacos. Finalmente se concluyó que lo más efectivo era que se dieran un baño a 40°, que es el remedio que ya se sabía de toda la vida.

Extrañamente, los jefes de Rascher estuvieron muy contentos con sus experimentos pese a lo inútil de sus conclusiones y tal vez por lo cruel de su realización. En especial Himmler, que le permitió, una vez concluido el estudio, continuar llevando a cabo algunos experimentos para completar su tesis doctoral.

La primera parte fue gratuita y despiadada. Se introdujo a prisioneros rusos en agua helada durante dos horas para ver qué ocurría. Era evidente lo que ocurría: morían con un gran sufrimiento.

Pero lo más delirante, por decirlo de algún modo, fue que entre Himmler y él empezaron a imaginar técnicas de reanimación de los congelados o muertos a través de lo que llamaban «calor animal». Himmler mandó enviar a prisioneras del campo de Ravensbrück para que reanimaran a los presos, muchos ya muertos.

Los métodos eran diferentes. Al principio bastaba con que dos prisioneras estuvieran a su lado para transferir la temperatura corporal. Después les pidió que masturbaran al prisionero para que se «animara». Y después ya fue más allá. «Rascher instaló un espacioso lecho en su laboratorio donde colocaba a los prisioneros congelados entre dos de las cuatro prisioneras traídas para tal propósito desde el campo de Ravensbrück. Completamente

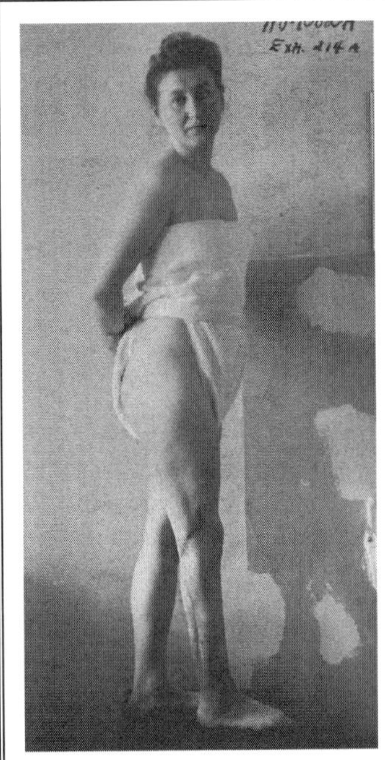

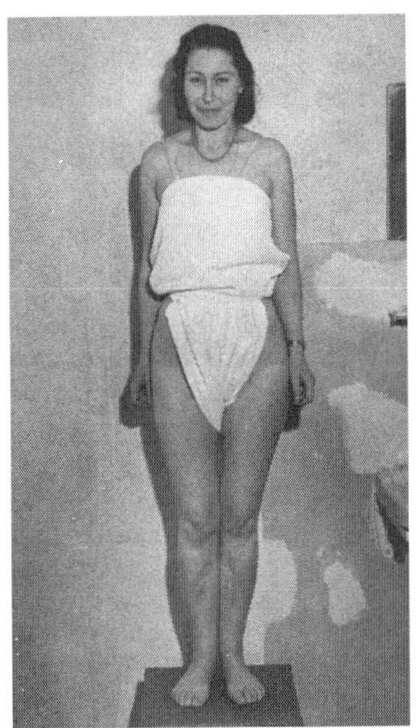

Prisioneras usadas como cobayas humanas.

GISELLA PERL, LA HEROÍNA QUE SALVÓ A MILES DE MUJERES

Fue la primera mujer rumana en estudiar medicina y su futuro se prometía brillante. Tuvo dos hijos y trabajó como ginecóloga hasta que los nazis invadieron la región y acabó en Auschwitz donde fue reclutada por el doctor Josef Mengele para que lo ayudara en sus experimentos.

Pronto descubrió que lo más letal para una mujer en el campo de exterminio era estar embarazada. «Eran apaleadas con porras y fustas, destrozadas por perros, arrastradas por los pelos y golpeadas en el estómago con las pesadas botas alemanas. En el momento en que se desmayaban, las arrojaban al crematorio. Vivas. Decidí que nunca más habría una embarazada en Auschwitz».

Solo había una forma de que sobrevivieran y era que abortaran. Y sólo había una persona que podía hacerlo: ella. Eso la puso en un dilema moral que ha arrastrado de por vida. «La decisión le costó mucho, pero comprendió que si ella no interrumpía los embarazos, tanto las madres como sus hijos enfrentarían una muerte segura. A pesar de sus creencias profesionales y religiosas como médica y judía practicante, Perl comenzó a realizar abortos sin instrumentos médicos ni anestesia, y con frecuencia en las abarrotadas y mugrientas barracas para mujeres de Auschwitz. Perl terminó con innumerables fetos con la esperanza de que las madres sobrevivieran y, luego, quizá, pudieran tener hijos». Se reseña en el artículo «La increíble historia de la mujer que practicó cientos de abortos para salvar a mujeres judías de los nazis», publicado en *Infobae*, el 26 de agosto de 2018.

Según este artículo: «En ocasiones se encontró con gestaciones muy avanzadas, que ya no permitían el aborto. Entonces perforaba la bolsa amniótica y dilataba manualmente el cérvix de la madre para inducir el parto. En esos casos, los niños prematuros morían casi instantáneamente. Sin la amenaza del descubrimiento de su embarazo, las mujeres podían volver a trabajar, ganar un aplazamiento de sus condenas a muerte».

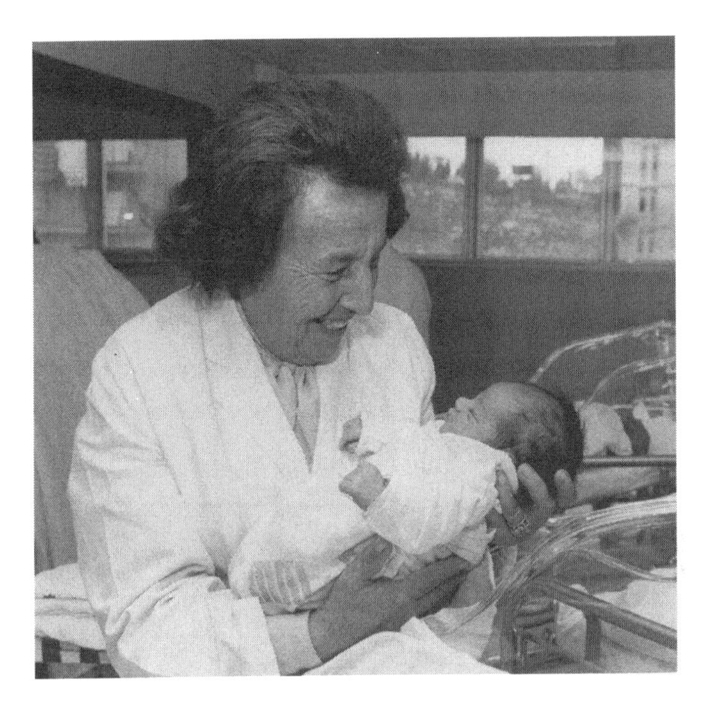

No se sabe a cuántas mujeres pudo salvar Perl, pero fueron cientos. La trasladaron al campo de Bergen-Belsen y cuando entraron las tropas aliadas la encontraron asistiendo un parto. Fue el primer niño judío nacido en libertad.

Sin embargo, tras sobrevivir al campo de exterminio, estuvo a punto de sucumbir al dolor al descubrir que su marido y su hijo habían muerto en otro campo. La desolación provocó que intentara suicidarse. Finalmente, arropada por amigos decidió emigrar a Estados Unidos. Pero allí fue acusada de ser una criminal nazi hasta que su testimonio sirvió para acusar a los médicos y varias supervivientes testificaron a su favor. Abrió una clínica ginecológica en Manhattan donde trajo al mundo a más de 3.000 niños y destinó parte de los beneficios a las víctimas del Holocausto.

desnudas, las mujeres debían apretarse a él lo más posible y tratar de provocar el coito».

Aquellos experimentos fascinaban a Himmler, que los observaba de cerca. «El cabecilla de los *voyeurs* no era otro que el mismísimo jefe de las SS. Aquel reprimido sexual sentía una "gran curiosidad" por los ensayos y se aseguró de no perdérselos», según afirma el historiador y escritor Nikolaus Wachsmann.

Sin embargo, Himmler acabó siendo el verdugo de Rascher y de su mujer, que recordemos que había sido su amante. ¿La razón? Descubrió que los tres hijos del matrimonio no habían sido concebidos por ellos, sino robados o comprados. Y eso le enfureció pues atentaba contra la pureza de la raza aria. Fueron juzgados y Karoline murió en la horca y él ante un pelotón de fusilamiento.

Karl Gebhardt, las terribles pruebas con la sulfamida

La carrera de Gebhardt fue meteórica desde 1933, momento en que se afilió al partido nazi por la invitación de su viejo amigo Heinrich Himmler. Ambos se conocían porque habían militado en los grupos paramilitares de apoyo a Hitler.

A partir de ahí, se encargó de convertir un sanatorio en un centro de investigación médica y curiosamente tuvo como ayudante a Irma Grese. Corría 1935 y no podían sospechar que unos años después se convertirían en el médico y la guardiana que acabarían siendo juzgados ante una corte internacional por sus atroces crímenes.

Gebhardt fue el médico de los deportistas alemanes en los Juegos Olímpicos de Berlín de 1936 y el presidente de la Cruz Roja Alemana. En 1939 se le encomendó una misión más «importante». Dirigiría un equipo de 24 médicos en los campos de concentración de

Ravensbrük y Auschwitz y ahí empezó el sufrimiento para miles de prisioneros.

Son muchos los experimentos en los que participó, a cual más cruel, pero seguramente uno de los más conocidos es el de la sulfamida. Supuestamente pretendían probar la validez de este medicamento de la familia de los antibióticos para curar las heridas de los soldados en el frente. Para hacerlo, provocaban heridas similares a los prisioneros. Y lo hacían con una crueldad metódica. Según recoge la Fundación Bios: «Desde julio de 1942 hasta septiembre de 1943, se realizaron experimentos en el campo de concentración de Ravensbrück para investigar la eficacia de la sulfamida. Heridas infligidas en sujetos experimentales fueron infectadas con estreptococos, gangrena gaseosa y tétanos. La circulación de la sangre era interrumpida atando los vasos sanguíneos circundantes a la herida para crear una condición similar a la observada en los campos de batalla. La infección era agravada mediante la introducción de restos de madera o de tierra en la herida; posteriormente, esta era tratada con sulfamida y otros fármacos con el objeto de determinar su eficacia».

Unas pruebas «amañadas»

Evidentemente, no se empleaba anestesia ni ningún otro paliativo del dolor. Pero lo más curioso es que en verdad no se quería probar la eficacia de la sulfamida sino más bien al contrario. Gebhardt no había prescrito este fármaco a Reinhard Heydrich después de que sufriera un atentado. Esa decisión, probablemente, le costó la vida, pero el médico no estaba dispuesto a admitirlo y aún menos su mentor, Himmler. Por eso decidieron montar aquellos crueles experimentos en los que los que recibían la sulfamida eran bastante peor tratados que los que no. Si algún prisionero mejoraba, automáticamente lo enviaban a la cámara de gas. Estas pruebas se practicaron principalmente en mujeres y su agonía de prolongó durante meses.

Ellas también fueron las víctimas de otro experimento perturbador, que ha aparecido en varios sumarios y en los testimonios de las supervivientes. A algunas mujeres se les inoculaba semen de chimpancé para ver si se quedaban embarazadas. Se sabe que una prisionera francesa acabó suicidándose después de ser inseminada en Ravensbrück.

La crueldad de Gebhardt con las prisioneras y prisioneros no tuvo límites. Se les amputaban miembros para ponérselos a soldados alemanes, pero antes hacían macabras pruebas entre los propios soldados. Se sabe que disecaba a personas vivas y que «inspiraba» al equipo de médicos a cometer todo tipo de aberraciones.

Cuando los rusos estaban a punto de entrar en Berlín, Gebhardt estuvo en el búnker y trató de convencer a Goebbels de que le permitiera llevarse a sus hijos en calidad de responsable de la Cruz Roja alemana. Pero Goebbels, que ya había decidido que sus hijos al igual que él y su mujer debían morir, se negó. Gebhardt se reunió entonces con Himmler y acabó siendo apresado. Compadeció en el Juicio a los Médicos y fue condenado a muerte en la prisión de Landsberg el 2 de junio de 1948.

Carl Vaernet y su vacuna contra la homosexualidad

Este médico danés abrazó los principios del nacionalsocialismo con una premisa que rápidamente llamó la atención de la cúpula directiva. Él quería experimentar un método que acabaría con la homosexualidad. Aquello era lo que querían oír los jerarcas nazis, en especial Heinrich Himmler, el jefe de la Gestapo que había iniciado una cruzada contra los gays. Él exigía «el exterminio de la existencia anormal», entendiendo por anormal la homosexualidad.

Así que la iniciativa de Vaernet fue como anillo al dedo para los planes de Himmler, que rápidamente le permitió experimentar con los prisioneros homosexuales de Buchenwald. Y ahí es donde empezó el horror para cientos de prisioneros. Según el periodista y autor del libro *La auténtica Odessa*, Uñu Goñi: «La cura consistía en la implantación de una glándula artificial que expedía testosterona. Se experimentó con unos quince sujetos. Algunos fueron castrados y luego se les implantó la "glándula sexual masculina artificial" del médico danés, un tubo de metal que liberaba testosterona en la ingle durante un periodo prolongado. Vaernet afirmaba que, como resultado de su trabajo, algunos sujetos habían renacido como heterosexuales. Con relación al caso del preso de Buchenwald número 21.686, Bernhard Steinhoff, un teólogo de 55 años, Vaernet informó a Berlín que "la herida de la operación ha sanado y no hay rechazo de la glándula sexual implantada [...] la persona se siente mejor y ha tenido sueños

con mujeres". Aparte de Himmler y Vaernet, nadie pareció impresionado. Según los relatos de los supervivientes, los médicos de las SS de Buchenwald "hacían chistes terribles" sobre los experimentos de Vaernet. En vista de las circunstancias en las que se realizaron dichos experimentos, no resulta sorprendente que los pacientes de Vaernet se declararan curados cuando el médico los interrogaba».

Los prisioneros acabaron llamando al implante «piedras de fuego» por el dolor que les producía. Tras la operación, dos prisioneros murieron por complicaciones derivadas de la intervención y durante las semanas siguientes fallecieron casi todos los prisioneros de resultas del macabro experimento. De hecho, en la documentación existente, Vaernet nunca habla con Himmler de los resultados de sus pruebas, por lo que se supone que es una forma de ocultar que fueron un auténtico fracaso. De todas formas, siguió experimentando. Tanto con los implantes hormonales como con la castración y la esterilización con resultados realmente catastróficos y en la mayoría de los casos letales.

Huida y protección

Vaernet fue de esos criminales nazis que consiguieron milagrosamente escapar y empezar una nueva vida. Y eso ha resultado cuanto menos sospechoso pues es bastante difícil llevar a cabo una acción así sin el consentimiento de algún gobierno que supuestamente tendría que estar persiguiendo a estos genocidas.

EL JUICIO A LOS MÉDICOS

La derrota del Tercer Reich sirvió para que el mundo conociera sus atrocidades. Los campos de exterminio y la solución final aterrorizaron al mundo. Los crímenes cometidos se tenían que juzgar y se hizo en los famosos Juicios de Núremberg, que encausó a las principales figuras del nazismo que seguían con vida. Justo al acabarse, se celebraron otros doce más, conocidos también como los Juicios de Núremberg y el primero recibió el nombre de Juicio de los Médicos.

Algunos historiadores mantienen que en ese momento no se era consciente de la magnitud de los experimentos llevados a cabo con seres humanos en campos de concentración. El Holocausto en sí parecía un epítome del horror difícil de superar. Por ello, es probable que en este juicio no se depuraran todas las responsabilidades, porque lo que se buscaba era la vinculación de los facultativos en la solución final, las políticas de esterilización y de eutanasia. De todos modos, los 85 testimonios y los 1471 documentos dieron pistas de las aberraciones que se habían cometido en los campos de exterminio al amparo de los médicos y también de la industria farmacológica alemana. Más adelante, en sucesivos juicios se reuniría información para llevar a cabo nuevas acusaciones.

El Juicio de los Médicos empezó el 9 de diciembre de 1946 y en el banquillo compadecieron tres oficiales y 20 médicos que se enfrentaron a los cargos de crímenes de guerra, crímenes contra la humanidad, genocidio y guerra de agresión. Siete de los acusados fueron absueltos, nueve cumplieron penas de prisión y siete fueron condenados a muerte. De todos modos algunos historiadores y abogados en derecho penal consideran que estas penas fueron tibias y que la razón es que en ese momento se buscaba la vinculación de los médicos con la solución final y no se investigaron tan a fondo los experimentos.

En su caso se sospecha que consiguió «desaparecer» gracias a la ayuda del gobierno británico, que fue el que lo apresó, y del danés, que era su país de origen y donde fue apresado, pues fue identificado y detenido a la espera de juicio en un campo de prisioneros cerca de Copenhague. Allá parece que consiguió interesar al gobierno británico y al danés sobre sus investigaciones para acabar con la homosexualidad. De hecho, les ofreció una patente, que estaba muy avanzada e, incluso, tuvo contacto con compañías farmacológicas y químicas.

En aquella época se queja de un problema cardiaco y consigue que lo trasladen a un hospital en la capital danesa. Todas las pruebas que le practican no demuestran que tuviera ningún problema de ese tipo ni de ningún otro, pero aún así consigue que recomienden que sea trasladado a un hospital en Suecia para recibir un tratamiento. Todo ello es pagado con dinero público. Un trato que, evidentemente, no recibió ningún otro criminal nazi. Sea como fuera, una vez en Suecia consigue el dinero que tenía en una cuenta en ese país y lo más importante: embarca rumbo a Argentina. La documentación después encontrada deja claro que el plan de fuga llevaba orquestándose durante tiempo y que sin la ayuda de al menos el gobierno danés hubiera sido bastante difícil de llevar a cabo. El activista por los derechos LGTB Peter Tatchell inició un procedimiento para que el gobierno de Dinamarca explicara lo que sucedió y aún no ha obtenido respuesta.

Una vez llega a Argentina, Vaernet es recibido con todo tipo de lujos por el gobierno de Juan Domingo Perón. De hecho, el ministro de salud, Ramón Carrillo, le ofrece un puesto de trabajo. El 28 de abril de 1947 los dos firman un contrato de cinco años para que trabajara en la Salud Pública de Argentina como médico fisiológico. En 1949 se le concede la nacionalidad argentina. Abrió una consulta privada en la que siguió ofreciendo tratamientos para combatir la homo-

sexualidad basados en peligrosas terapias hormonales. Su hijo le ayudó y llegaron a plantearse practicar lobotomías para lograr el éxito de su infame misión. Vivió tranquilamente, sin ser perseguido, con el amparo del gobierno y con bastantes lujos hasta su muerte a los 72 años de edad.

Kurt Heissmeyer y sus escalofriantes experimentos con la tuberculosis

Las razones por la que los médicos alemanes perpetraron sus horribles crímenes son diferentes en cada caso. El de Kurt Heissmeyer no tiene nada que ver con querer medrar en el partido nazi ni con tener un genuino interés científico cuyo fin justificaría los medios. No. Heissmeyer lo que quería era estabilidad económica y cierto prestigio y para ello tenía que conseguir una cátedra universitaria. Pero era requisito indispensable para lograrla que hubiera hecho algún tipo de investigación empírica. Así que empleó los contactos que tenía y consiguió que Himmler se interesara por una investigación sobre la tuberculosis.

Como casi todas las investigaciones que se han analizado, el calado científico que la sustentaba era escaso o inexistente. De hecho, el facultativo se basaba en ideas vagas copiadas de médicos austríacos que consideraban que si se inyectaban los bacilos que producían la tuberculosis, el cuerpo desarrollaría sus auténticas defensas. El médico inició sus experimentos en el campo de concentración de Neuengamme.

Para la primera de sus pruebas empleó a 32 prisioneros soviéticos a los que engañó asegurando que no les causaría ningún daño y además les prometió que tendrían más comida que el resto de sus compañeros. Cuatro de ellos murieron poco después y varios más fallecieron en las semanas siguientes. De todas formas, el médico no se sintió frustrado por el resultado y siguió con la investigación.

Asesinato de niños

El siguiente paso que llevó a cabo fue reclutar a veinte niños. Dicen que parte de ellos se los consiguió Josef Mengele, que pidió a que los pequeños que quisieran verse con su madre dieran un paso adelante.

Se inoculó la tuberculosis en los pulmones de los pequeños y después estos fueron operados para extirparles los ganglios linfáticos y comprobar así si había anticuerpos contra la tuberculosis. Evidentemente, no hallaron ninguno.

En ese momento, en enero de 1945, los nazis ya estaban perdiendo la guerra y tenían que deshacerse de las pruebas de los experimentos con humanos antes de que entraran los aliados. Así que con engaños se trasladó a los pequeños, a dos médicos, dos enfermeras y 14 prisioneros rusos a un sótano. Allí, estrangularon a los adultos, les inyectaron morfina a los pequeños y después los ahorcaron.

Heissmeyer volvió a su localidad natal de Magdeburgo donde abrió su consulta como especialista en enfermedades pulmonares. Allí llevó una tranquila vida con su mujer y sus hijos durante 14 años. Pero el semanario *Stern* publicó una serie de artículos sobre la matanza de los niños en los que le acusaba directamente. No fue hasta cuatro años después, en 1963, que el criminal fue arrestado y después del juicio fue condenado a cadena perpetua. Murió en prisión en 1967 de un ataque al corazón.

Durante el juicio pronunció una de las declaraciones más aterradoras y a la vez definitorias del horror nazi: «No pensé que los reclusos pudieran ser considerados seres humanos. Para mí, no había una diferencia entre los seres humanos y los conejillos de indias. Perdón, entre los judíos y los conejillos de indias».

Herta Oberheuser, la sádica amputadora

Oberheuser quería ser enfermera y especializarse en dermatología y lo logró. De hecho, se planteó estudiar medicina, pero acabó utilizando esos conocimientos para infringir un dolor terrible a sus víctimas, las prisioneras del campo de Ravensbrück. Allí no llegó en calidad de docente, sino como guardiana. Su familia estaba pasando

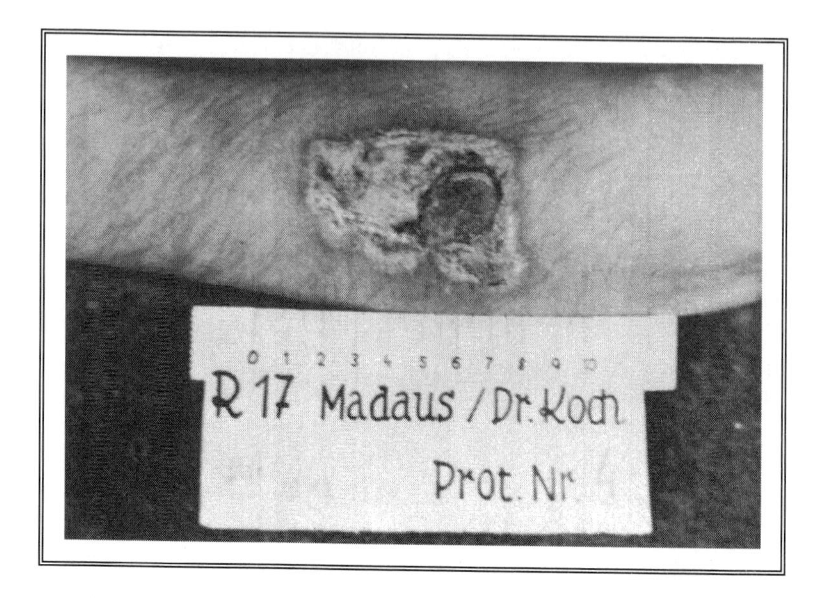

problemas económicos y como el sueldo de enfermera no era muy elevado se apuntó a un anuncio en el que solicitaban empleadas en «un campamento cercano a Berlín».

El campamento era el campo de concentración de mujeres, donde, tal como comenta Mónica González Álvarez, autora de *Guardianas nazis, el lado femenino del mal*. «En Ravensbrück, en lugar de enseñarles cómo se debía administrar un campo, aprendían las diferentes formas de pegar, apalear y asesinar a los presos, además de todo lo referente al tema de los hornos crematorios. Todas las alemanas que pasaban por allí estaban destinadas a maltratar, humillar y en última instancia matar a cualquier preso que pasara por el campo de concentración».

Oberheuser no fue una excepción. Pero al saber que tenía conocimientos médicos su crueldad se encauzó hacia los experimentos. En concreto, pasó a formar parte de las prácticas que llevaba a cabo el equipo de Karl Gebhardt con la sulfamida y que se han descrito al principio de este capítulo. Gebhardt ejerció de tutor con Oberheuser que rápidamente aprendía todo lo que le enseñaba el maestro. Era especialmente hábil causando heridas a las internas e infectándolas para conseguir imitar a las que padecían los soldados en el frente.

La rompehuesos

Oberheuser estaba obsesionada por conocer el tiempo de regeneración de una fractura ósea. Para ello, les rompía los huesos de las formas más bárbaras que se le ocurrían. Después esperaba a que se recuperasen. Si la fractura tardaba mucho en soldarse, las llevaba a la cámara de gas o al pelotón de fusilamiento, pues lo que le interesaba era estudiar a las que conseguían que sus huesos se soldaran rápidamente. De todas formas, en la mayoría de las ocasiones estas tampoco tenían mucha más suerte, pues en cuanto la ruptura sanaba, la sádica enfermera volvía a golpearla para conseguir una nueva rotura.

Además de los huesos, también le interesaba la regeneración de los músculos y nervios, así como la de los órganos. «Rompían parte de las extremidades de estas "conejillos de indias" para constatar cómo se producía la regeneración del músculo de los nervios o si era necesario un trasplante», asegura González Álvarez.

El dolor que causaba a las reclusas era terrible, pero ella no parecía ni darse cuenta. Simplemente observaba la evolución y, si los gritos le molestaban, mandaba que las amordazaran. Otra de sus «labores» era amputar órganos para los soldados que los necesitaran. Pero cuando no había demanda, lo hacía de todos modos y volvía a implantarlos en la prisionera para ver cuándo tardaban en cicatrizar. Aunque lo cierto es que la mayoría moría antes de que pudiera llevar a cabo el cálculo. En otras ocasiones también practicaba amputaciones de órganos simplemente para ver cuánto podía resistir un ser humano sin tal o cual parte.

«La Dra. Herta Oberheuser utilizó a un grupo de ochenta mujeres para someterlas a experimentación continua. Les abría el cuerpo sin ningún tipo de anestesia y después les amputaba los huesos o masa muscular con el fin de utilizarlos como injerto en otras prisioneras sustituyendo las partes extraídas», asegura F. Javier Blázquez Ruiz en su tesis «Investigación y experimentación medica en el nacionalsocialismo. Biopoder en el campo de concentración femenino de Ravensbrück. Implicaciones biojurídicas». Estos experimentos dan idea del sadismo del personaje, pero lo peor aún está por llegar, pues la psicópata enfermera se cebó con los niños que había en el campo. A ellos les inyectaba hexobarbital, un barbitúrico sedante, pero no anestésico, para proceder a amputarles órganos mientras eran conscientes de lo que estaba haciendo. Ni siquiera le importaba que sobrevivieran al proceso, pues si lo hacían, les asesinaba con una inyección de gasolina.

Juicio y condena

En 1943 fue trasladada al hospital psiquiátrico de Hochenlychen donde siguió llevando a cabo experimentos. Y en 1945 fue capturada. Dos años después compareció en el famoso Juicio de los Médicos, siendo la única mujer que se sentó en el banquillo.

Con mirada inocente, declaró ante el juez: «Al administrar atenciones terapéuticas, siguiendo los principios médicos establecidos, y como mujer en una posición difícil, lo hice lo mejor que pude».

No opinaron lo mismo las testigos. Conchita Ramos, una superviviente española, definió el horror perpetrado por Herta Oberheuser en Ravensbrück: «Nos llevaron a una barraca donde vi a mujeres operadas. Les habían operado las piernas, cortado tendones, los músculos, rasgado la piel, se les veía el hueso, todo para experimentar con el cuerpo humano. Tenían unas cicatrices horribles. A otras les inoculaban productos químicos o sufrían amputaciones».

La condena indignó a sus víctimas: tan solo 20 años que acabaron rebajándose por buen comportamiento. Al salir de prisión, volvió a trabajar como enfermera de 1952 a 1958, cuando fue reconocida por una superviviente y le revocaron la licencia médica. Vivió veinte años más tranquilamente hasta su muerte.

Carl Clauberg y sus tácticas de esterilización

Este ginecólogo alemán quería, antes de la guerra, encontrar una cura para la infertilidad. Por ello estuvo realizando experimentos con la progesterona y en 1937 consiguió un trabajo que le permitió hacer esa investigación en un hospital universitario. Nada que ver

con lo que vendría a continuación, pues acabó trabajando en campos de concentración para conseguir justo lo contrario: la esterilización.

La propuesta le vino de la mano de Himmler, que estaba obsesionado por esterilizar a los judíos y a cualquier raza que considerara inferior, es decir todas menos la aria. Ya se habían instaurado por ley la eugenesia (esterilización forzada) entre discapacitados siguiendo las técnicas tradicionales. Pero el jefe de las SS soñaba con ir más lejos: quería un método que permitiera esterilizar al mayor número de personas en el mínimo tiempo posible y con un coste muy bajo.

Clauberg aceptó en encargo y se mudó a Auschwitz donde pusieron a su disposición el famoso barracón 10, el de los experimentos médicos, por el que pasaron mujeres que participaron en sus aberrantes pruebas. Un auténtico horror que se saldó con múltiples muertes y se calcula que con la esterilización de 700 mujeres.

Uno de los métodos más «efectivos» consistía en inyectar formaldehído en el útero de las prisioneras, evidentemente sin anestesia. Esta substancia causaba una irritación en las trompas de falopio que acababa por inutilizarlas. Pero en la mayoría de las ocasiones provocaba, además de un dolor brutal, una obstrucción que se saldaba con una inflamación que acababa en sepsis y, por tanto, en la muerte de la paciente. Cuentan que incluso cuando la operación tenía éxito, muchas veces ejecutaba a las pacientes para poderles practicar la autopsia y saber exactamente cómo había funcionado su macabro tratamiento.

Una superviviente al horror

La prisionera de 17 años Mazaltov Behar Mordoh sabía que ninguna mujer podía decidir no participar en los experimentos del doctor Clauberg. Le quedó muy claro el día en el que su cuñada lo hizo. «Quería tener hijos y se negó a participar en los ensayos de Clauberg; la mataron». Así que la joven Mazaltov no dijo nada cuando la eligieron para el experimento.

«Me pusieron una madera y me radiaron con unas máquinas. Consiguieron pudrirme un ovario y mi riñón dejó de funcionar». Tras observar los resultados el doctor Clauberg le pidió a sus asistentes, un anciano médico llamado Samuel y la enfermera Fela, ambos judíos, que la esterilizaran.

«El día después de la operación yo no hacía más que llorar. Samuel se sentó en mi cama y le pregunté si podría tener hijos. Ahí fue cuando me dijo que no me había hecho nada malo, que solo me había extirpado lo que estaba podrido», recuerda la mujer. Al cabo de unos pocos días, Samuel fue ejecutado. «Él sabía que lo iban a matar pero decidió salvarme», recordaba aún emocionada a la edad de 88 años en el artículo «Así es como logré sobrevivir a los experimentos nazis», publicado por Maria Sainz en *El Mundo* el 3 de septiembre de 2010. En agradecimiento Mazaltov llamó a su hijo David Samuel. Sin embargo, no todas las mujeres tuvieron la misma suerte que Mazaltov y muchas perdieron la posibilidad de ser madres o, directamente, la vida.

Más experimentos

Cuando se cerró el campo de Auschwitz, Clauberg quiso continuar su labor y se mudó al de Ravensbrück donde siguió probando sus métodos de esterilización con mujeres gitanas. Y es allí donde fue apresado por las tropas soviéticas en 1945 y juzgado. Sus crímenes le valieron una condena de 25 años en la antigua URSS que nunca llegó a cumplir porque fue liberado, aunque sin haber sido indultado. La razón es que fue devuelto a Alemania en un intercambio de prisioneros.

De nuevo en su país, decidió volver a su carrera y a sus estudios sobre fertilidad y esterilización. Como la mayoría de los nazis, no estaba arrepentido de sus crímenes. Es más, se enorgullecía de los experimentos que había realizado en los campos de concentración. Todo ello impidió que pasara desapercibido y en 1955 un grupo de supervivientes organizó una protesta pública. Las voces de las víctimas fueron escuchadas y fue arrestado. Murió en 1957 antes de que se celebrara el juicio.

«LO PRIMERO, NO HACER DAÑO»

Los experimentos médicos realizados por los nazis escandalizaron al mundo de tal modo que tras los Juicios de Núremberg se llevó a cabo el primer código internacional. Fue el nacimiento de la llamada bioética. Se publicó el 19 de agosto de 1947 y se empleó el precepto *primum non nocere*, que se traduce como «lo primero, no hacer daño».

Esta expresión que se atribuye a Hipócrates se utilizaba entre los médicos desde el 1860 y pretendía ser un recordatorio para ellos, para que siempre tuvieran presente que debían vigilar que sus acciones o los efectos secundarios de las mismas no causaran dolor a sus pacientes.

La alocución cobró un nuevo sentido tras descubrir los atroces experimentos que se habían llevado a cabo durante el Tercer Reich. Y encabezó el código para dejar claro que algo así no podía repetirse. Se estableció, además, un decálogo de principios éticos que regulaban los experimentos con humanos y que recalcaban que se tenía que contar con el consentimiento voluntario del paciente.

Curiosamente, este código no fue aceptado por ningún país o asociación médica, pero aún así su influencia ha sido muy poderosa. Influyó, por ejemplo, en la Declaración de los Derechos Humanos y su contenido ha sido adoptado por muchas de las declaraciones sobre ética que se han hecho después, desde la Declaración de Ginebra (1948) hasta la Declaración Universal sobre Bioética y Derechos Humanos de la UNESCO (2005). El horror producido por los experimentos nazis creó una conciencia de que aquello no podía repetirse y que ha llegado hasta nuestros días.

CAPÍTULO 8
EL INFIERNO DE LOS CAMPOS DE CONCENTRACIÓN

Sin duda la imagen que se identifica más rápidamente con el nazismo es la de los campos de concentración, donde millones de personas perdieron la vida y otras padecieron sufrimientos inhumanos. Allí dejó de existir cualquier consideración ética y se llevaron acabo las torturas más salvajes. Los prisioneros de los campos nunca fueron considerados seres humanos. De hecho, muchos nazis durante los juicios de guerra así lo manifestaron. No entendían que lo que hicieron fuera reprobable pues no consideraban que los prisioneros pudieran ser considerados humanos. Hasta ese nivel de locura y atrocidad llegó el Tercer Reich.

Como se verá en este capítulo, se pueden distinguir tres etapas muy marcadas en la evolución de los campos de concentración, que finalmente se convertirán en campos de exterminio y que se especializarán en implementar la solución final, es decir el fin de los judíos en Europa, así como de lo que consideraron razas inferiores. La historia de estas tres fases es un crescendo hacia el horror y la depravación humana. Desde un principio, los campos fueron lugares terribles de tortura y destrucción, pero aunque pareciera imposible, el nivel fue virando hacia la barbarie más absoluta.

Características de los campos: un infierno sin ley

Los primeros campos de concentración se crearon para encerrar a la disidencia alemana. Se trataba pues de ciudadanos de este país cuyos derechos fueron vulnerados desde el principio. De hecho, la creación de los campos es un modo de poder hacerlo, de no tener que dar cuentas de lo que sucede con estas personas que están al margen de cualquier proceso judicial.

Los primeros arrestos se llevaron a cabo en diferentes instalaciones y generaron algunas quejas porque se sabía que torturaban a los reclusos. A medida que las SS fueron ganando terreno, pudieron encargarse de los prisioneros sin tener que dar explicaciones a nadie.

La ruptura de la legalidad es apabullante y abre la puerta a la barbarie que está por venir. En este sentido es importante entender la forma de internar a cualquier persona en un campo de concentración.

Para recluir en un campo a cualquier persona no era necesario que hubiera sido acusada de ningún delito ni que hubiera pasado por un tribunal o tuviera la condena de un juez. Asimismo, también podían ingresar en estos campos aquellas personas que hubieran sido absueltas de cualquier delito pero que hubieran comparecido en algún juicio acusadas de algo. También podían ser recluidos aquellos que ya hubieran cumplido una pena y después de salir de prisión se considerara que debían seguir purgándola.

Todas estas razones eran absolutamente arbitrarias y se podían resumir en una frase, que las autoridades policíacas y las SS consideraran que esa persona (a menudo debido a la supuesta inferioridad racial o presunta «hostilidad contra Alemania» impulsada por motivos raciales) era un peligro para la sociedad alemana, tal y como recoge la *Enciclopedia del Holocausto*.

Desde el principio de los campos de concentración, los miembros de las SS podían asesinar a quien quisieran sin dar explicaciones. En un principio, intentaban disimular los crímenes, atribuyéndolos a causas naturales o a intentos de fuga. Pero con el tiempo, ni siquiera fue necesario inventar coartadas. Según la *Enciclopedia del Holocausto*: «Los campos de concentración, que estaban fuera del alcance de las autoridades judiciales alemanas, siempre habían sido lugares donde las SS podían matar a los prisioneros. Sin embargo, tras el comienzo de la guerra, los campos se convirtieron cada vez más en lugares destinados al homicidio sistemático de individuos y pequeños grupos de personas».

Trabajos forzados

En los campos de concentración, los prisioneros debían trabajar para purgar sus supuestos delitos ayudando a la sociedad. Básicamente se convirtieron en mano de obra esclava para los intereses del Tercer Reich. Trabajaban para las empresas que controlaban las SS, pero también podían ser cedidos para cualquier otra compañía germana que necesitara trabajadores.

A partir de 1942 se los empleó, sobre todo, en la industria armamentística. Pero también para expandir los propios campos. Con la implantación de la solución final, los campos suponían un trabajo en sí: ampliarlos y crear infraestructuras se convirtió en la labor que realizaban miles de prisioneros.

Se ha de tener en cuenta que las condiciones del propio campo estaban pensadas para que los prisioneros acabaran muriendo de hambre, frío, enfermedades y agotamiento. A ello se le ha de añadir la crueldad y las torturas de los miembros de las SS que gestionaban los campos. Y por supuesto, las cámaras de gas, los ahorcamientos y los fusilamientos que aceleraban el proceso. Pero estaba claro que cuando alguien ingresaba en un campo de concentración, nunca iba a ser liberado y que el objetivo de su estancia allí era que encontrara la muerte.

Primera etapa: la opresión de la disidencia (1933-1939)

«Inmediatamente después de hacerse con el poder, los nazis construyeron campos en los que encarcelaron y trataron de forma brutal a aquellos que consideraban opositores al régimen; comunistas, socialistas, líderes sindicales y cualquiera que supusiese una "amenaza". Esos campos fueron diseñados para acabar con la oposición e infundir temor entre la población y asegurarse de que no surgirían más opositores. El primer campo de concentración se puso en funcionamiento el 23 de marzo de 1933 en Dachau, dos meses después de que Hitler fuese nombrado Canciller de Alemania», asegura el historiador Benedicto Cuervo Álvarez en su investigación *Los campos de concentración nazis*.

Por lo tanto, los campos estuvieron presentes desde el inicio del nazismo y poco a poco su finalidad fue virando hacia el exterminio. Las condiciones fueron desde un principio atroces y quisieron crear el terror entre el resto de la ciudadanía para aplacar cualquier oposición. En esta etapa se construyeron once campos y la mayoría se ubicaron en los alrededores de Alemania y de Austria.

«Los primeros campos de concentración se establecieron a fin de disuadir a los posibles oponentes y aterrorizarlos, así como también a la sociedad en general. Las personas que fueron detenidas durante este período eran definidas como "perjudiciales para la nación", pero a quienes, por medio de un programa de tratamiento duro y condiciones severas se les podrían hacer cambiar sus posiciones políticas y eventualmente ser liberados. Pero esto, por supuesto,

se aplicaba solo a aquellos que eran considerados candidatos para la "reeducación". Aquellos que habían sido designados por las SS como "incorregibles" podían esperar solamente convertirse en el objetivo de tratos extremadamente crueles y de torturas. Los prisioneros del campo fueron definidos como "enemigos de la nación". Todos los derechos civiles fueron revocados y no había ninguna forma de saber cuánto tiempo los presos estarían encarcelados», ilustra un texto del Centro Mundial de la Conmemoración de la Shoa.

Un ensayo general del horror

Las condiciones de vida eran durísimas y la única diferencia de esta etapa con las posteriores es que los prisioneros podían en algún momento obtener la libertad. En cierta forma se considera que esta fase fue una experimentación que sirvió para asentar la barbarie posterior.

«La vida cotidiana en el campo se caracterizaba por las condiciones de vida inadecuadas, una rutina diaria estrictamente estipulada, trabajo forzado exhaustivo y disciplina militar excesiva, además de la humillación y el terror que los guardias ejercían sobre los prisioneros. A diferencia de los campos de concentración posteriores, los reclusos de esta primera etapa podían obtener la liberación luego de algunos meses. Así, a pesar de los estallidos de violencia y casos aislados de asesinatos, tiempo después los campos pasaron de ser instrumentos de persecución a lugares construidos intencionalmente bajo condiciones de vida aterradoras y que apuntaban a exterminar grupos específicos (especialmente judíos). Estos primeros años de existencia de los campos de concentración nazi sería la "etapa experimental" (1933-1934) y se podrían considerar como un ensayo general para la creciente radicalización del sistema de campos, que terminó con asesinatos masivos en los campos de exterminio», recoge Cuervo Álvarez.

El experimento funcionó. Los nazis habían dado con una forma atroz de llevar a cabo sus crímenes. Durante esta etapa acabaron con la vida de un millón doscientas mil personas. La cifra en el momento era descorazonadora, pero con el tiempo palideció, pues esos muertos fueron «solo» el 20% de los asesinatos que tuvieron lugar en los campos de concentración durante toda la guerra.

LA BANALIDAD DEL MAL

El juicio de Adolf Eichmann fue un acontecimiento mediático que provocó un debate ético. El acusado en todo momento argumentó que él cumplía órdenes y que no era su cometido juzgar si lo que le encomendaban estaba bien o mal, lo cual generó una polémica que ha llegado hasta nuestros días y ni los estudios psiquiátricos a los encausados ni otros análisis posteriores arrojaron nunca una respuesta inequívoca sobre la cuestión.

Una de las asistentes al juicio se acercó a una teoría. Se llamaba Hannah Arendt, era judía, filósofa, periodista y había huido de milagro de la Alemania nazi. También había sido la amante de Martin Heidegger, uno de los principales filósofos del Tercer Reich, al que ocultó su militancia política. Ella era sin duda la persona más adecuada para intentar conocer el origen del mal. Y lo hizo analizando la cuestión sin resentimientos, intentando entender qué pensamientos habían llevado al criminal nazi a actuar como lo hizo.

Así concluyó la teoría más famosa sobre el Holocausto nazi: la banalidad del mal. Eichmann nunca había sido un antisemita declarado, tampoco tenía ningún rasgo de carácter psicopático. No era el monstruo que pretendía presentar la prensa. Era un burócrata ambicioso que quería destacar en su carrera y que cumplió con las órdenes asignadas sin reflexionar. Le importó más la eficacia que pararse a pensar si lo que estaba haciendo estaba bien o mal.

La conclusión a la que llegó es que Eichmann era una persona que, como muchas, dentro de un sistema maligno no reflexiona sobre el mismo y cumple las órdenes para complacer a sus superiores y medrar en la organización. Delega, en cierta forma, los criterios éticos de lo que es moral y lo que no a las autoridades superiores. Tal vez si Eichmann hubiera nacido en otro país, jamás hubiera cometido actos tan deleznables como los que llevó a cabo. Y tal vez si personas que parecen normales e incluso bondadosas hubieran estado en la Alemania nazi hubieran acabado convertidas en criminales de guerra.

En esta época se edificó el campo más grande en territorio alemán y el segundo de mayor extensión de todo el Tercer Reich después de Auschwitz. Se trataba de Ravensbrück, un campo exclusivamente dedicado a mujeres, donde se cometieron crímenes de una atrocidad inenarrable.

«Nos llevaron allí y nos mantuvieron en una gran tienda de campaña, algo así como una carpa de circo, durante varios días sin comida ni agua. Sin agua... Quiero decir que estábamos de alguna manera acostumbradas al hambre, pero sin agua era algo horrible. Llovió y teníamos esas cucharas y estábamos tratando de poner nuestra cuchara fuera de la tienda para tratar de conseguir unas gotas de agua. Y por supuesto que no teníamos la paciencia para esperar a que la cuchara se llenara, por lo que tan pronto como tuvimos unas cuantas gotas de agua, nos la bebimos ansiosamente», recuerda una de las supervivientes.

Las mujeres eran obligadas a trabajar muchas veces hasta la muerte para las industrias alemanas. Periódicamente se llevaban a cabo revisiones para escoger a las que estaban demasiado débiles para seguir trabajando. Estas eran inmediatamente fusiladas, ahorcadas o gaseadas. En Ravensbrück también se llevaron a cabo, a partir del verano de 1942, los sádicos experimentos científicos que acabaron con la vida de muchísimas de las reclusas. «A las jovencitas se las llevaban y les quitaban todos los órganos que podían. Luego las enviaban a trabajar. Pero no podían y una semana después se morían», aseguró una de las supervivientes, Anette Cabelli.

Segunda etapa: la expansión de los campos (1940-1941)

Tras el inicio de la guerra y la conquista de nuevos territorios, los alemanes siguieron construyendo nuevos campos de concentración. Al estar fuera del territorio germano, no tenían que dar tantas explicaciones de lo que ahí ocurría y acabaron por dar rienda suelta a su crueldad y sadismo, aún mayor que el que habían mostrado hasta aquel momento.

En esta fase conviven los campos de concentración con los de exterminio. De los 21 campos, solo seis son de exterminio. De todas formas, el recrudecimiento de las condiciones de vida de los prisioneros acaba por ser una forma de exterminio en sí misma.

Una escalofriante fotografía de Auschwitz con miles de gafas incautadas a los judíos apresados en el campo.

«El campo de concentración más terrorífico fue sin duda el de Auschwitz, debido al maltrato recibido por los presos y especialmente por las más de 1,5 millones de personas asesinadas en estas instalaciones. Situado a unos 60 km al oeste de Cracovia, fue el mayor centro de exterminio de la historia del nazismo [...]. La mayor parte de los asesinados en Auschwitz, el 90%, eran judíos y fallecieron en las cámaras de gas, pero no morían solo allí, sino también de hambre o a causa de enfermedades como el tifus. Antes de arrastrar sus cadáveres a los hornos crematorios, los prisioneros debían retirarles las joyas o los dientes de oro y a las mujeres cortarles el pelo», detalla Cuervo Álvarez.

Algunos de los pocos supervivientes a este campo recuerdan que a su entrada les advertían del horror que iban a vivir. Los oficiales nazis les decían claramente y con su habitual cinismo que no iban a sobrevivir más de tres meses.

El terror ustacha

Quince meses después de la construcción de Auschwitz tuvo lugar la de Jasenovac, uno de los campos en los que se cometieron mayores atrocidades. Dependía de Croacia, donde se había instaurado un régimen fascista, títere del de Hitler, gobernado por los ustachas, que demostraron un sadismo a veces superior al de los propios nazis.

«Fuentes históricas afirman que los ustachas fueron especialmente crueles con las mujeres. Primero las violaban y luego les cortaban los pechos y los brazos, mientras que a las embarazadas les abrían el vientre para sacar el bebé no nacido y matarlo. Del terror ustacha ni siquiera se libraron las ancianas, a las que sacaban los ojos y enterraban vivas», asegura Cuervo Álvarez. «En Jasenovac fueron asesinados niños de 1 a 14 años de edad. Un superviviente recuerda que los ustachas quemaron vivos a muchos niños en presencia de sus padres, mientras que a otros prefirieron ahogarlos en el río Sava, que estaba junto al campo de exterminio. El investigador Dragoje Lukic asegura que los niños en pañales fueron disparados o masacrados con hachas. Los ustachas también cometieron otra atrocidad difícil de describir: las niñas de 12-13 años de edad fueron violadas en presencia de sus madres».

Un superviviente, Dusan Culum, atestiguó las terribles matanzas que se cometieron en ese campo contra la población gitana: «Todos los días llegaban a Jasenovac de seis a doce vagones de gitanos. Debían desembarcar del tren ante el campo y sentarse en el suelo. El comandante del campo, Luburic, u otros responsables ustachas, les señalaban el lugar donde serían instalados para trabajar. Los ustachas cogían primero a los hombres y les contaban que serían enviados a Alemania. Les hacían cantar "Bendito sea Pavelic (el jefe nazi croata)" y les embarcaban en balsas para cruzar el río hasta Ustice y los llevaban a casas cuyos ocupantes serbios habían sido asesinados. Las casas estaban rodeadas de espino y formaban un pequeño campo. Después, los ustachas mataban a los gitanos a mazazos y los enterraban en los jardines. Tras haber matado a los hombres, volvían y mataban a las mujeres y a los niños».

Lo más aterrador de la actuación de los ustachas fue su absoluta falta de remordimientos, su enseñamiento cruel y casi burlesco hacia sus víctimas y el sadismo que nunca se esforzaron ni tan siquiera en disimular. La siguiente declaración de un soldado ustacha es seguramente una de las más sobrecogedoras y brutales que se encontrarán en este libro.

«Unos compañeros y yo apostamos para ver quién mataría más prisioneros en una noche. La matanza comenzó y después de una hora yo maté a muchos más que ellos. Me sentía en el séptimo cielo. Nunca había sentido tal éxtasis en mi vida. Después de un par de horas había logrado matar a 1.100 personas mientras los otros pudieron matar entre 300 y 400 cada uno. Y después, cuando estaba experimentando mi más grandioso éxtasis, noté a un viejo campesino parado mirándome con tranquilidad mientras mataba a mis víctimas y a ellos mientras morían con el más grande de los dolores. Esa mirada me impactó en medio de mi más grandioso éxtasis y de pronto me congelé y por un tiempo no me pude mover. Después me acerqué a él y descubrí que era del pueblo de Klepci, cerca de Capljina, y que su familia había sido asesinada y enviado a Jasenovac después de haber trabajado en el bosque. Me hablaba con una incomprensible paz que me afectaba más que los desgarradores gritos a mi alrededor. De pronto sentí la necesidad de destruir su paz mediante la tortura y así mediante su sufrimiento poder yo restaurar mi estado de éxtasis para poder continuar con el placer de infringir dolor».

Tercera etapa: la solución final (1942-1945)

Una vez se decide en la conferencia de Wannsee adoptar la solución final, el trato en los campos de concentración, ya en su mayoría convertidos en campos de exterminio, llega a alcanzar unos niveles de sadismo sobrecogedores. Por una parte, se ha de explotar al máximo a los prisioneros para que trabajen hasta la muerte en la industria armamentística. Por otra, se ha de acabar con el mayor número de judíos en el menor tiempo posible. De hecho, las expectativas, como se ha comentado en capítulos anteriores, eran muy altas: esperaban acabar con la vida de once millones de judíos. Y esperaban hacerlo en un periodo muy corto de tiempo. De hecho, la inminencia de la derrota no hace que abandonen esa idea. Más bien al contrario: intentan acelerar la desaparición de los judíos de Europa.

«En esta tercera etapa prácticamente todos los campos de concentración nazis obligaban a trabajar al máximo a los presos incluso hasta llevarles a la muerte. Los presos o presas muy débiles eran ahorcados, fusilados o, la mayoría de las veces, llevados a las cámaras de gas. Este deseo genocida de los nazis se aprecia, claramente, en el pequeño campo alemán de Ohrdruf que, en tan solo sus cinco meses de existencia, asesinaron a todos los presos», ilustra Cuervo Álvarez.

Horror indiscriminado

Esta tercera fase se caracteriza por una serie de atroces decisiones orquestadas por los jerarcas nazis. El objetivo, tal y como había comunicado Hitler a Goebbels, era «limpiar Europa de judíos sin remordimientos». En ese sentido, una de las tácticas que se propusieron implantar entre la población y especialmente en los campos, era el terror indiscriminado. Las personas que allí estaban no habían cometido un delito ni podían hacer nada que sirviera para rebajar su pena. Una vez allí, el sadismo contra los prisioneros era totalmente arbitrario, lo que provocaba que vivieran en un terror continuo.

La orden de acabar con los judíos, los gitanos y todos aquellos que tenían taras físicas debía llevarse a cabo de la forma más eficaz y rápida posible. Las cámaras de gas fueron instalándose en todos los campos. Se aumentó su capacidad y se crearon protocolos para deshacerse de los cuerpos. Primero eran enterrados, pero cuando la cantidad llegó a ser ingente, no había espacio para hacerlo. Y por otra parte, los cuerpos transmitían enfermedades. Así fue como se acordó que lo mejor era incinerar rápidamente los cadáveres. Por supuesto, los oficinales nazis no se encargaban de esta función, que recaía sobre los *soderkomandos*, brigadas de judíos que tarde o temprano acababan corriendo la misma suerte.

Por último, se aumentaron los experimentos científicos con personas que morían entre grandes padecimientos, como ya se ha visto en capítulos anteriores. En este sentido, como querían acabar con la población de los campos lo antes posible, se aceleraron estos experimentos o se hicieron algunos que de poco servirían, pero que ocasionarían un gran sufrimiento a sus víctimas.

Para la solución final se crearon en esta época tres nuevos campos de exterminio: Belzec, Sobibór y Treblinka. Los historiadores cifran que en estos tres campos se asesinaron a 1.700.000 personas. En 1945 dos de cada tres judíos europeos habían muerto. Se había acabado también con la vida de tres millones de prisioneros soviéticos, dos millones de polacos y medio millón de gitanos.

Adolf Eichmann, el arquitecto del genocidio

El Holocausto nazi funcionó como el engranaje de un reloj, con una precisión y eficacia pasmosa. Esto, en buena parte, se debió a una burocracia despiadada, que tomó decisiones de cómo asesinar a los judíos como las hubiera tomado de cómo distribuir el trabajo de una fábrica. Y una de esas mentes despiadadas y burócratas, tal vez la más destacada, fue la de Adolf Eichmann. Este hombre, con un lápiz y un papel y con una frialdad psicótica sentenció la vida de millones de judíos.

En la obra de ficción del escritor japonés Haruki Murakami *Kafka en la orilla*, se explica perfectamente el procedimiento y lo cruel de sus decisiones de una forma tan clara como magistral: «Poco después de estallar la guerra, la cúpula nazi le asignó la ejecución de la solución final (en otras palabras, de la matanza a gran escala) de los judíos y él estudió detalladamente cómo llevarla a cabo. Y elaboró un plan. La duda sobre si la ejecución de ese plan era moralmente correcta o no apenas se le cruzó por la conciencia. Lo que ocupaba su mente era cómo deshacerse de los judíos en un corto periodo de tiempo y con el menor coste posible. Según sus cálculos, la cifra de judíos de toda Europa ascendía a once millones. ¿Cuántos trenes de mercancías necesitaría y cuántos judíos cabrían en cada vagón? De éstos, ¿qué porcentaje perdería la vida de forma natural durante el transporte? ¿Cómo conseguiría desempeñar esa labor con el menor número posible de hombres? En el Tribunal de Justicia de Tel Aviv, sentado en el banquillo de los acusados, tras el cristal antibalas, Eichmann, cabizbajo, parece estar preguntándose por qué se le está sometiendo a un juicio de tanta envergadura y por qué los ojos del mundo entero no apartan de él la mirada. Si él solo era un técnico que había desempeñado con la mayor eficacia posible la tarea que se le había asignado. ¿Acaso no hacía exactamente lo mismo cualquier otro concienzudo burócrata del mundo? ¿Por qué solo lo acusaban a él?».

Esto es exactamente lo que ocurrió. Eichmann decidió, sentado en un despacho, la muerte de millones de judíos y no entendió, durante el juicio de guerra, que se le acusara de nada, pues él directamente no había cometido ningún asesinato. Esta cuestión ha dado para un debate filosófico sobre los límites de la ética y de la obediencia de los que también hablaremos.

Eichmann, al acabar la guerra intentó rehacer su vida sin atisbo de culpabilidad. El jerarca nazi había sido apresado por las fuerzas estadounidenses, pero había conseguido huir a Argentina con la ayuda de un grupo de católicos. Allí se estableció con su familia, pero tuvo que cambiar de identidad en varias ocasiones y buscar trabajo. En 1960 trabajaba en una fábrica de Mercedes-Benz, cogía el transporte público y vivía en una casa sin agua y sin luz. Tal vez hubiera logrado su propósito de pasar inadvertido si no hubiera sido porque su hijo Klaus se enamoró de Silvia Hermann. El padre de esta, Lothar Hermann, era un superviviente del Holocausto y cuando le presentaron a Ricardo Klement como su futuro suegro, tuvo claro de que se trataba de Aldolf Eichmann. Así que alertó a los servicios de inteligencia israelíes que iniciaron una de las operaciones más complejas de la historia para identificar, capturar, secuestrar y trasladar a Israel a uno de los criminales de guerra nazis más buscados.

Tzvi Aharoni, uno de los agentes del Mossad que le siguió varias veces en el autobús en el que regresaba a su domicilio, declaró:

«La tentación de inclinarme hacia adelante y estrangularlo era prácticamente irresistible, pero sabía que debía ser juzgado y no asesinado por los que mató».

Eichmann no se resistió a su secuestro. Sospechaba que le seguían, pero no había hecho nada para esconderse. Cuando sus captores los introdujeron en un vehículo, les dijo en alemán: «ya he aceptado mi destino». Por lo que declaró después, el jerarca nazi no quería seguir ocultándose ni buscando trabajo y por ello no ofreció resistencia y colaboró con sus captores. Estos, en una operación ilegal, lo sacaron del país y lo trasladaron a Jerusalén. Sabían que aquel acto provocaría un incidente diplomático con Argentina, pero la victoria de sentar en el banquillo al criminal compensaba, para el gobierno de Israel, cualquier otro inconveniente.

El 11 de abril de 1961 empezó en Jerusalén el juicio contra Adolf Eichmann. Protegido por cuatro cristales blindados y con una actitud indiferente, escuchó los testimonios de sus víctimas, sin expresar ningún tipo de emoción. Durante el juicio repitió que él solo cumplía el encargo que le habían hecho. Y que si no se hubiera encargado él, lo hubiera hecho cualquier otro.

Eichmann era el responsable de que diariamente se transportaran entre 2.500 y 3.000 judíos a los campos de exterminio. Quedó más que probado que sabía el destino que ahí les esperaba. Pero siguió repitiendo una y otra vez que él solo cumplió con la responsabilidad que tenía. El terrible criminal que había causado la muerte de millones de personas era un gris funcionario que no admitía su culpa. Fue condenado a la horca y sus últimas palabras fueron: «Dentro de muy poco, caballeros, volveremos a encontrarnos. Tal es el destino de todos los hombres. ¡Viva Alemania! ¡Viva Argentina! ¡Viva Austria! ¡Nunca las olvidaré!».

CONVERTIR UN CAMPO DE CONCENTRACIÓN EN UNA CIUDAD DE VACACIONES

El cinismo de los alemanes no conoció límites. Sus mentiras continuadas a los prisioneros, a los que les prometían cosas que nunca se cumplían y únicamente alargaban su sufrimiento; el engaño a sus propios ciudadanos sobre lo que estaban haciendo y, por último, a la comunidad internacional, rozaron un engaño institucional rara vez visto en la historia.

Pero dentro de esta dinámica existe un hecho documentado que rebasa todas las expectativas y si no fuera por las letales consecuencias que tuvo podría resultar patéticamente tragicómico. Se trata del intento por «vender» que los campos de concentración eran poco menos que balnearios para la población judía.

En su afán por limpiar la imagen del Tercer Reich y con la maquinaria de falacias propagandísticas perfectamente engrasada, el gobierno alemán convenció a la Cruz Roja Internacional que se había creado un campo para salvaguardar a los judíos de la contienda. Se trataba de Theresienstadt, uno de los campos que estaban ubicados en Checoslovaquia. Llegaron a difundir un documental en el que se hablaba de un campo autogestionado por los propios judíos, que era poco menos que un enclave idílico. Para ellos construyeron falsos escenarios de escuelas, cafeterías y panaderías.

«Heydrich había tenido la idea de construir un gueto para los judíos [de la zona] con la intención de aplacar la preocupación internacional, cada vez mayor, de que los alemanes estuvieran maltratando a los judíos. En septiembre, los alemanes habían matado a tiros a más de 36.000 judíos en Kiev. [...] Aunque los alemanes mantenían estas actuaciones en secreto, era difícil controlar los rumores», explica la escritora e investigadora Wendy Holden en su obra *Nacidos en Mauthausen*.

En este contexto se empezó a vender la idea de que Theresienstadt era una especie de ciudad de vacaciones para

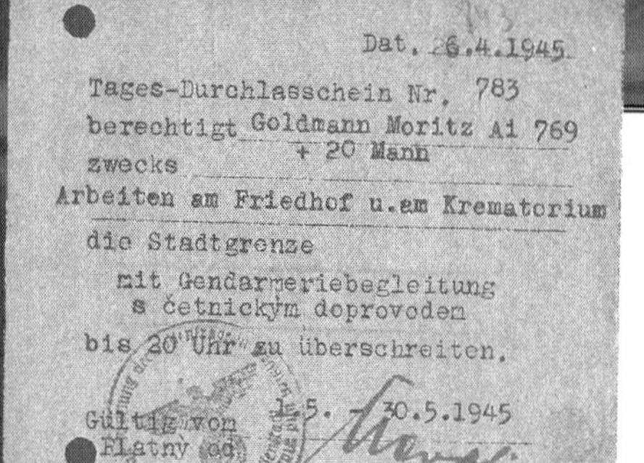
Dat. 26.4.1945
Tages-Durchlasschein Nr. 783
berechtigt Goldmann Moritz A1 769
+ 20 Mann
zwecks
Arbeiten am Friedhof u.am Krematorium
die Stadtgrenze
mit Gendarmeriebegleitung
s četnickým doprovodem
bis 20 Uhr zu überschreiten.
Gültig vom 1.5. – 30.5.1945
Platný od

judíos adinerados que esperarían allí cómodamente su traslado a Palestina. «Los alemanes habían anunciado y propagado que Theresienstadt sería un campamento modelo. El "regalo de Hitler a los judíos". No lo llamaron campo de concentración, sino que sería una especie de balneario para la gente mayor, donde podrían descansar», señala la superviviente al Holocausto Eva Goldschmidt Wyman en su obra *Huyendo del infierno nazi: la inmigración judío-alemana hacia Chile en los años 30*.

La idea era que los judíos cedieran todos sus bienes al gobierno nazi a cambio de una plaza en esta residencia de lujo, enfocada sobre todo para ancianos. Sin embargo, lo que encontraban poco tenía que ver con lo que se había publicitado.

«La estación quedaba a dos o tres kilómetros del campo de concentración y era preciso caminar en columnas de tres o cuatro filas, llevando cada uno sus maletas a cuestas, y a veces, también a sus hijos. Si no se apuraban, ahí estaban los de las SS para empujarlos con las culatas de sus fusiles gritando que caminaran más rápido. [...] Muchos de los ancianos se desplomaban no habiendo probado bocado en dos días y estando terriblemente agotados por el viaje. [...] En la procesión iban también niños que no cesaban de llorar, con hambre y agotados», asegura Wyman.

La situación no mejoraba al llegar al destino. Les conducían a unas duchas donde debían desnudarse y, si no lo hacían, era azotados cruelmente. Después les daban el famoso uniforme a rayas y los hacinaban en habitaciones que supuestamente eran para seis personas, pero en las que se colocaba hasta cuarenta, la mayoría de ellos sin cama. «La gente tenía hambre todo el tiempo, a menos que trabajaran en la cocina o tuvieran amigos que se desempeñaran allí. Su dieta consistía en un café muy débil en las mañanas, una sopa aguada hecha de polvos con una papa cocida para el almuerzo, un tercio de pan, dos onzas de margarina a la semana y algo de mermelada o miel», explica Wyman.

Ante los rumores de que la situación no era la que se había vendido a los organismos internacionales, la Cruz Roja Internacional exigió la entrada en el campo. Y los nazis iniciaron una labor de «embellecimiento» del mismo. «Para empezar, deportaron al este a unos 5.000 judíos en mayo de 1944, incluidos los huérfanos y la mayor parte de los enfermos, sobre todo los que padecían tuberculosis. Los siguieron 7.500 más. Los más demacrados y enclenques fueron escondidos en las peores viviendas, situadas en la zona de exclusión, para que nadie los viera», asegura Holden.

Además de ello, limpiaron los edificios, colocaron flores y bancos en el campo, y pudieron falsos letreros de «biblioteca» o «escuela» e, incluso, prepararon un parque con un tiovivo. «Los alemanes amenazaron de muerte a los prisioneros si no cooperaban y les asignaron un papel, les dijeron dónde situarse y cómo comportarse. Les ordenaron que se vistieran con la mejor ropa que tuvieran y se acicalaran. Además, orquestaron la entrega de verdura fresca y pan recién horneado», atestigua Holden.

La visita fue un éxito y consiguió el propósito de engañar a la Cruz Roja Internacional. «El Ministerio de Propaganda del Tercer Reich, dirigido por Joseph Goebbels, filmó la visita, que duró seis horas, y añadió imágenes de escenas amañadas con la intención de producir y enseñar al mundo una película titulada "El führer regala a los judíos una ciudad". Los fragmentos, editados con sumo cuidado y acompañados por música alegre [...] ofrecían imágenes de mujeres y hombres sanos que trabajaban fuera del gueto en herrerías, alfarerías y estudios artísticos. Aparecían fabricando bolsos, cosiendo, o realizando trabajos de carpintería y, cuando finalizaba su jornada, caminaban cogidos de la mano en dirección al gueto para disfrutar de actividades de ocio como leer o hacer punto», asegura Holden. Cinco mil adultos y niños que aparecieron en la filmación fueron deportados después a Auschwitz, para evitar que quedaran testigos con vida de la farsa.

A DIFFERENT KIND OF (X)

THE MOST DREADED NAZI OF THEM ALL!

She committed crimes so terrible ... even the SS feared her!

ILSA

She wolf of the SS

starring

DYANNE THORNE as ILSA

with SANDI RICHMAN · JO JO DEVILLE · USCHI DIGARD

Directed by DON EDMONDS Produced by HERMAN TRAEGER

An AETAS FILM PRODUCTION · Color

A CAMBIST FILM RELEASE

WARNING: SOME MEMBERS OF THE PUBLIC MAY FIND CERTAIN SCENES IN THIS FILM OFFENSIVE AND SHOCKING –the Management

CAPÍTULO 9
LA SEXUALIDAD EN EL TERCER REICH

El nacionalsocialismo se metió en la cama de sus súbditos. Les dio normas concretas de cómo tenía que ser su intimidad y, como en todo lo demás, institucionalizó valores, en su mayoría amorales, que rigieron la sociedad y que fueron abrazados como únicos e incuestionables.

En este sentido, se produjeron muchas vejaciones y abusos que no podían ser denunciados y que crearon situaciones de indefensión. Asimismo, también merecen mención especial los burdeles donde los nazis dieron rienda suelta a sus fantasías más salvajes. En mitad de la guerra, cuando la mayoría de la población moría de hambre, el lujo y el boato de estos burdeles se ponía al servicio de prácticas que en muchas ocasiones demostraban el carácter sádico de los jerarcas nazis.

En este capítulo también trataremos al detalle de algunos detalles sexuales que han trascendido de los principales nazis, incluidas las referentes al propio führer, sobre las que se ha especulado en muchas ocasiones.

La necesidad de procrear

Los nazis relataban la historia de la raza aria desde el victimismo. Estaban convencidos de que siempre habían estado amenazados. Las razas inferiores, que procreaban mucho más que ellos, les habían atacado a lo largo de la historia. Y seguían haciéndolo en ese momento. Por otra parte, al intentar mezclarse con ellos habían debilitado su sangre. La mayoría de las enfermedades eran culpa de ese mestizaje. También las lacras sociales como la delincuencia o el alcoholismo. La raza aria era perfecta y todos los problemas venían, en su ideario, de los ataques externos.

En ese sentido viven la supervivencia de su «especie» como un deber y a la vez como un hecho angustioso, pues las amenazas que ven por todas partes son muchas. La primera es la mezcla de la sangre aria con otras. Eso, como se ha explicado en anteriores capítulos, se regula con Las leyes de Núremberg, que prohíben las relaciones sexuales y, evidentemente, el matrimonio entre personas que no sean de la misma raza. Como también se ha comentado, las SS son las que más se esfuerzan por conseguir perfectos matrimonios arios. Esta organización no permitía que en sus filas militaran los que no lo eran. Pero para preservar esa pureza, sus miembros solo podían casarse con mujeres absolutamente arias. Y para ello, debían presentar una solicitud de matrimonio para que fuera aprobada.

Estampa de lo que los nazis consideraban la perfecta familia aria.

Los nazis estaban convencidos de que la sangría de la I Guerra Mundial había diezmado su población. Por otra parte, la moral pervertida de la república de Weimar, que permitió que hubiera libertad sexual, había acabado de hacer que su natalidad descendiera y, por tanto, estuvieran en peligro de ser aniquilados por las razas inferiores.

Lo que sí es cierto es que durante la república de Weimar la tasa de nacimientos había descendido de 36 por 1.000 habitantes a 14,7. Los nazis aprovecharon este dato para culpar a la extravagante vida de los alemanes de la bajada y a advertir de los terribles problemas que esto conllevaría si no se remediaba. Así marcaron su objetivo: aumentar la natalidad. Como fuera. El Tercer Reich tenía que durar mil años y tener soldados suficientes para mantenerlo.

Las tres K

Todo esto lleva a una decisión clara: las mujeres han de ser madres. Cuantos más hijos mejor. La perfecta mujer nazi debía regirse por el principio de las tres K (*kinder*, *küche*, *kircher*: «niños, cocina e iglesia»). Por ello era importante que la mujer volviera al hogar y dejara de trabajar, pues así aumentaría la natalidad, pero también para poder subir la tasa de empleo entre los hombres. El ideólogo nazi Kurt Rosten vendía así la idea: «¿Puede la mujer imaginar algo más bello que estar sentada junto a su amado esposo en su acogedor hogar y escuchar recogidamente el telar del tiempo, mientras va tejiendo la trama y la urdimbre de la maternidad a través de los siglos y milenios? Ellas no tienen nostalgia de la fábrica, de la oficina o del Parlamento. Un hogar agradable, un buen marido y una bandada de hijos dichosos son más queridos a su corazón».

Así se consiguió que 500.000 alemanas abandonaran sus trabajos y se convirtieran en amas de casa y criadoras de futuros soldados del Reich. El gobierno nazi se lo puso fácil. Cada matrimonio recibía un préstamo de 1.000 marcos que amortizaban a razón de 250 por cada hijo que tenían. El ideal del nacionalsocialismo era que cada matrimonio tuviera cuatro hijos, portadores de la inmaculada sangre aria que dominaría el mundo.

Sin embargo, algunos estudios apuntan a que la sexualidad en el Tercer Reich era satisfactoria. La euforia de estar cumpliendo con un deber social a la vez que se entendía la necesidad de la intimidad de la pareja podría haber multiplicado el placer. «Reforzando la idea de que el sexo era un servicio público, los individuos reconocían así que la satisfacción sexual era parte de su deber patriótico de apoyo a los nazis. Por lo tanto, el sexo se consideraba una recompensa que el régimen repartía entre sus partidarios», asegura la investigadora Nicole Loroff de la Universidad de Alberta.

Sin embargo, se ha de tener en cuenta que había una diferencia entre las clases altas y las bajas. Pese a todo lo que predicaban los nazis, las clases adineradas podían acceder a medidas anticonceptivas y las bajas no. Esto, según algunos estudios, suponía que entre los más pudientes era más habitual que hubiera aventuras extramatrimoniales. Pero esto era un secreto, pues mientras el régimen esterilizaba a discapacitados y a «razas inferiores», negaba que cualquier mujer aria pudiera negarse a ser madre. Tal y como declaró el propio Adolf Hitler: «El uso de los anticonceptivos por parte de las mujeres arias significa una violación de la naturaleza, una degradación de la condición femenina, de la maternidad y del amor. Los ideales nazis exigen que la práctica del aborto sea exterminada con mano dura. Las mujeres inflamadas por la propaganda marxista reclaman el derecho a tener hijos solo cuando lo desean. Primero pieles, muebles nuevos, luego, quizá un hijo».

Abusos a menores

En ese afán de «producir» arios, el régimen nazi empezó a manipular a la población para que adoptaran posturas que rompían con los valores morales que tenían hasta el momento. Y para ello lo más útil era hacerlo desde la educación, implantando esos nuevos valores en los más pequeños. El Tercer Reich, según los nazis, debía durar mil años, así que cuanto antes empezaran a inculcar los nuevos valores a los menores de edad, más fácil sería todo.

En ese sentido se crearon dos organismos que serán las herramientas perfectas para aleccionar a las generaciones futuras. Las Juventudes Hitlerianas cumplirían este papel con los niños de 10 a 18 años. Su cometido era el adoctrinamiento y el entrenamiento como futuros combatientes. A su vez se creó una sección paralela dedicada a las niñas, la Liga de Jóvenes Alemanas (*Bund Deutscher Mädel*, BDM). Ambas asociaciones eran la cantera perfecta para los futuros arios. Para pertenecer a estas asociaciones se debían demostrar la pureza de la sangre y por tanto los bebés nacidos entre miembros de estas dos asociaciones garantizaban la supervivencia de la raza aria.

*Educación aria para mujeres: La Liga de Jóvenes Alemanas (*Bund Deutscher Mädel, *BDM).*

Entonces, ¿por qué esperar? Esta es la pregunta que se debieron hacer los nazis. Y decidieron que aunque fueran menores, no había razones para que no tuvieran hijos. En este sentido se empezó a admitir e incluso aconsejar la idea de mantener relaciones prematrimoniales.

«La Liga de Muchachas Alemanas (BDM), la rama femenina de las Juventudes Hitlerianas que contaba entre sus filas con adolescentes de entre 10 y 18 años, recibió la orden de llevar a cabo relaciones sexuales antes del matrimonio. Aunque esta directiva fue originalmente calificada como *top secret*, en 1935 la población estaba al tanto de lo que pasaba en los encuentros entre la BDM y las Juventudes Hitlerianas. Por ello, a finales de los años treinta, con el aumento del número de adolescentes embarazadas, se comenzó a elogiar el rol de las madres solteras como pilares de la nueva sociedad nacionalsocialista», ilustra Loroff.

Se tiene que tener en cuenta de que la BDM esta compuesta por menores. Algunas de las relaciones que llevaron a cabo con miembros de las Juventudes Hitlerianas fueron consentidas, pero también se ha estudiado una larga lista de otras que no lo fueron. Y no solo por los miembros de esta organización de jóvenes. La idea de que lo importante era que las mujeres se quedaran embarazadas llegó, también, a miembros de las SS a forzar a jóvenes de las BDM. Estos abusos eran prácticamente imposibles de denunciar, pues el papel de una mujer era ser madre y una joven no se podía quejar porque un ario la hubiera dejado embarazada. De hecho, dentro del régimen se potenció la imagen de la madre soltera como la de una heroína.

Lebensborn, los criaderos de arios

La traducción literal de Lebensborn es «fuente de vida». Este fue uno de los proyectos estrella de Heinrich Himmler para purificar la raza y

LA VIDA SEXUAL DE HITLER

El führer nunca quiso tener familia ni que se supiera nada de su vida privada. La imagen que quería proyectar era la de un hombre viril y célibe, dedicado completamente a la causa aria. Por ello no se casó con Eva Braun, su pareja durante una década, hasta que decidió que ambos se suicidarían para no caer en manos de los soviéticos. Pese a la opacidad que mantuvo siempre en vida Hitler sobre su sexualidad, algunos detalles fruto de investigaciones han trascendido.

En este sentido parece probado que mantuvo una relación con su sobrina, Geli Raubal, con la que vivió en 1925. Él tenía por entonces 36 años y ella 17. Se sabe también que esta relación tenía un marcado carácter sadomasoquista y que a él le gustaba pasearse por la casa con un látigo. Pero lo que prefería es que ella le humillara y orinara sobre él. Con tan solo 23 años de edad, la joven fue encontrada muerta con una bala en el pecho. La versión oficial aseguró, en aquel momento, que se había suicidado.

Lo más sospechoso del caso es que la siguiente amante conocida de Hitler también se suicidó. Se arrojó por una ventana. O la arrojaron, como sugieren algunas investigaciones. Renate Müller era una actriz que mantenía una relación íntima con el dictador. Y marcadamente sadomasoquista. Tal y como confesó a amigos cercanos, lo que más le excitaba a Hitler era que le diera patadas mientras yacía en el suelo y le insultara.

Otra de las aficiones del führer era la pornografía. Pese a que las películas para adultos eran entonces muy rudimentarias, Hitler contrató a un fotógrafo que debía suministrárselas. También parece que en su refugio de montaña recibía a prostitutas y bailarinas exóticas, aunque no parece claro que mantuviera relaciones sexuales con ellas, ya que disfrutaba más mirándolas.

El último dato que se conoce sobre su vida sexual tiene que ver con Eva Braun y parece indicar que nunca mantuvieron relaciones sexuales. Ella tenía una enfermedad ginecológica congénita que hacía que le fuera imposible la penetración pues su vagina era extremadamente estrecha. Se operó para solventar el problema, pero no lo logró.

convertirse en la nueva élite que comandaría Europa. La organización daba ayudas a las esposas de los miembros de las SS, administraba orfanatos y también tenía programas de adopción. Todo ello se financiaba con impuestos a los oficiales, que fueron un tanto impopulares.

Lebensborn.

Cuando Alemania empezó la conquista de Europa, esto posibilitó que los oficiales pudieran tener relaciones con las mujeres locales que poseyeran rasgos arios. Durante los Juicios de Núremberg no se pudo probar que se establecieran redes de prostitución entre las mujeres de los países invadidos para que procrearan, pero esta es la teoría que muchos historiadores siguen manteniendo y hay pruebas que la avalan.

Lo que sí se demostró en los Juicios de Núremberg es que esto supuso el secuestro sistemático de los niños que acababan en los Lebensborn. De hecho, Himmler planteó el rapto de 30.000 bebés checos, griegos, polacos, rusos y yugoslavos. «Seguro que entre los pueblos que han sufrido tantos cruces se darán buenos tipos raciales. En este caso creo que es nuestra obligación hacernos cargo de esos muchachos y separarlos de su medio actual, si hace falta incluso raptándolos», ordenó. Sin embargo, el programa acabó fracasando. La guerra exigía esfuerzos de transporte de soldados y de prisioneros y el tema de los bebés acabó en un segundo plano.

El drama de «las chicas alemanas» en Noruega

Donde mejor funcionó la red para forzar a las mujeres de los territorios ocupados a mantener relaciones con los invasores fue en Noruega. Los alemanes consideraban a los noruegos «hermanos arios», por lo que la posibilidad de que ambas razas se unieran resultaba muy atractiva para los objetivos del Tercer Reich.

Noruega fue ocupada por el ejército nazi en abril de 1940. El país tenía una población de tres millones de habitantes y el Tercer Reich envió a 300.000 soldados a la región, lo que era una cifra considerable. Además, se quedaron durante toda la guerra, lo que provocó que establecieran relaciones con la población local. Al igual que pasaba con los daneses, los nazis querían tener una buena relación con la población nórdica y la invasión fue mucho más respetuosa que en otros lugares de Europa donde consideraban que los habitantes eran razas inferiores.

Así las cosas, surgieron muchos «romances» que pasaron una alta factura a las noruegas. Se calcula que entre 30.000 y 50.000 mantuvieron relaciones con los invasores. Entre 1940 y 1946, entre 1.000 y 3.000 noruegas se casaron con alemanes. El problema vino después de la guerra. Estas mujeres fueron llamadas despectivamente por sus compatriotas «las chicas alemanas» y sufrieron todo tipo de castigos.

Según Guri Hjeltnes, director del Centro Noruego de Estudios sobre el Holocausto: «Esas mujeres fueron detenidas y castigadas para satisfacer la necesidad de venganza de los noruegos. Eran un grupo vulnerable cuando terminó la guerra y los sentimientos afloraron».

La marginación de la que fueron víctimas fue brutal. Además de ser detenidas, podían ser despedidas. Bastaba con un chivatazo de cualquier para que perdieran su trabajo sin que tuvieran la posibilidad de defenderse. Sus hijos también padecieron la marginación de la sociedad noruega. Tanto fue así, que en 2018 el gobierno noruego pidió disculpas de forma oficial a estas mujeres y a sus descendientes.

Planes de poligamia

La obsesión del régimen nazi por fabricar niños arios se centró en tres acciones: conseguir que las madres no trabajaran, que se reconocieran los hijos ilegítimos y que a la larga se acabara admitiendo la poligamia.

El propio Hitler llegó a decir: «Se hace indispensable un trabajo de pedagogía. Habría que darle instrucciones precisas a los escritores y artistas contemporáneos: será necesario prohibir las novelas, los relatos o las obras que pongan en escena dramas conyugales o las películas que traten al hijo extraconyugal como hijo de valor inferior, como hijo ilegítimo».

El hecho de que no hubiera un castigo social por tener un hijo sin estar casada o haberlo tenido con un hombre que lo estuviera, facilitaría que más mujeres se atrevieran a hacerlo y que por tanto el Tercer Reich pudiera contar con más niños arios. La labor «pedagógica» de la que hablaba Hitler surtió su efecto. Como se ha dicho anteriormente, se creó una imagen heroica de las madres solteras, que se sacrificaban por el bien común del régimen.

«Para los alemanes, desde el punto de vista demográfico, resultaba "inconcebible" censurar a las madres solteras que aportaban hijos al pueblo. Si la sociedad y la cultura cristianas condenaban esa reproducción fuera del matrimonio era por el olvido de las necesidades naturales de la preservación de la raza o, peor aún, por hostilidad contra esas necesidades [...]. Más allá de los límites impuestos por leyes y usos burgueses, acaso necesarios, por otra parte, el hecho de convertirse en las madres de los soldados que parten al frente va a transformarse en un deber superior, incluso fuera del matrimonio, para las mujeres jóvenes y las muchachas de buena sangre, no por ligereza, sino por las más serias y profundas razones morales», asegura el historiador Johann Chapoutot en el libro *La revolución cultural nazi.*

La anulación del matrimonio

El objetivo final era acabar con la institución del matrimonio. De hecho, se facilitó enormemente el divorcio en el caso de que a los dos años los cónyuges no hubieran sido padres. En ese supuesto, el matrimonio conseguía al momento el divorcio. Eso añadía una presión considerable a las mujeres, que eran valoradas socialmente por su capacidad de concebir.

Los sectores más «revolucionarios» entre los nazis a la larga querían acabar aboliendo la institución del matrimonio. Pero encontraron la oposición de varios sectores dentro de sus filas que no veían esta iniciativa con buenos ojos. Así que este plan se pospuso hasta el final de la guerra. La idea era que para entonces se admitiera la bigamia, incluso la poligamia.

Un de las defensoras de este plan fue Gerda Bormann, la mujer de Martin Bormann, la mano derecha de Hitler. Su marido tuvo una relación con la actriz Manja Behrens, cuyo novio estaba en el frente. Lejos de ofenderse por la infidelidad de su marido, le escribió una misiva alabando su decisión. «Es una pena que a mujeres tan hermosas se les niegue la posibilidad de ser madres. (...) Podrás ocuparte de que eso cambie, pero deberás estar atento a que M. tenga un hijo un año y yo al siguiente, de manera que tengas siempre una mujer que esté disponible». Y en la misma carta, aún iba más allá: «Será bueno que se promulgue una ley al final de la guerra, como al final de la Guerra de los Treinta Años, que permita a hombres sanos y válidos tener dos mujeres». Martin Bormann le contestó que eso era precisamente lo que se planteaba hacer Hitler.

El doble rasero

Evidentemente, los que tendrían derecho a la bigamia serían exclusivamente los hombres, porque de algún modo debían «maximizar» la productividad de su esperma. Las mujeres, en cambio, no podían hacer lo propio y debían ser fieles a su marido, muchas veces compartido, y cumplir con su única obligación en la vida, que era tener hijos.

Esto creó situaciones de persecución y de castigo a las mujeres que tenían conductas consideradas promiscuas. De hecho, la infidelidad era considerada prácticamente una enfermedad mental, como la prostitución, que hacía que las mujeres que la ejercían fueran consideradas «asociales». Eso podía saldarse con su ingreso en prisión, en campos de concentración o en centros mentales en los que recibían un trato aberrante. El hecho de que cualquier mujer tuviera un comportamiento sexual similar al que se defendía que los hombres debían tener podría conllevar consecuencias que acabaran con la libertad en todos los aspectos de esa mujer.

Curiosamente, el único aspecto que no parecía preocupar a los nazis era el del lesbianismo. Esto, lejos de demostrar una apertura de mente, es una prueba de la falta de reconocimiento que tenía la sexualidad femenina. Mientras una mujer fuera madre, sus opciones sexuales poco importaban al régimen.

El mítico Salón Kitty

Uno de los burdeles más famosos de Berlín fue el Salón Kitty, que a principios de los años treinta ofrecía prostitutas venidas de Polonia y Checoslovaquia. Madame Katherina (Kitty para los amigos) Schmid explicó a sus herederos que tuvo problemas al ser descubierta ayudando a un grupo de judíos. La Gestapo le ofreció un trato para evitar que fuera llevada a un campo de concentración: tenía que echar a las prostitutas extranjeras y ofrecer un plantel de trabajadoras sexuales arias y entrenadas en sonsacar información a sus clientes. Asimismo, las chicas debían hacer informes para controlar qué oficiales nazis criticaban a sus superiores o mostraban actitudes que no eran consentidas por el nacionalsocialismo.

Cartel de Salon Kitty.

Según el artículo «El burdel de los nazis», publicado en *ABC* por Rosalía Sánchez el 17 de octubre de 2020, «Polacas y checas fueron expulsadas, al tiempo que se reclutaba a mujeres de perfecta raza aria a las que se entrenó en las técnicas de seducción y espionaje. El equipo de psicólogos, médicos e intérpretes que seleccionó a las candidatas rebuscó en todos los burdeles de Berlín aspirantes que cumpliesen ciertas características: debían ser inteligentes, tener buen conocimiento de idiomas extranjeros, ser nazis convencidas y estar locas. Las 20 seleccionadas fueron instruidas en el arte de sonsacar información e incluso entrenadas para hacer grabaciones, pero la parte técnica no resultó suficientemente compatible con las tareas simultáneas, y Heydrich (Reinhard, el jefe de la Gestapo), gran optimizador como demostró en la solución final, optó por convertir el sótano del edificio en una estación de escuchas conectado con cada una de las habitaciones. Al final de cada jornada, las chicas debían rellenar detallados cuestionarios e informes sobre actividades y conversaciones».

Sin embargo, la eficiencia del lugar como nido de espías fue más bien baja. Tal y como señala Julia Schrammel, coautora del libro *Salón Kitty*: «El proyecto de centro de espionaje no fue muy exitoso a la vista de los procesos que surgieron de sus averiguaciones con el paso de los años. La estadística demuestra que más bien fue utilizado como un lugar de caza, donde se tendían trampas a enemigos políticos que, relajados por las chicas y el alcohol, expresaban en voz alta críticas a Hitler o a sus excesos. En cuanto empezaron a caer los primeros nazis cazados en el Kitty, el resto de la cúpula del partido se dio cuenta y no solo dejó de frecuentar el local, sino que, además, comenzó a tratar a los Heydrich como unos apestados».

La prostitución en París

Y si bien en su Alemania natal solo algunos nazis recurrían a la prostitución, donde todos lo hicieron fue en las ciudades invadidas, especialmente en París. Con la llegada de las tropas alemanas, los burdeles parisinos cerraron como señal de protesta. Pero los alemanes ordenaron que se reabrieran y coaccionaron a los propietarios de los burdeles a que encontraran mujeres dispuestas a prostituirse.

Consiguieron su objetivo. De hecho, nunca hubo tanta prostitución en la capital francesa como durante la ocupación. Antes se habían contabilizado 4.000 prostitutas. En el tiempo de los nazis se cifraron alrededor de 10.000. Las razones eran obvias: la población no tenía acceso a alimentos y las mujeres, en su mayoría madres, encontraron en la prostitución una forma de mantenerse a ellas y a los suyos. La exigencia de los alemanes de servicios de prostitución fue tan grande que se habló de la edad dorada de los burdeles. Nunca en periodos previos ni en los posteriores el negocio fue tan próspero ni facturó tanto dinero.

Los nazis rápidamente clasificaron la prostitución y los burdeles en función del público que acudiría a ellos. Así, se asignaron cinco a las élites militares y dieciocho a los soldados rasos. Uno de los más lujosos era Le Chabaneis, que había abierto sus puertas en 1938. «Le Chabanais fue, en definitiva, regentado por altos jerarcas del Reich como Hermann Göring. Estos disfrutaban de orgías y fiestas nocturnas en unos años en los que el pueblo galo sufría un toque de queda desde las once de la noche hasta las cinco de la madrugada. Los presentes llevaban chocolate, cigarrillos o champagne a las mujeres para disfrutar dc bailes eróticos o partidas de cartas. El resultado eran fiestas desenfrenadas que terminaban cuando un teutón proponía a una de las chicas subir a la zona de las habitaciones temáticas», relata Manuel P. Villatoro en el artículo «El extraño sillón sexual y otras perversiones del lujoso prostíbulo de los jerarcas nazis» publicado el 19 de septiembre de 2018 en *ABC*.

Esas habitaciones temáticas eran el plato fuerte del establecimiento y lo que lo situaba como el más elegante de la ciudad. Se encontraba la habitación hindú, la Pompeya e incluso una medieval en la que se rumoreaba que se llevaban a cabo prácticas sadomasoquistas. Asimismo también era célebre la habitación morisca, en la que se solían cometer violaciones, no queda claro que si consentidas o no.

Otro de los platos fuertes del lugar era un sillón sexual que había mandado construir Eduardo VII de Inglaterra. «El asiento le permitía mantener relaciones con dos mujeres al mismo tiempo mientras tenía sus posaderas descansadas. Su sistema sigue siendo un misterio a día de hoy. Lo que se sabe es que la forma del asiento obligaba al Príncipe de Gales a permanecer con las piernas abiertas, de tal forma que una prostituta podía arrodillarse frente a él para practicarle sexo oral. La otra meretriz, según se cree, se apoyaba en las dos asas del invento para continuar la fiesta. En todo caso, lo que está claro es que el objetivo era que el futuro monarca gastara la menor energía posible». A los nazis no les gustó que aquel sillón hubiera sido diseñado por el heredero británico, pero finalmente debieron encontrarle la gracia y decidieron quitarle el escudo heráldico y seguir empleándolo.

Pero esos lujos eran solo reservados para un grupo muy pequeño de prostitutas que podían vender sus cuerpos en los burdeles más reputados. El resto subsistía haciéndolo por mucho menos dinero y en condiciones muy duras. Unas y otras eran llamadas por la resistencia «colaboracionistas horizontales». Y al acabar la guerra pagaron una factura muy alta por vender su cuerpo para sobrevivir. «Cuando la invasión terminó y los soldados nazis tuvieron que irse, las meretrices que los acompañaron se convirtieron en blanco del odio francés. Como si una cacería de brujas se tratara, estas mujeres fueron perseguidas y golpeadas por muchedumbres alrededor de todo el país. A la mayoría se les rapó la cabeza por completo para luego ser paseadas por toda la ciudad en camiones abiertos. A otras se les pintó con alquitrán esvásticas en la cara y las más desafortunadas fueron golpeadas por multitudes enfurecidas», asegura Daniela Bazán en el artículo «Crímenes sexuales: Prostitución francesa en la Segunda Guerra Mundial». La lacra social perduró durante décadas y afectó también a los 200.000 niños que nacieron de las relaciones entre francesas y alemanes.

Prostitución obligada en los campos

Muchas de las mujeres que fueron internadas en los campos de concentración soportaron las mismas condiciones atroces que sus compañeros, pero su sufrimiento alcanzó un peldaño más cuando fueron violadas u obligadas a prostituirse.

Pese a que como se ha explicado existieron muchos burdeles y algunos fueron realmente lujosos, también existió una prostitución obligada. Esta empezó con la detención de las prostitutas que ejercían su profesión en Alemania. Fueron acusadas de «asociales» y recluidas en el campo de concentración de Ravensbrück, que era exclusivamente femenino.

A disposición de los nazis

«En 1939 empezaron engañando a las prostitutas de la calle de Berlín diciéndoles que si iban a ese campo iban a tener mejores condiciones, pero cuando llegaron allí se dieron cuenta de que no. Las metieron en un barracón, las obligaron a prostituirse hasta 20 o 30 veces al día y se dieron cuenta de que, como llegaban 200 o 300 prisioneras cada día, no tenían que seguir cogiendo a las prostitutas de la calle porque las propias prisioneras podían hacer el servicio», asegura Fermi Cañaveras, autora de *Putas de Campo*.

A partir de ahí, empezó a funcionar una nueva selección en los campos de concentración. Cuando llegaban las prisioneras, se decidía entre las que podían trabajar y las que no. Estas últimas eran conducidas a las cámaras de gas. Después, se decidía qué triángulo llevarían el resto: si eran judías, el amarillo, si eran españolas republicanas, el azul, si eran gitanas, el marrón. De ese grupo separaban a algunas para destinarlas a la prostitución. A estas no les rapaban el pelo y tampoco les hacían el tatuaje en el brazo.

«A ellas les tatuaban en el pecho la palabra *feld-hure*, que significa «puta de campo». Así les ponían la palabra, después el triángulo invertido negro, que era para las lesbianas y las putas, y después su número de prisioneras», explica Cañaveras. La única excepción eran las judías, a las que no querían como prostitutas. Según Cañaveras: «Con las judías no podían, porque además de que en Ravensbrück había muy pocas, las prisioneras decían que las judías no tenían ni la oportunidad de vivir en el infierno. Y aunque normalmente las querían para trabajar, sí que he encontrado algunas en Auschwitz, donde había prostíbulo propio, pero muy pocas. De hecho, ellos hablaban directamente sobre que era "imposible meter sus penes en judías". También había algunas polacas que se ofrecían como voluntarias porque pensaban que dentro de los campos se podía seguir luchando tratando de conseguir información cuando estaban en la cama con soldados, capos, oficiales o mandos nazis».

Las prostitutas del campo también sirvieron de cobayas humanas. Tal y como recoge Cañaveras en su libro, para el que entrevistó a las supervivientes, muchas no sabían por qué les administraban una inyección y qué es lo que contenía. Los nazis les decían que era para que no tuvieran hijos, pero precisamente esas mujeres eran las que más fácilmente se quedaban embarazadas. Entonces las llevaban a un pabellón conocido como «el de las conejas». Y una vez tenían a sus bebés, estos eran arrancados de sus brazos para que los médicos nazis pudieran experimentar con ellos. Esta traumática experiencia, unida a la de la prostitución forzosa, dejó huellas indelebles en las pocas que pudieron sobrevivir. También existen evidencias de que algunas de ellas fueron obligadas a abortar o esterilizadas contra su voluntad.

Cañaveras descubrió este dato y otros igualmente crueles durante la investigación de su libro. «Sabía algo del tema de la prostitución, pero no tenía ni idea de los niveles a los que llegaron. Cómo tenían los prostíbulos, cómo las separaban, cómo entre las propias reclusas les tenían envidia porque tenían mejor comida y no les cortaban el pelo. Cómo las violaban hasta 20 veces al día, cómo el siguiente estaba esperando mientras las estaban violando, cómo incluso antes de penetrarlas les metían la pistola por la vagina y les decían que qué pasaba si pegaban un tiro. Muchas presas decían que cuando se hacía la llamada a la lista a las 5 de la mañana en invierno iban sorteando bebés porque los tiraban a la calle, les echaban un cubo de agua fría y era el alimento de los perros del campo. Entonces, estas mujeres tenían que ir esquivando bebés muertos entre la nieve para ir a la llamada de la lista... Eso son cosas que te remueven. Además, a las prostitutas que no podían más y tenían un montón de enfermedades de transmisión sexual, las pasaban a la enfermería y hacían experimentos con ellas. También «las noches de los perritos», en las que utilizaban a las putas y a los gais de raza aria para intentar cambiarlos. Les ponían a todos a cuatro patas para sodomizarlos».

Prostitutas para prisioneros

Las mujeres del campo de concentración de Ravensbrück no solo se prostituían para los soldados nazis. Algunas fueron seleccionadas para hacerlo con los prisioneros. Era una especie de premio que ideó Heinrich Himmler para recompensar a los más trabajadores y porque tenía la estrambótica idea que así rendirían más en sus labores. Realmente, los prisioneros agotados al borde de la inanición no parecía que pudieran recuperar su energía a través del sexo. Pero muchos aprovecharon aquella posibilidad. Se instauraron prostíbulos para prisioneros en diez campos de concentración. Y todos fueron nutridos por jóvenes de Ravensbrück. 34.000 mujeres corrieron esta suerte.

El diseño de estos pabellones era siempre el mismo. Eran barracones con 20 exiguos cuartos individuales. Allí, los prisioneros debían pagar dos reichsmark por 20 minutos de servicio. Las prostitutas eran reemplazadas a menudo, porque padecían enfermedades venéreas o agotamiento.

Algunas se ofrecían voluntarias y a otras las amenazaban con matarlas si no aceptaban. Pero todas ellas sufrían además el odio de sus compañeras. Como no las rapaban, les daban ropa y no tenían que hacer el trabajo que el resto, suscitaban envidias. Y muchas veces, sus propias compañeras las golpeaban cruelmente como venganza.

Las supervivientes a la prostitución en los campos sufrieron una doble victimización. Además de su experiencia traumática, muchas sufrieron el castigo, tras acabar la guerra, de las que les acusaban de haber tenido una mejor vida por confraternizar con el enemigo. El castigo, al igual que pasó con las prostitutas francesas y las mujeres noruegas fue el ostracismo social y laboral. Las que consiguieron ocultar lo ocurrido tuvieron que acarrear con el silencio y la culpa. El miedo a ser descubiertas. Y la imposibilidad de explicar lo ocurrido y encontrar consuelo.

LAS ORGÍAS DE CHRISTIAN WEBER

Este oficial de las SS fue uno de los primeros seguidores de Hitler y también de los más alborotadores y corruptos. No perdió ocasión para aumentar su fortuna personal y nunca fue bien visto por sus compañeros de partido. Pero era protegido por Hitler, que era con el único que bromeaba. Weber fue acusado por la cúpula nazi de haber sido proxeneta. Y nunca se ha sabido si fue cierta o no aquella afirmación, pero lo que parece probado es que se ganó a unos cuantos militantes nazis invitándolos a sus famosas orgías. Y lujosas. Porque se comenta que uno de los platos fuertes de estas reuniones sexuales, que se hacían en villas en el campo, era la aparición de mujeres desnudas montando a caballo. Como música de fondo sonaba *La cabalgata de las Walkirias* de Richard Wagner.

El anfitrión habitualmente estaba borracho y se cree que posiblemente drogado. En esas celebraciones el alcohol y las drogas corrían sin ninguna restricción. Una de las costumbres era que se atara a una joven a una mesa giratoria, rodeaba de los invitados. Weber le daba vueltas a la mesa y el oficial frente al que quedara la chica tenía que ser el encargado de violarla.

También se procedía en esas fiestas a la rifa o sorteo de jóvenes, muchas veces vírgenes para que el afortunado pudiera forzarlas. Se cree que algunas de las invitadas eran prostitutas profesionales, pero no todas. El «morbo» de este tipo de orgías era que algunas mujeres eran obligadas a estar allí y a mantener relaciones sexuales contra su voluntad.

CAPÍTULO 10
EL ESOTERISMO CRUEL

La cultura popular conoce la vinculación del nazismo con el esoterismo y a la búsqueda de reliquias sagradas gracias a la saga de Indiana Jones. En las películas del famoso arqueólogo del cine de aventuras podemos ver la obsesión de los nazis por el esoterismo y el riesgo que comporta jugar con fuerzas místicas ocultas. Si bien es ficción, lo cierto es que se podría decir que en parte está basada en hechos reales. El ocultismo formó parte del Tercer Reich y tuvo consecuencias mucho más crueles que los que se mostraron en la gran pantalla.

Adolf Hitler creía en las ciencias ocultas y quería utilizarlas en su ascenso al poder. Para ello encontró a un colaborador que estaba tanto o más motivado que él: Heinrich Himmler, el comandante jefe de las SS y uno de los nombres que más aparece en este libro, pues siempre estuvo al mando de las prácticas más atroces que llevó a cabo en nacionalsocialismo alemán.

José Lesta, autor del libro *El enigma nazi* no tiene ninguna duda sobre la vinculación de Himmler con el ocultismo. «Ya en el poder se hizo con la dirección de las temibles SS. Un cuerpo de élite o de monjes guerreros, como a él le gustaba denominarlos, con los que formaría una auténtica Orden Negra que seguiría los preceptos del antiguo paganismo germano y los dogmas de fe del nazismo como creencia religiosa. Himmler dio la orden para la constitución de la sociedad inspirado por Hermann Wirth, profesor holandés especialista en el estudio del germanismo. El primer departamento de la organización fue creado directamente por Wirth y prestaba particular atención al estudio del antiguo alfabeto rúnico que tanta importancia tendría en la simbología del nazismo».

Sin embargo, la simbología no fue lo que más preocupó a Hitler y Himmler. Los rituales formaron parte de sus prácticas esotéricas. El objetivo de ambos era acabar con el cristianismo y crear una religión que la sustituyera, que tuviera elementos paganos germanos y que presentara valores al pueblo mucho menos caritativos que los católicos o protestantes.

El nazismo nació en una secta

Uno de los datos que Hitler se afanó por ocultar una vez tomó el poder fue su vinculación con las sectas y sociedades secretas, en concreto con una: la sociedad Thule. De hecho, el partido nazi surgió precisamente de ahí, aunque Hitler se empeñó después en borrar sus orígenes e incluso perseguir a los miembros de aquella asociación de la que formó parte.

Remontémonos en el tiempo para reencontrar la semilla de las teorías de las que Adolf Hitler se apropió y que acabaron justificando uno de los genocidios más grandes de la historia de la humanidad. A finales del siglo XIX, Helena Petrovna Blavatskaya funda la Socidad Teosófica. Es difícil definir en qué consiste, algunos la consideran una religión, pero su fundadora y seguidores siempre mantuvieron que no lo era. Se trata de una organización que tiene como objetivo el estudio de la religión, la ciencia y la filosofía. Se quiere conocer la verdad esencial que se encuentra en cada una de estas disciplinas y funde las diferentes religiones (budismo, hinduismo, cristianismo), pero también se relaciona con algunos movimientos esotéricos y algunas sociedades secretas.

De sus filas surgen Guido List y Jörg Lanz que inician la ariosofía, que es una mezcla de teosofía con nacionalismo germánico que acabó desembocando en teorías supremacistas. Según sus supuestas investigaciones, existió una etapa mítica en la antigüedad en la que el pueblo germano, que era superior al resto, compartía sus secretos esotéricos y sus ritos paganos. Pero esa supuesta etapa de esplendor acabó por culpa del cristianismo y de los judíos, que con sus teorías igualitarias permutaron el orden natural del mundo en el que los germanos debían ostentar el poder. List fue el primero en reclamar medidas eugenésicas y en adoptar la esvástica como símbolo. Para hacerlo fundó la Nueva Orden Templaria, cuyos principios difundió a través de la revista *Ostara*. Esa fue la lectura preferida de un jovencísimo Hitler, que las coleccionaba con tanto afán que cuando descubrió que le faltaban algunas de ellas, visitó a List en su domicilio. Corría 1909 y a Hitler las cosas no le iban muy bien. Al ver a aquel joven de aspecto desastrado, List no solo le regaló las revistas sino que las acompañó de unas caritativas monedas.

Diez años después las teorías que abanderaban la Nueva Orden Templaria eran abandonadas por la Sociedad Thule que combinaba racismo, ariosofía y esoterismo de una forma, por definirlo de alguna manera, bastante curiosa. La organización había sido fundada por un hombre que se hacía llamar Rudolf von Sebottendorf y que se había dedicado a actividades tan diversas como ser buscador de oro o estudioso de la cábala y el sufismo. Estaba convencido de que los germanos procedían de un continente perdido, seguramente de la Atlántida, y también era defensor de la teoría intraterrestre, que mantenía que en el interior de la Tierra existían civilizaciones subterráneas.

El nombre «Thule» provenía de la *Eneida* de Virgilio. El término se traduce como «el norte más distante» y se asimila a la región de Escandinavia. «La Thule recogida por el barón Sebottendorf también hacía referencia a antiguas creencias de la mitología oriental y más concretamente las de origen tibetano. Según estas leyendas, Thule fue un lugar donde hace mucho tiempo existió una tierra sagrada, bendecida con un clima templado y una vegetación exuberante situada en la región ártica. Asombrosamente, el barón escuchó decir a los maestros tibetanos que en esta tierra de excelentes recursos se desarrolló una civilización superior, con toda seguridad la primera del planeta, formada por unos hombres rubios, altos y con la cabeza redondeada, pero especialmente con unos enormes poderes psíquicos y un código de honor que guiaba sus acciones. Parece ser que esta raza superior había sido instruida por seres semidivinos llegados a esta tierra para enseñarles todos los secretos de las ciencias y el arte. Desgraciadamente para ellos, todo esto no llegó a su fin como consecuencia de un cataclismo que asoló el mundo y que provocó un cambio climático y la transformación del paisaje de la tierra de Thule en una estepa helada, en donde el desarrollo de la vida se mostró imposible para unos individuos que se vieron obligados a abandonar su hogar para exponerse al mayor de los peligros: un proceso de mestizaje con otras razas que provocó la pérdida completa de sus poderes sobrenaturales», ilustra Javier Martínez-Pinna, autor del artículo «La Sociedad Thule», publicado en la revista *Clio*, el 1 de noviembre de 2018.

Tal y como comenta Lesta, no cualquiera podía formar parte de esta sociedad. «Para entrar se debía facilitar una fotografía que el Gran Maestre examinaba para descubrir en los rasgos antropométricos y huellas de sangre extranjera. Asimismo, tenían que jurar pureza de sangre hasta la tercera generación».

El movimiento empezó con unos pocos seguidores que rápidamente se ampliaron, sobre todo en Austria. Y allí nos encontramos de nuevo con Hitler, pero también con Rudolph Hess y Heinrich Himmler, entre otros que acabarán conformando la cúpula de poder del Tercer Reich. Corre el año 1919 y Hitler ha cambiado mucho desde su encuentro con List. Cuando le piden que exprese sus ideas, todo el mundo se queda sorprendido por su capacidad retórica.

En esos momentos la sociedad Thule no quiere limitarse únicamente a teorizar. Muchos de sus miembros, guiados por sus ideas racistas, quieren empezar a actuar. Y así se crea el Partido de los Trabajadores Alemanes (DAP), que será el embrión del Partido Nacionalsocialista obrero (NDAP). Así que en cierta forma la sociedad Thule fue el trampolín que catapultó a Hitler a la política. Pero la siniestra sociedad hizo algunas cosas más.

«En principio, la sociedad era concebida como un mero club literario para enaltecer los valores de la cultura germana, pero al final se terminó convirtiendo en una simple tapadera para un grupo de asesinos cuyas víctimas fueron los principales adversarios de los grupos ultraconservadores alemanes», asegura Javier Martínez-Pinna en el artículo antes mencionado.

Asesinatos y desapariciones

La sociedad Thule no se limitó a hablar sobre el origen de la raza aria y a reconstruir la historia con sus delirantes fantasías. Pasó a la acción y eso se tradujo en 354 asesinatos entre 1918 y 1922. Estos fueron los asesinatos comprobados, en su mayoría comunistas y judíos, que eran sus principales enemigos. Pero la leyenda negra asegura que también hubo múltiples desapariciones en estos dos colectivos de personas que nunca se volvieron a ver. La explicación que se da es que fueron empleados para los sacrificios humanos que exigía la organización.

«Además, también se daban muchos casos de personas desaparecidas siempre en extrañas circunstancias. Y entre estos individuos, la mayoría de los cuales eran judíos o comunistas, debemos buscar a las víctimas de los "sacrificios" que fueron asesinadas en rituales de magia astrológica», asegura Lesta.

Hitler se apropió totalmente de las teorías de la sociedad Thule, pero las vendió como suyas. En *Mi lucha* escribió: «Las antiguas creencias volverán a resurgir para ser respetadas de nuevo. El total conocimiento de la naturaleza secreta del bien y del mal eliminará el barniz cristiano y traerá una religión propia de nuestra raza».

Sin embargo, tenía que eliminar las raíces de su pensamiento para poderlo presentar como original. Eso le llevó a atacar duramente a la sociedad que le había dado el apoyo político que necesitaba. En el mismo libro empezó su diatriba contra sus antiguos compañeros, asegurando que los miembros de las sociedades ariosóficas eran «los mayores cobardes que se pueda imaginar porque huyen delante de cualquier porra de goma en manos de marxistas [...]. Aprendí a conocer a esa gente demasiado para no sentir el más profundo desprecio ante sus simulaciones».

Pero Hitler no les dedicó únicamente palabras despectivas. Pasó a la acción y lo hizo con su contundencia habitual. El editor de *Ostara*, la revista que tanto le había interesado en su juventud, fue acusado de «falsificar el pensamiento ario por medio de una doctrina secreta». La Gestapo se encargó de disolver su Nueva Orden Templaria. Rudolf von Sebottendorf, el fundador de la sociedad Thule, no corrió mejor suerte y cuando Hitler llegó al poder, en 1933, le impidió que reconstruyera su organización.

Hitler seguía creyendo en los principios que había aprendido en estas asociaciones, pero ahora había llegado el momento de borrar esas influencias de su pasado y venderlos como propios al mundo.

Más que un partido político

El nacionalsocialismo fue siempre mucho más que un partido o una doctrina política. Lo más inquietante del NSDAP no fue cómo alcan-

ERIK HANUSSEN, EL VIDENTE JUDÍO DE HITLER

Hitler estuvo fascinado por un judío aunque esto parezca una contradicción. La razón eran los poderes de videncia que presentaba Erik Hanussen, al que habían recurrido mandatarios de todo el mundo. Este judío nacido en Viena se había convertido en una estrella por sus espectáculos de ilusionismo, espiritismo y videncia. Era el adivino más famoso de toda Europa que también había acabado en diferentes calabozos acusado de estafa. Pero también había ayudado a la policía para esclarecer diferentes asesinatos.

Su reconocimiento en toda Europa hizo que muchos personajes influyentes quisieran tener una sesión privada con él. «Algunas de esas sesiones tenían lugar en su yate, el *Ursel IV*, mientras surcaba los canales que unían el río Havel con el Spree. Era de dominio público que los rituales que se celebraban allí solían acabar en orgías en las que el alcohol y las drogas corrían a raudales. Eso sí, dentro de una especial y mágica atmósfera», explica Sergi Vich Sánz en el artículo «Hanussen, el judío que quiso convertirse en nazi», publicado en *La Vanguardia* el 1 de abril de 2021.

Por lo visto, uno de los asiduos a sus sesiones era el conde de Wolf-Heinrich von Helldorf, que le presentó a Hitler y todo parece indicar que mantuvieron una relación de amistad en la que Hanussen incluso impartió clases de oratoria a Hitler. Esta relación no fue bien vista por el entorno nazi, que destacaron una y otra vez que el origen judío del vidente.

El día antes del incendio del Reichstag en su espectáculo hizo la siguiente predicción: «Se producirá un incendio y un gran edificio se consumirá entre llamas, entonces, los enemigos de Alemania atacarán». Su predicción no hizo nada de gracia a los nazis, que eran los auténticos artífices del incendio y que lo detuvieron con la acusación de colaborar con los comunistas y de haber escondido sus orígenes judíos. Sin explicación alguna fue puesto en libertad, pero aquella misma mañana fue asesinado a tiros y enterrado en un bosque. Algunos dicen que Hitler temía su poder, mientras otros aseguran que tenía una filmación en su yate en que un jerarca nazi mantenía relaciones homosexuales.

zó el poder, sino cómo estableció un *corpus* de teorías que tuvieron un calado social que permutaron los valores previos de los alemanes y que les impulsaron a tomar por buenos actos deleznables.

En este sentido es muy importante quedarse con los detalles, pues tienen una clara intención de emitir un mensaje muy claro. El nacionalsocialismo se construye con los principios de una religión. Hitler es el mesías que ha venido a salvar al pueblo elegido, que está oprimido. Es un mesías que muestra un nuevo camino y unos valores morales completamente diferentes a los anteriores. No predica la caridad ni la igualdad, sino la lucha y la reivindicación de la supremacía aria.

El culto a la personalidad de Hitler, rayano a la de un líder religioso, está presente en todos los actos nacionalsocialistas. Sus discursos, por ejemplo, eran grabados con un plano picado, con la cámara abajo, para que el punto de vista del público fuera ese y se sintiera minúsculo ante el líder. En este sentido, la arquitectura, de líneas sobrias, neoclásicas y monometalista, tiene el mismo efecto, conseguir que el ciudadano se sienta pequeño y entienda que forma parte de una organización superior sin la que no es nada y a la que debe servir.

Otro de los detalles importantes que no tiene que pasar desapercibido es el saludo fascista. Se cambia el clásico saludo, se impone otro y además se pronuncian las palabras «Heil Hitler». El nombre del dictador, entendido como «dios» de la nueva religión está presente en los aspectos más cotidianos de la vida.

Todo ello tuvo una clara idea propagandística que funcionó. Pero hay algo más: la intención de cambiar los códigos morales previos y que los alemanes interiorizaran otros diferentes, mucho más despiadados y que entraban en conflicto con lo que había sido hasta el momento los que habían regido a la sociedad alemana. En este sentido, hay un claro proyecto para acabar con el catolicismo, pero no se puede erradicar sin proponer un sustituto. Y es ahí donde las teorías esotéricas empiezan a ganar enteros. «Una de las consignas subterráneas del régimen nazi era eliminar progresivamente la influencia que para el pueblo alemán tenían los ritos de la Iglesia Católica», asegura Lesta.

La nueva religión: la Ahnenerbe

Hitler, con la ayuda sobre todo de Himmler, tenía el proyecto de crear una religión propia que acabara con el cristianismo y con cualquier otra religión. La Ahnenerbe tenía por objetivo imponerse con una serie de creencias paganas que demostrarían la superioridad de la raza aria y que impondrían un código moral que encajaría con los objetivos del nacionalsocialismo. «Los objetivos de la sociedad eran fundamentalmente tres: investigar el alcance territorial y el espíritu de la raza germánica, rescatar y restituir las tradiciones alemanas, y difundir la cultura tradicional alemana entre la población», asegura Lesta.

La Ahnenerbe, que se traduce como «herencia ancestral», era un organismo que dependía de las SS y que se fundó en 1935. Para formar parte de ella se tenía que tener una titulación académica. No fue difícil para el régimen captar a eminentes científicos alemanes para esta organización. Las investigaciones partían de unas ideas preconcebidas que debían demostrarse. Muchos de ellos no mostraron demasiados escrúpulos en hacerlo y así complacer a sus patrocinadores.

«La Ahnenerbe se dedicaba a la pseudohistoria con una potente carga literaria y propagandística dentro de las investigaciones pseudocientíficas, y también a la sistematización de materiales de investigaciones sobre rituales paganos y prácticas místicas. Tenía un fuerte sesgo nacionalista y perseguía objetivos propagandísticos en la guerra psicológica desplegada por los nazis paralelamente a las campañas militares», asegura el periodista ruso Iván Karasev.

Su máximo responsable era Himmler y su brazo derecho era Karl Maria Willigut, que pasó a ser conocido como el Rasputín de Himmler. Este personaje era ciertamente peculiar. Aseguraba tener una memoria clarividente que le permitía recordar la prehistoria de su tribu y asegura que era el último descendiente de los Willgotis, unos reyes magos. Básicamente, era un enfermo mental que había sido diagnosticado de esquizofrenia y había sido recluido en una institución mental entre 1924 y 1927. El resto de miembros de la Ahnenerbe, que perseguía unos objetivos más «científicos», no vio nunca con buenos ojos los delirios de Willigut. Pero poco pudieron hacer al respecto, porque era el protegido de Himmler.

Una potente organización

La Ahnenerbe poseía laboratorios, bibliotecas y talleres museísticos. Hacia 1939, tenía en nómina a 137 científicos alemanes y empleó a otros 82 trabajadores auxiliares entre cineastas, fotógrafos, pintores, bibliotecarios, técnicos de laboratorio, contables y arqueólogos. Un grupo de élite que no dudó en dar al traste con siglos de Historia para retratar el mundo según lo veía Hitler.

«Los nazis ignoraron el legado de Egipto y Mesopotamia y convirtieron la cultura griega y romana en producto de una casta de indoeuropeos rubios, altos y de ojos azules provenientes del norte de Europa», relata Jesús Centeno en el artículo «Ahnenerbe, nazis en busca de un pasado», publicado en *Público* el 7 de noviembre de 2007.

Las instalaciones y la dotación de recursos con los que contaba la Ahnenerbe eran impresionantes. Como lo era también su diversificación, porque podía analizar casi cualquier tema que tuviera una relación, por peregrina que fuera, con la raza aria.

«En 1936 se constituyó el departamento de lingüística, en 1937 el de investigación sobre los contenidos y símbolos de las tradiciones populares, y un año después el departamento de arqueología germánica. Este último se haría famoso por sus extrañas expediciones. Estas actividades, extraordinariamente diversificadas, hacían que se multiplicaran los departamentos en el seno de la sociedad. Llegó a tener 43, dedicados a danzas populares y canciones tradicionales, estilos regionales, folclore, leyendas, geografía sagrada, ciencias paranormales, etc. Andre Brissaud escribe que los trabajos de la sociedad eran "asuntos secretos del Reich" y comprendían desde temas clásicos como "la lengua y literatura germánicas" hasta temas tan curiosos como el "yoga y el zen, doctrinas esotéricas e influencias mágicas sobre el comportamiento humano"», asegura Lesta.

Siniestras expediciones

En 1938, la Ahnenerbe organizó una expedición al Tíbet, en la que se analizaron los cráneos de 400 personas para intentar concluir que aquel era el lugar en el que se había originado la raza aria. Aunque la investigación solo pudo confirmar que los tibetanos eran una mezcla de mongoles y otras razas europeas. Esta fue la expedición más conocida, porque muchas de las que se realizaron después se llevaron a cabo en el más absoluto secreto.

Uno de los enigmas que siguen a día de hoy abiertos es qué hizo exactamente la Ahnenerbe en el Cáucaso. Parece que el ejército alemán ayudó a construir una carretera a los soviéticos cuando aún eran aliados. Sin embargo, en 2015 se encontró un hallazgo que abrió muchos interrogantes: 200 cuerpos de soldados alemanes que habían sido aplastados por un alud y dos extraños cráneos no humanos que no se sabe a qué especie pertenecen. Al lado, había un maletín con el emblema de la Ahnenerbe.

¿Qué hacía esta organización en el Cáucaso? Por la documentación encontrada se ha llegado a la conclusión de que recogían el agua de una cueva bajo el lago Ritsa porque estaban convencidos de que la composición de la misma serviría para fabricar plasma sanguíneo. «El "agua viva" procedente de Abjasia, en recipientes de plata, se transportaba primero hasta la costa, luego mediante submarinos hasta la base de Constanza, y finalmente en avión hasta Alemania», explica Iván Bormotov, catedrático de Economía y Gestión de empresas por la Universidad rusa de Maikop.

Sin embargo, poco se sabe de los soldados supuestamente aplastados por el alud, cuyas muertes nunca fueron notificadas a sus familiares. Se ha especulado con la posibilidad de que fuera la propia Ahnenerbe la que acabara con su vida para que no pudieran nunca revelar las investigaciones que se habían llevado a cabo allí.

Lo que sigue siendo un misterio es la procedencia de los dos cráneos allí encontrados. Está claro que se trata de seres bípedos. «Otro detalle extraño es la ausencia de bóveda craneal y mandíbulas. En lugar de boca, hay varios orificios distribuidos en forma de círculo. Las cuencas de los ojos son inusualmente grandes y de ellas se separan dos excrecencias en forma de cuernos. Sin embargo, los huesos faciales son planos, como en los homínidos», asegura el etnógrafo Vladímir Melikov. Algunas teorías apuntan que se trata de seres extraterrestres, mientras otros creen que son las divinidades de las que decían descender los nazis. Sin embargo, algunos estudiosos consideran que se trata de cráneos de ovejas, que al estar durante mucho tiempo bajo tierra y recibir también el flujo del agua del río se habrían deformado de tal modo que resultarían irreconocibles.

Otras de las famosas investigaciones que ordenó Himmler y que se mantuvieron en secreto fueron la busca del Santo Grial y del martillo de Thor. La primera reliquia interesaba al nazi porque estaba convencido de que llevaba unas inscripciones que ocultaban un mensaje divino. El martillo de Thor fue otra de sus obsesiones, que acabó por saturar al propio Hitler, pues intentó que la Ahnenerbe diera un giro hacia terrenos más científicos y menos esotéricos.

Experimentos en los campos de concentración

Buena parte de los atroces experimentos que se llevaron a cabo con prisioneros en los campos de concentración y de exterminio nazis dependieron también de la Ahnenerbe. En su afán de demostrar empíricamente la superioridad de la raza aria, llevaron a cabo experimentos con «razas inferiores» que tenían como objetivo demostrar la poca resistencia que estos tenían.

Este tipo de experimentos, que se trataron en capítulos anteriores, suponían auténticas torturas y se llevaban a cabo sin anestesia. Aportaron un sufrimiento inconmensurable a sus víctimas. La mayoría de ellas murieron y las pocas que sobrevivieron acarrearon dolorosos efectos secundarios durante toda su vida. Nunca sirvieron para demostrar ninguna de las teorías que se pretendía y aún así no se escatimaron recursos ni vidas humanas.

La Orden Negra y sus rituales

El plan que tenían desde la Ahnenerbe era que las fiestas paganas, sobre las que tanto habían investigado, acabaran por sustituir a las cristianas. En este sentido, un grupo exclusivo de miembros de las SS pertenecía a una organización llamada la Orden Negra, que es en la que se llevaban a cabo rituales rodeados relacionados con el esoterismo.

La Orden Negra tenía su templo situado en el castillo de Wewels-burg, que Himmler arrendó por cien años por recomendación de Willgut. Este predijo que sería el último bastión en el que se libraría la batalla entre Asia y Europa. Los trabajos de remodelación los llevaron a cabo los prisioneros de los campos de concentración y aún así, la faraónica obra costó 15 millones de marcos alemanes de la época y la decoración sugiere actividades ocultistas. En el castillo, además, debían guardarse todos los anillos de los miembros de las SS que hubieran muerto, que eran depositados en un cofre.

Las ceremonias que se llevaban a cabo en el castillo venían a ser la liturgia de la religión nazi. Parece que la idea era que en un futuro este tipo de rituales que sustituían a las celebraciones cristianas trascendieran a todos los súbditos del Tercer Reich, que así no tendrían la necesidad de pertenecer a ningún otro credo que no fuera el nacionalsocialismo.

Acabar con la Navidad

«Himmler y su Estado Mayor personal, constituido por hombres de su más absoluta confianza concibieron un calendario festivo para la Orden Negra de las SS que establecía unas fechas sagradas a lo largo del año. En ellas, las SS renovaban sus compromisos de honor y lealtad para con el führer y la Orden. Estas festividades servían para sustituir a las fiestas cristianas por otras que estuvieran más próximas a la tradición germano-pagana», comenta Lesta. El caso más significativo es el de la Navidad, que también dejaría de existir como se había conocido hasta aquel momento. Según Lesta, «el 25 de diciembre se conmemoraba el "día del nacimiento del sol invencible" (el *Sol Invictus*, que para los romanos representaba el nacimiento de Mithra), es decir, el día en que este astro, después de ir acortando su presencia desde el solsticio de verano, parecía recobrar nuevamente sus fuerzas tras el periodo agónico del otoño y la muerte invernal». La Pascua sería sustituida por una celebración llamada Ostara, en la que se rendiría culto a la diosa de la fertilidad y se conmemoraría el inicio de la primavera.

En este sentido, los sacramentos también tenían un equivalente pagano. «Durante el bautismo del hijo de un afiliado a la Orden Negra se les hacía entrega de una medalla con signos rúnicos para el recién nacido y se pronunciaba la fórmula de ingreso del bebé en la comunidad de las SS», ilustra Lesta. Otro ritual que también estaba perfectamente pautado era el del matrimonio. «Hace poco se ha revelado una filmación inédita que muestra la ceremonia llevada a cabo por una pareja para contraer matrimonio bajo el ritual de las SS. En ella se ve claramente que la sala en la que se celebra la ceremonia esta presidida por una gigantesca bandera negra con una "S" rúnica grabada en plata. Previamente los cónyuges habían realizado su matrimonio civil y en el curso del acto el oficial superior (el propio Himmler en este caso) les entrega el pan y la sal, símbolos de la tierra y de la fertilidad», comenta Lesta.

Durante los Juicios de Núremberg se llegó a la conclusión que también se realizaban un tipo de misas negras con un himno que concluía la ceremonia y en el que se adoraban los poderes del mal. Además, algunas de las oraciones se pronunciaban en una lengua desconocida.

LA REVISTA QUE LEÍA HITLER

Como ya se ha comentado en el texto, Adolf Hitler era fan de una revista que según los especialistas caló hondo en su pensamiento. Se trataba de *Ostara*, cuyos ejemplares leía una y otra vez durante su juventud. Pero, ¿qué contenía la revista para despertar de ese modo su atención?

Básicamente era una publicación en la que se hablaba de la ariosofía, pero de forma muy amarillista y popular, con titulares simples que se ganaban la atención del lector. Uno de los más célebres rezaba: «¿Es usted rubio? Entonces le acechan grandes peligros». Se incidía en que los arios estaban siendo acosados por las razas inferiores.

Lo más curioso, tal vez, eran unos relatos eróticos en los que bellas alemanas, rubias y con los ojos azules, eran violadas o secuestradas por los «oscuros». Esa era la forma en la que la revista denominaba a los negros, los eslavos y los judíos. Se los retrataba con rasgos simiescos y una sexualidad voraz que tenía como objetivo manchar la sangre aria. En algunas ocasiones estos relatos incorporaban algunas ilustraciones de tipo *pulp*.

Por otra parte también presentaba un contenido esotérico, interpretando en provecho propio la Biblia, los textos védicos y las profecías de Nostradamus. Todo valía para darle un toque místico a las ideas racistas y supremacistas. También incluía una simbología, basada en las runas, que según mantenían los redactores de la revista, eran las letras antiguas romanas. Y uno de sus símbolos estrella era la cruz esvástica. Se insistía en la idea de la «Gran Alemania» como ideal de estado de todos los arios. Como se ha visto, toda esta iconografía e ideario fueron posteriormente empleados por Hitler.

CAPÍTULO 11
EL SADISMO FINAL

La invasión de los nuevos territorios suponía la imposición de terribles condiciones para todos aquellos que perseguían los nazis: judíos, «razas inferiores», gitanos, homosexuales, disidentes… La crueldad nazi se creció fuera de sus fronteras y contó con el apoyo de algunos de los países invadidos o en los gobiernos que los apoyaban.

Los diferentes países, muchas veces divididos por sus hostilidades internas, se posicionaron en muchas ocasiones al lado del que les podía ayudar a abatir a sus enemigos históricos. Y esto llevó a que muchos de ellos apoyaran al régimen nazi. Otros gobiernos lo hicieron porque tenían gobiernos racistas y antisemitas que estaban de acuerdo con el modelo de Europa con el que soñaban los nazis. En cada lugar la represión contra los judíos fue diferente, aunque en la mayoría de los casos, desgraciadamente, contó con el apoyo local en el Holocausto.

Los países ocupados no tuvieron margen de elección y en la mayoría de los casos los alemanes procedieron al exterminio de los judíos, los gitanos y los homosexuales que vivían en esas zonas. Mención especial tiene la crueldad final de la que hicieron gala los nazis con las marchas de la muerte, cuando ya sabían que habían perdido la guerra, pero aún así sacaron a los judíos de los campos de exterminio y les obligaron a movilizarse acabando con la vida de los que no podían hacer de soldados con gran sadismo.

El último capítulo de la guerra, el juicio a los jerarcas nazis, dejó al descubierto la crueldad que habían perpetrado. Y a la vez, la falta de arrepentimiento de los nazis, que no entendía por qué el mundo se escandalizaba por el genocidio que habían perpetrado.

Atrocidades en la Europa invadida

El aliado más firme de Alemania fue Italia, que entró en la guerra en 1940. En ese momento Mussolini tuvo que tomar algunas medidas antijudías, a las que se había negado en un principio por la buena convivencia que esta comunidad había tenido en la península itálica. Deportó a los judíos extranjeros a los 43 campos de detención para extranjeros. De todas formas, estos campos nada tenían que ver con los nazis, ya que aunque las condiciones eran duras, contaban con escuelas y actividades sociales y culturales. El gobierno italiano siempre se negó a deportar a la población judía a los campos de exterminio de sus aliados germanos y esa medida también la aplicó en los territorios que conquistó. En 1942 incluso llevaron a cabo una operación que salvó a unos 40.000 judíos no italianos que vivían en regiones que habían invadido de la deportación a los campos de exterminio. Sin embargo, en 1943, Mussolini intentó firmar la paz con los aliados, fue derrocado y asesinado y mientras las tropas aliadas iniciaban su liberación por el sur, Alemania invadió los territorios del norte. Ahí empezó el Holocausto de los judíos italianos. Alrededor del 17% de los que vivían en Italia perdió la vida.

La hora final de Benito y Rachele Mussolini.

La caída de Francia y de la Europa libre

En Francia, por ejemplo, las autoridades del gobierno colaboracionista ayudaron activamente en las deportaciones de estos colectivos a los campos de exterminio. También en la detención de los miembros de la resistencia, que fueron cruelmente torturados y asesinados. Para ponerlo en cifras: entre 1942 y 1944, 76.000 judíos alemanes fueron trasladados al campo de exterminio de Auschwitz.

Bélgica también vivió el horror nazi en toda su intensidad. Desde julio de 1942 empezó la deportación de los grupos «asociales» con la comunidad judía a la cabeza. La Reina madre Elisabeth medió para que los ciudadanos belgas no corrieran aquella suerte y lo logró. Pero eran una minoría y las deportaciones hacia los campos de la muerte duraron hasta el final de la guerra. En julio de 1944 se llevó a cabo el último transporte mortal. 29.000 judíos que residían en Bélgica, de un total de 65.000 encontraron la muerte.

En Holanda pereció el 80% de la población judía, 107.000. En un principio, se los internó en supuestos campos de trabajo, pero en la primavera de 1942 pusieron el pretexto que necesitaban mano de obra en Auschwitz y fueron trasladados allí, con el apoyo del funcionariado holandés, donde la mayoría de ellos encontró la muerte.

Los judíos de Dinamarca son los que «mejor» parados salieron de la invasión alemana. Se debió a diferentes factores, pero el principal fue la colaboración de los daneses para proteger a los judíos. La invasión de Dinamarca fue una *rara avis* en el *modus operandi* del Tercer Reich. Para los alemanes, no se trataba de una raza inferior, sino de «hermanos arios». Les permitieron conservar su gobierno y solo tomaron el mando de las relaciones internacionales y emplearon su territorio como enclave estratégico. De alguna manera intentaban mantener buenas relaciones con los daneses.

Por otra parte, la población judía era bastante insignificante en comparación a la de otros territorios: 7.000 judíos, de los cuales 6.000 eran ciudadanos daneses. Por lo que los alemanes hicieron «la vista gorda» viendo las reticencias que mostraba la población del país a adoptar sus medidas genocidas. Sin embargo la situación cambió cuando decidieron aplicar en todo el territorio conquistado la solución final.

Los daneses supieron de los planes de los alemanes y alertaron a la población judía, les ayudaron a embarcar rumbo a Suecia o los es-

condieron para que no los encontraran. El 1 de octubre, cuando los alemanes fueron a detener a los judíos de Dinamarca, encontraron a muy pocos de ellos. Aún así 500 fueron capturados y llevados al campo de Theresienstadt, en el protectorado de Bohemia y Moravia. El plan era llevarlos de ahí a Auschwitz, pero la presión del gobierno danés lo impidió y finalmente fueron devueltos a Dinamarca.

El extermino de los Balcanes

Las crueldades más atroces del nazismo se llevaron a cabo por el Estado Independiente de Croacia, gobernado por los ustacha y dirigido por su propio führer, Ante Pavelic, un asesino psicópata y racista al cargo del país. Los ustachas eran terroristas que llevaban tiempo intentando conseguir la separación de Croacia de Yugoslavia. Una vez acceden al poder, imitan y superan a sus compañeros nazis alemanes. Antes de la guerra en Croacia había seis millones de habitantes, pero solo tres eran croatas, el resto se dividían entre serbios, musulmanes, judíos y gitanos. Copian las leyes racistas nazis, confiscando los bienes de las otras etnias y enviándolas a campos de exterminio. «Las masacres se multiplican, y el propio ministro de Justicia declara abiertamente que no son sino el principio de un plan oficial encaminado al exterminio de judíos y serbios. Respecto a estos últimos, el proyecto croata era eliminar a la mitad y obligar al resto a convertirse al catolicismo o a exiliarse en territorio serbio. Al tal efecto, los ustachas organizaron su propia red de campos de concentración, un total de 24, cuyos desdichados prisioneros padecieron monstruosidades aún mayores que los deportados a Alemania. El campo de Jasenovac (el Auschwitz croata) se llevó la palma en ese sentido, con un total de 360.000 muertos», recoge Alberto Porlan en el artículo «Croacia en la II Guerra Mundial: bajo el yugo asesino de Pavelic», publicado el 29 de noviembre de 2017 en *Muyhistoria.es*.

Por otra parte, Serbia, que se situó siempre del lado de los aliados, fue invadida por las tropas alemanas en abril de 1941. Una revolución popular estalló y la represalia nazi no se hizo esperar. Mandaron asesinar a los varones judíos entre septiembre y diciembre, la mayoría de ellos fusilados. De marzo a mayo de 1942 al menos 8.000 mujeres y niños fueron enviados a las cámaras de gas.

Regímenes títeres de los nazis

Bulgaria, Hungría, Eslovaquia y Rumanía fueron aliados de los nazis. En los Balcanes fue donde el Tercer Reich encontró más apoyo. A Hitler no le interesaba invadir estos países, pero sí contar con ellos por su posición estratégica. En estos países se instauraron también regímenes fascistas con políticas racistas.

En Hungría, por ejemplo, los judíos no podían formar parte del ejército y tenían que hacer trabajos forzados. «Al menos 27.000 trabajadores judíos húngaros padecieron condiciones de frío extremo, carecían de refugio, alimentos y atención médica adecuados, y murieron antes de la ocupación alemana de Hungría en marzo de 1944», asevera la *Enciclopedia del Holocausto*. El gobierno de Miklós Horthy colaboró activamente en las políticas antisemitas, pero no se doblegó todo lo que Hitler esperaba y en 1944 invadió el país, que no opuso apenas resistencia. Tomó el gobierno el partido de la Cruz Fechada que estuvo poco tiempo en el gobierno, pero fue brutal. En tres meses, los escuadrones de la muerte asesinaron a 38.000

EL FALSO ARREPENTIMIENTO DEL "NAZI BUENO"

Albert Speer fue el único nazi que mostró arrepentimiento durante los Juicios de Núremberg y por ello fue conocido como el «nazi bueno». Su actitud fue criticada por el resto de sus compañeros, pero fue realmente efectiva: se libró de la pena capital y saldó su deuda con una condena de 20 años de prisión. Cuando fue liberado escribió dos libros sobre su etapa nazi que se convirtieron en *best sellers* superventas.

Speer era arquitecto y fue el responsable de los principales monumentos de la arquitectura fascista. Hitler sentía una gran predilección hacia este joven, cuyo encanto personal sigue siendo una de las cualidades que le reconocen otros sus biógrafos. Él mismo declaró: «Si Hitler alguna vez tuvo un amigo, ese fui yo».

Cuentan que contaba con un equipo de brillantes arquitectos que trabajaban día y noche para él, que era quien se atribuía los éxitos. Su eficacia hizo que en 1942 fuera nombrado ministro de Armamento y él fue el artífice del llamado milagro armamentístico alemán. Cuando fue apresado, se mostró colaborador con las fuerzas aliadas e incluso les mostró los errores que habían cometido y que habían permitido avanzar a los nazis. Siguió con esa misma actitud en los Juicios de Núremberg. Negó conocer la solución final y lo único que admitió es haber empleado mano de obra esclava en la construcción de los edificios y, sobre todo, en la fabricación de armas. El éxito de la producción armamentística se debió a que se llevó a cabo en subterráneos insalubres en los que los prisioneros fueron tratados de forma inhumana. Speer mintió sobre que estaba informado de la solución final y del Holocausto. Por tanto, su actitud fue una impostura que mantuvo hasta su muerte a los 76 años.

húngaros, entre los que se contaban 25.000 judíos y deportaron a 80.000 hebreos a campos de concentración. Los asesinatos entre esta población no cesaron. Muchos fueron acribillados a tiros en el Danubio y lanzados al río.

Bulgaria se unió a los nazis y obtuvo sus beneficios: consiguió anexionarse Tracia, que pertenecía a Grecia, Macedonia y algunas partes de Yugoslavia. Instauró una legislación antisemita que no admitía la deportación de los judíos no búlgaros, pero sí la de los que estaban en los territorios invadidos. En marzo de 1943 deportaron a los que estaban en estas zonas que fueron a parar a campos de exterminio del Tercer Reich. En su territorio expulsaron a más de 20.000 judíos búlgaros y sofocaron las protestas de estos y de la población no judía de forma brutal. Pero en 1943, cuando estaban a punto de deportar a los judíos búlgaros a los campos de exterminio, se encontraron la enconada oposición popular, que ejerció tal presión que el rey Boris no ejecutó la medida. Así se consiguió salvar la vida de miles de judíos.

En 1944 Bulgaria acabó por declarar la guerra a Alemania. Tras la protección de los judíos daneses, seguramente la de los búlgaros es la más destacada. Al final de la guerra seguían contando con el mismo número de judíos que antes: 50.000.

La República Eslovaca, que quería independizarse de Checoslovaquia, tuvo su gobierno nazi autóctono dirigido por Jozef Tiso, un dictador fascista, que había sido sacerdote y que se mantuvo en el poder hasta 1945. En ese tiempo se aplicaron las leyes antisemitas y se deportaron a 70.000 judíos. Solo sobrevivieron entre 25.000 y 30.000.

Chequia, en cambio, fue invadida por las tropas nazis y se convirtió en el protectorado de Bohemia y Moldavia que fue brutalmente dirigido por la Gestapo. Al final de la guerra se contabilizó la muerte de 263.000 judíos que habían vivido allí antes de la guerra.

Rumanía, muy cercana a los Balcanes, había mostrado entre guerras un marcado antisemitismo que se desató durante la II Guerra Mundial, sobre todo teniendo en cuenta que este país era uno de los que estaba en el bando alemán. El gobierno del dictador Ion Antonescu ordenó matanzas y deportaciones. Soldados, civiles y policía rumana cargaron contra los judíos protagonizando terribles masacres que se saldaron con la muerte de 400.000 judíos.

Otro de los lugares donde la población local fue más cruel con los judíos fue en Ucrania. El sentimiento antisemita había surgido

*Dos dictadores colaboran,
uno alemán y otro eslovaco:
Adolf Hitler y Jozef Tiso.*

entre guerras y estaba fuertemente enraizado en este país, que fue parcialmente invadido primero por los soviéticos. Cuando empezó la agresión alemana contra Rusia, el Tercer Reich invadió Ucrania con el beneplácito de parte de la población que creyó que los germanos les salvarían del yugo soviético. Los alemanes estimularon el antisemitismo ucraniano, cuya población llevó a cabo cruentos pogromos en los que mataron a miles de judíos con herramientas del campo. Los ucranianos también apoyaron a los *Einsatzgruppen*, las unidades móviles de exterminio que perpetraron matanzas por todo el territorio. Entre 1.400.000 y 1.600.000 de judíos perdieron la vida en Ucrania.

Las repúblicas bálticas pactaron con los nazis

Estonia, Estonia y Lituania fueron invadidas por la Unión Soviética en 1940 y por los nazis en 1941. La población local vio con buenos ojos la invasión alemana, porque albergaba la esperanza de que les liberaran del yugo ruso y les concedieran la independencia. Por ello en una primera etapa colaboraron activamente con el gobierno nazi y permitieron la deportación de la población judía y también la apertura de campos de exterminio en los que se ubicaron judíos y otras etnias procedentes de los países conquistados por los germanos. Sin embargo, al cabo de un tiempo de represión, fueron conscientes de que la situación había empeorado y que no tenía visos de cambiar. Entonces, ya hacia el final de la guerra, hubo cierta resistencia a la ocupación.

La mayoría de la población judía fue masacrada por los *Einsatzgruppen*, los escuadrones de la muerte, apoyados por la población local. En Letonia, donde vivían 70.000 judíos, fueron asesinados cerca de 34.000. En Lituania la población llevó a cabo cruentos pogromos alentados por los alemanes. Se calcula que antes de la contienda vivían 160.000 judíos. Al acabar habían asesinado al 90%, siendo proporcionalmente una de las tasas más altas en toda Europa de masacre al pueblo judío. Estonia presentaba una población semita relativamente pequeña, de 4.500 personas aproximadamente. Al acabar la guerra, prácticamente no había sobrevivido ninguno.

El caso de Finlandia

Al igual que estos tres países, Finlandia también temía el avance ruso. Al inicio de la II Guerra Mundial había intentado anexionarse el país que se había independizado hacía dos décadas del gobierno de Moscú. Pero los soviéticos fracasaron en su intento y solo pudieron hacerse con la región de Carelia. Por ello, la llegada de los nazis supuso un refuerzo para combatir a los soviéticos. Además, Finlandia colaboró con el gobierno alemán con el envío de armas, combustible y alimentos, pero mantuvo su gobierno democrático e independiente. El gobierno marcadamente católico no adoptó políticas antisemitas. La población judía en Finlandia era muy reducida y de los 500 refugiados que llegaron a las tierras finesas, el gobierno únicamente entregó a los nazis a ocho personas. Sin embargo, sí que entregó entre 2.600 y 2.800 prisioneros soviéticos a cambio de 2.200 finlandeses.

Las marchas de la muerte

La crueldad nazi alcanzó una nueva cota cuando la guerra prácticamente estaba perdida. El empeño por emplear a los prisioneros como esclavos y aniquilar a la población judía y gitana los llevó a tomar la decisión de evacuarlos de los campos de concentración de los territorios que iban a ser recuperados por los aliados y a obligarlos a caminar hasta los lugares que aún estaban bajo el poder de los nazis.

Los nazis custodiaron a los prisioneros, que estaban exhaustos y les obligaron a caminar. Los que no podían hacerlo, recibían palizas y, si no había tiempo de torturarlos para el escarmiento del resto, los fusilaban ante sus compañeros. No permitían que ninguno de fugara. Estaban obsesionados con su misión: trasladarlos como fuera y aniquilar a los que ya no fueran útiles.

Crueldad hasta el final

Tal y como recoge la *Enciclopedia del Holocausto*, estas marchas fueron atroces. «Se los obligaba a marchar largas distancias con frío extremo y poco o nada de comida, agua o descanso. Quienes no podían continuar eran fusilados. Las marchas de la muerte más largas tuvieron lugar en el invierno de 1944-1945, cuando el ejército soviético comenzó la liberación de Polonia. Nueve días antes de que los soviéticos llegaran a Auschwitz, los alemanes forzaron a marchar a decenas de miles de prisioneros desde el campo hacia Wodzislaw, un pueblo a 56 kilómetros de distancia, en donde fueron puestos en trenes de carga con dirección a otros campos. Aproximadamente una persona de cada cuatro murió en el camino. Muchas veces los nazis asesinaban a grupos grandes de prisioneros antes, durante o después de las marchas. Durante una marcha, 7.000 prisioneros judíos, de los cuales 6.000 eran mujeres, fueron trasladados de los campos de la región de Danzig, que limita al norte con el mar Báltico. En esa marcha de diez días, 700 fueron asesinados y los que seguían vivos cuando llegaron a las costas del mar fueron obligados a meterse en el agua y allí los fusilaron».

Las marchas de la muerte mostraron la crueldad final de los nazis. Aquellos prisioneros que se paraban, ni que fueran unos minutos, para recuperar fuerzas, eran abatidos a tiros o golpeados hasta la muerte. 250.000 prisioneros fueron asesinados en estas rutas desquiciadas en las que los nazis se negaron a admitir su derrota y siguieron perpetrando el horror hasta el último momento.

Las víctimas del Holocausto

Resulta difícil para los historiadores hacer un cómputo final de las víctimas del Holocausto, pues los alemanes siempre intentaron ocultarlas. Sin embargo, hay más o menos un terrible *ranking* de los prisioneros que murieron en los campos de exterminio. Según mantiene Guillermo Altares en el artículo «¿Por qué hablamos de seis millones de judíos muertos en el Holocausto?», publicado en *El País* es 16 de septiembre de 2017, es muy difícil poder establecer un número por diferentes razones. «El diario israelí *Haaretz* se preguntaba en agosto de dónde sale la cifra que mide universalmente ese horror (seis millones de judíos muertos) y por qué es tan difícil precisar un número de víctimas. La respuesta apunta a esa inmediatez: los muertos no dejaron testimonios, pero tampoco muchos documentos, pues nunca fueron censados. Tampoco los fusilados masivamente en la URSS desde junio de 1941. Otra respuesta es la magnitud de los crímenes nazis, imposible de imaginar y, por ello, de medir».

En total, los historiadores han llegado al acuerdo de que las víctimas del genocidio nazi ascienden a 18.653.000. Y más o menos se ha consensuado una división entre los diferentes colectivos que perecieron a manos de los nazis.

El más famoso es el de los judíos, pues fueron el objetivo primordial de los nazis. Antes de la guerra, en Europa vivían unos 11 millones de judíos. Por tanto, los nazis aniquilaron al 60%. Estuvieron muy cerca de conseguir su ansiada solución final y erradicar a este colectivo de Europa.

En cuanto al resto de la población que tenían previsto masacrar, también se pusieron un objetivo muy

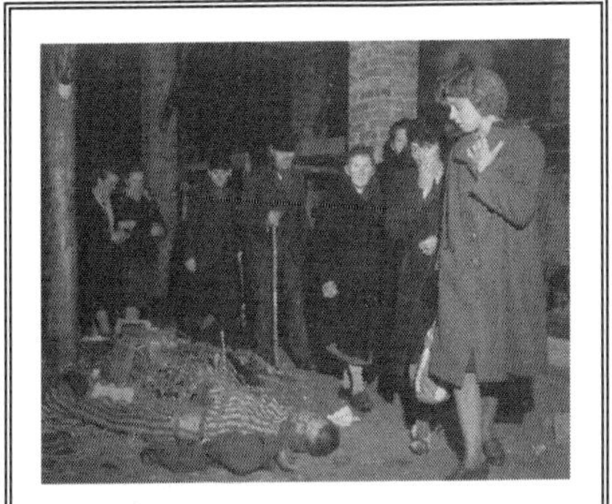

El horror del Holocausto descubierto por los civiles tras el final de la guerra en los diferentes campos de exterminio repartidos por toda Europa.

alto. Para ellos trazaron el Plan General del Este (*Generalplan Ost*) basado en la teoría del Espacio vital (*Lebensraum*). Los arios, que por su superioridad debían comandar Europa, necesitaban más espacio para vivir. Por ello, debían acabar con las razas inferiores y repoblar las zonas en las que estas vivían. El *Generalplan Ost* definió cómo se llevaría a cabo. El objetivo era deportar a 31 millones de polacos y rusos a Siberia, aunque también se tenían en cuenta otros métodos de librarse de ellos como convertirlos en esclavos hasta la muerte o llevarlos a campos de exterminio.

Atrocidades contra las «razas inferiores»

La raza eslava era considerada inferior por los nazis. Además, se le sumaba el factor de que el comunismo era considerado el demonio del nacionalsocialismo. Por otra parte, desde que se inicia la invasión de Rusia, son el enemigo a abatir. Deciden que cuantos más rusos mueran, menos resistencia encontrarán en el futuro.

Eso nos lleva a un holocausto cruento, que se salda con unos 5.700.000 civiles soviéticos, de los cuales 1.300.000 son judíos. La inquina de los nazis con los prisioneros de guerra fue proverbial y no respetó ninguno de los acuerdos internacionales. Así, se cree que fueron asesinados alrededor de tres millones de prisioneros de guerra soviéticos. Estos murieron ejecutados, de inanición o de agotamiento, al ser empleados como mano de obra esclava.

Lo mismo ocurrió con los polacos. Sin contar a la población judía de este país que asesinaron (tres millones), los nazis acabaron con la vida de 1,8 millones de polacos. Según el Plan General del Este, el objetivo era eliminar al 85% de la población polaca (20 millones) y emplear el 15% restante como mano de obra esclava.

Los ucranianos eran otro de los objetivos de los nazis, que pretendían acabar con el 65% (23,2 millones) y el resto serían tratados como esclavos. Las cifras reales no se acercan a este demencial plan, que tenía que llevarse a lo largo de diez años, pero resultan escalofriantes. Tres millones de ucranianos fueron exterminados por los nazis.

El genocidio contra los gitanos fue devastador. Y además fue invisibilizado durante años. De hecho, no se reconoció hasta la década de los ochenta. Las políticas que se les aplicaron fueron idénticas a las que padecieron los judíos y sirvieron para acabar con medio millón de romaníes, que suponían el 75% de la población de esta etnia que vivía en Europa.

Las pérdidas de los serbios, sobre todo bajo la dictadura ustacha, también son de las más tristemente relevantes, porque acabaron con cerca de 600.000 personas de esta etnia. Los eslovenos también sufrieron la masacre de 25.000 personas de su población.

De los españoles republicanos que vivían en Francia, 15.000 fueron detenidos en campos de concentración, pero no eran el objetivo prioritario de los nazis, que asesinaron igualmente a unos 3.500.

Masacrados por sus ideas

Los nazis persiguieron también diferentes credos. Proporcionalmente, los que se llevaron la peor parte fueron los Testigos de Jehová. Su negativa a llevar armas de fuego provocó que fueran un objetivo a deportar a los campos de concentración y exterminio, donde perecieron entre 2.500 y 5.000.

La religión católica también fue perseguida por el régimen nazi. La posibilidad de que los católicos pudieran agruparse o creyeran en otros valores morales diferentes a los del nacionalsocialismo era un peligro a abatir. Además, algunos responsables católicos protestaron contra la masacre judía, lo que les convirtió en enemigos del Tercer Reich. En los territorios ocupados se cerraron escuelas católicas e iglesias y se deportaron a sus responsables.

La Iglesia Protestante no fue tan duramente perseguida por los nazis, que vieron en ella la posibilidad de manipular a sus feligreses. La unión de 28 grupos protestantes originó el Cristianismo Positivo, muy cercano a los valores morales del Tercer Reich. Para combatirlo, grupos de protestantes crearon la Iglesia Confesante, que fue duramente perseguida. Como también lo fueron los masones o los que fueron acusados de serlo. 200.000 personas fueron asesinadas por esta razón.

Como ya se ha comentado, otro colectivo duramente perseguido y que sufrió el genocidio fue del de los homosexuales. Se considera que entre 5.000 y 15.000 fueron asesinados a manos de los nazis. Su trato en los campos de concentración era similar al de los judíos por sus duras condiciones.

Por último recordar que el Tercer Reich acabó con la vida de 270.000 discapacitados, buena parte de ellos menores y muchos de ellos compatriotas alemanes.

Juicios sin arrepentimiento

Tras la capitulación de los nazis, el mundo entero descubrió la crueldad del genocidio. Había sospechas de que algo así estuviera sucediendo, pero la realidad superó con creces las más sombrías expectativas. Entonces su planteó una cuestión: ¿qué hacer con los militares alemanes que habían participado en él?

La pregunta no era fácil de responder, pues nunca antes en la historia de la humanidad se habían planteado una cuestión así. Los enemigos morían en el campo de batalla, pero no acababan sentándose en un banquillo. No había una legislación internacional que permitiera juzgar aquellos crímenes porque nunca se habían cometido y ni siquiera estaban tipificados.

Las potencias aliadas (URSS, Gran Bretaña, Francia y Estados Unidos) debían encargarse de la cuestión, pero su consenso era frágil. El primer ministro británico Winston Churchill fue el más radical: quería que los tribunales militares los juzgaran y los fusilaran en seis horas a lo sumo. Estaba claro que daba por hecho que serían condenados y que la presunción de inocencia no se contemplaba. Curiosamente, el principal opositor a esta opción y defensor de que los nazis merecían un juicio fue Josef Stalin. Churchill le envió un mensaje a su homólogo norteamericano, Franklin Delano Roosevelt, en el que ponía: «El Tío Joe resultó ser ultrarrespetuoso con la ley». Esta sería una de las pocas cuestiones en las que coincidiría el presidente estadounidense con el ruso, pues también creía que era necesario que se juzgara a los criminales de guerra nazis.

Nazis en el banquillo de los acusados en los Juicios de Núremberg.

Así que se llegó al acuerdo de que los juicios debían llevarse a cabo, de que se tenía que crear una legislación internacional y que los procesos se debían celebrar en los lugares donde se cometieron los crímenes. En un principio, se quisieron llevar a cabo en Berlín, pero la ciudad estaba prácticamente destruida y dividida en cuatro áreas controladas por las cuatro potencias, lo que dificultaba aún más la elección del lugar concreto en el que se celebrarían los juicios. Así que finalmente se optó por Núremberg por dos razones: conservaba buena parte de sus infraestructuras indemnes y además tenía una connotación moral, pues allí es donde se habían dictado las leyes que iniciaron la persecución contra las minorías étnicas.

Así las cosas, empezó el primer juicio y lo primero que se tuvo que decidir es qué se consideraría delito. Así se tipificaron los cuatro siguientes, que han creado jurisprudencia internacional: conspiración contra la paz (actos que derivaron en invasiones), actos contra la paz (las invasiones propiamente dichas), crímenes de guerra y violaciones a las convenciones internacionales y crímenes contra la humanidad. Este último fue muy discutido y de hecho abrió la vía legal para juzgar los crímenes de lesa humanidad.

La actitud de los jerarcas nazis

Los juicios tenían por objetivo, más allá de que los criminales pagaran por sus delitos, que el mundo conociera la magnitud del Holocausto y que las víctimas tuvieran voz y visibilidad. En este sentido, el Juicio de Núremberg fue el primero de una larga serie que se llevaron a cabo en distintas partes del mundo durante años, cuando se recogía suficiente información para preparar una acusación o cuando se apresaba a algún criminal fugado.

Los primeros Juicios de Núremberg se saldaron con doce condenas a la pena capital, tres cadenas perpetuas, cuatro condenas a prisión por un periodo determinado y tres absoluciones. Pero lo más reseñable para entender la atrocidad de los nazis fue la actitud que mostraron durante las causas, que rayó el cinismo en muchos casos y la absoluta falta de arrepentimiento en la mayoría. Tal y como resume Matías Baúso en el artículo «A 75 años del Juicio de Núremberg: el pedido de Churchill de ejecutar nazis en 6 horas, la pastilla que salvó de la horca a un jerarca y una condena ejemplar» publicado en *Infobae* en 20 de noviembre de 2020: «Durante el proceso poco hubo de verdad y de arrepentimiento por parte de los acusados. Y mucho de amnesia y negación. Ninguno recordaba los hechos fundamentales. Todos se consideraban inocentes».

Todos argumentaron que cumplían órdenes y siguieron mostrando sus actitudes racistas hacia las minorías étnicas que masacraron. No reconocieron que lo hicieran y la mayoría aseguraron ignorar la solución final y lo que ocurría en los campos de exterminio. «En todos estos años nunca me he topado con un criminal nazi que expresara remordimiento y buscara reparar lo que hizo», asegura doctor Efraim Zuroff , jefe de los cazadores de nazis del Centro Simon Wiesenthal y director de su oficina en Jerusalén.

¿Tenían miedo a las represalias o creían en lo que hacían?

Esta es la gran pregunta que pende sobre los criminales de guerra nazis. En muchos casos se ha creído que actuaron del modo en el que lo hicieron porque en otro caso hubieran perdido la vida. Pero la evidencia, con los años, ha demostrado que no fue así.

«Los nazis de la posguerra pudieron regresar a una vida mayormente normal, principalmente porque negaron totalmente su propia responsabilidad personal por los crímenes que habían cometido. Culparon de lo que sucedió a otros, como el régimen nazi y los oficiales que les dieron las órdenes. Su excusa era a menudo que estaban "simplemente siguiendo órdenes". Aunque eso no los absolvió de su propia culpa, de alguna manera los hizo sentir como si no tuvieran otra opción. Eso no era cierto. Un médico de Auschwitz, Hans Munch, se negó a hacer la selección de vida o muerte en la rampa del tren. Quedó una marca negativa en su expediente como SS y terminó procesando análisis de sangre en un subcampo de Auschwitz. No fue ejecutado ni encarcelado. Es decir: era posible tener la integridad de decir "no", pero muy, muy pocos lo hicieron», asegura Patricia Posner en *El farmacéutico de Auschwitz.*

De hecho, no hay ninguna evidencia que muestre que negarse a participar en el Holocausto pusiera en peligro la vida de nadie. Lo que sí estaba claro es que al hacerlo simplemente perderían las ambiciones de prosperar y de medrar en la organización. Es algo que los criminales de guerra no quisieron reconocer, pero que a día de hoy está totalmente probado.

Además, después de leer este libro, no queda duda de que muchos de los responsables nazis fueron más allá del estricto cumplimiento de sus obligaciones. La crueldad que mostraron no estaba pautada y dependió de sus propias elecciones.

Esta obra es un acercamiento a la barbarie que no puede encontrar respuestas a la razón por la que se produjo. Llevamos décadas preguntándonos cómo se pudo producir algo así y no hemos llegado a ninguna conclusión, porque la maldad que se vivió es tan inhumana que no tiene respuesta. Lo que no debemos olvidar es lo que ocurrió. En el bloque 4 del campo de exterminio de Auschwitz reza una frase conmemorativa del filósofo español Jorge Agustín Nicolás Ruiz de Santayana que resume a la perfección la necesidad de conservar el recuerdo del Holocausto. «El pueblo que olvida su historia está condenado a repetirla».

EL EJEMPLO DANÉS

El historiador del Holocausto, Raul Hillberg, dijo que bajo el yugo nazi la población solo pudo tener tres roles: el de perpetrador, el de víctima o el de espectador. Pero hubo una excepción: muchos daneses, cuyas vidas no corrían peligro, se la jugaron para que no se perpetrara el Holocausto.

Ellos se encargaron de informar a la comunidad judía de los planes nazis que pretendían deportar a esta población. Y así se salvaron miles de vidas. El 29 de septiembre de 1943 informaron al rabino danés Marcus Melchior en Copenhague de la inminencia de los planes del Tercer Reich para deportar a la población judía. Se conserva el discurso que dio ese mismo día ante su congregación.

«No tenemos tiempo para continuar con las oraciones. Tenemos noticias de que este viernes por la noche, la noche entre el 1 y el 2 de octubre, la Gestapo vendrá y arrestará a todos los judíos daneses. Tienen una lista de direcciones y vendrán a la casa de cada judío y nos llevarán a todos a dos grandes barcos que esperan en el puerto de Copenhague y a los campamentos en el continente. Hay dos cosas que deben hacer. Número uno, mantenerse alejados de sus hogares el viernes por la noche. No sabemos lo que sucederá después, pero el viernes por la noche no estén en sus casas. Número dos, transmitan esta noticia a todos sus amigos, familiares, a quien puedan, para que también sepan que deben irse de la casa para el viernes».

Gracias a ello, de los aproximadamente 8.000 judíos que pretendían encontrar los alemanes, solo dieron con 200, que no habían acabado de creerse la información que les habían dado o a los que no pudieron hacérsela llegar.

Bibliografía

Alteres, Guillermo; *El asesinato de los discapacitados que inauguró las cámaras de gas nazis. El País*, 2020.

Antón, Jacinto; *Tras la pesadilla nazi. El País*, 2005.

Baúso, Matías; *La noche de los Cristales Rotos: la masacre que marcó el comienzo del horror nazi en Alemania. Infobae*, 2019.

Baúso, Matías; *A 80 años de la "Solución Final": una mansión, 15 jerarcas nazis y la atroz decisión de aniquilar a los judíos. Infobae*, 2015.

Baúso, Matías; *A 75 años del Juicio de Núremberg: el pedido de Churchill de ejecutar nazis en 6 horas, la pastilla que salvó de la horca a un jerarca y una condena ejemplar. Infobae*, 2020.

Bayarri, Francesc; *Cita en Sarajevo*. Ed. Montesinos, 2006.

Brenner, Michael; *El Holocausto nazi fue un éxito. Jotdown*, 2019.

Cañaveras, Fermina; *Putas de Campo*. Molinos y Gigantes, 2021.

Casals, Marc; *El holocausto gitano en Yugoslavia: un genocidio olvidado. Infobae*, 2021.

Català, Neus; *Maria Mandel, la "Bestia de Auschwitz" una antijudía sedienta de sangre. La Vanguardia*, 2018.

Centeno, Jesús; *Ahnenerbe, nazis en busca de un pasado. Público*, 2007.

Cuervo Álvarez, Benedicto; *Los campos de concentración nazis. Dialnet.es*, 2015.

Goldschmidt Wyman, Eva; *Huyendo del infierno nazi: la inmigración judío-alemana hacia Chile en los años treinta*. RIL editores, 2008.

González Álvarez, Mónica; *Guardianas nazis: el lado femenino del mal*. Ed. EDAF, 2012.

Goñi, Uñu; La auténtica Odessa. *La fuga nazi a la Argentina de Perón*. Paidos Historia Contemporánea, 2002.

Guez, Olivier; *La desaparición de Josef Mengele*. Tusquets Editores, 2018.

Gutman, Israel; *Enciclopedia del Holocausto*. United States Holocaust Memorial Museum, 1990.

Harrower, Molly; *Anatomía de la maldad: El enigma de los criminales de guerra nazis*. Tiempo Real, 2020.

Hernández, Jesús; *Bestias Nazis. Los verdugos de las SS*. Ed. Muselina, 2013.

Hernández, Jesús; *Desafiando a Hitler*. Ed. Tombooktu, 2016.

Hitler, Adolf; *Mi Lucha*. World Wide Books, 1925.

Holden, Wendy; *Nacidos en Mauthausen*. RBA Libros, 2015.

Lesta, José; *El enigma nazi*. Edaf, 2003.

Littell, Jonathan; *Las Benévolas*. Galaxia Gutenberg, 2006.

López-Muñoz, Francisco; *La muerte caritativa para discapacitados*. The Conversation, 2018.

Martínez-Pinna, Javier; *La Sociedad Thule. Clio*, 2018.

Monforte, Reyes; *Maria Mandel: la sanguinaria de Auschwitz. La Razón*, 2020.

Moros Peña, Manuel. *Los médicos de Hitler*. Nowtilus, 2014.

Murakami, Haruki; *Kafka en la orilla*. Tusquets editores, 2008.

Padilla, Rodrigo; *La escalofriante vida de Himmler, el hombre a la sombra de Hitler. XL*, 2017.

Posner, Patricia; *El farmacéutico de Auschwitz. La historia jamás contada de Victor Capesius*. Memoria Crítica, 2019.

Retamal, Pablo; *Quién fue Hermann Göring, el criminal nazi creador de la Gestapo y de los campos de concentración. La Tercera*, 2021.

Rivera, Nelson; *De la eutanasia a la solución final. Cambio 16*, 2022.

Sadurní, J.M.; *Maria Mandel, la Bestia Antijudía de Auschwitz. Historia National Geographic*, 2020.

Sainz, María; *Así es como logré sobrevivir a los experimentos nazis. El Mundo*, 2010.

Sánchez, Rosalía; *El burdel de los nazis. ABC*, 2020.

Schrammel, Julia; *Salón Kitty*. BerlinStory Verlag GmbH, 2020.

Sierra, María; *Holocausto Gitano*. Historia Contemporánea, 2020.

Suazo, Camilo; *El sádico escuadrón nazi que estuvo compuesto por asesinos, pirómanos y violadores. Bibliochile*, 2017.

Vich Sáez, Sergi; *Göring, un vividor en la cúpula de los nazis. La Vanguardia*, 2013.

Vich Sáez, Sergi; *Hanussen, el judío que quiso convertirse en nazi. La Vanguardia*, 2021.

Villatoro, Manuel P.; *El extraño sillón sexual y otras perversiones del lujoso prostíbulo de los jerarcas nazis. ABC*, 2018.

Villatoro, Manuel P.; *El martirio del mayor héroe de la Resistencia francesa a manos del gran "carnicero" de Hitler. ABC*, 2019.

Waugh, Alexander; *La familia Wittgenstein*. Lumen, 2008.

Wergrefe, Klaus; *El mayor asesino de masas. El País*, 2008.

Por el mismo autor:

En la colección Historia - Bélica

HISTORIAS CURIOSAS DE LA SEGUNDA GUERRA MUNDIAL
Marius Lambert
LOS MISTERIOS DEL IMPERIO NAZI
Historias sorprendentes del Tercer Reich desde su auge hasta su caída.
WEWELSBURG
HISTORIA BÉLICA

HISTORIAS CURIOSAS DE LA SEGUNDA GUERRA MUNDIAL
LA CAÍDA DE BERLÍN
Anécdotas, secretos y curiosidades de la batalla más cruel de la Segunda Guerra Mundial
José Luis Caballero
HISTORIA BÉLICA

HISTORIAS CURIOSAS DE LA SEGUNDA GUERRA MUNDIAL
Hervé Barre
LA RESISTENCIA CONTRA LOS NAZIS
Sabotajes, emboscadas y acciones heroicas protagonizadas por personas y grupos armados que combatieron al invasor en pueblos y ciudades
HISTORIA BÉLICA
ROBINBOOK

HISTORIAS CURIOSAS DE LA SEGUNDA GUERRA MUNDIAL
FUGAS Y EVASIONES DE LA SEGUNDA GUERRA MUNDIAL
Pedro Pablo G. May
Anécdotas, secretos y curiosidades de las fugas más espectaculares de la Segunda Guerra Mundial
HISTORIA BÉLICA